Wolfram Bickerich
Der Enkel

Wolfram Bickerich

Der Enkel

Analyse der Ära Kohl

ECON

Die Deutsche Bibliothek – CIP Einheitsaufnahme

Bickerich, Wolfram:
Der Enkel: Analyse der Ära Kohl / Wolfram Bickerich. –
Düsseldorf: ECON, 1995
ISBN 3–430–11407–1

Lektorat: H. Dieter Wirtz, Mönchengladbach
Gesetzt aus der Melior, Linotype
Satz: Lichtsatz Heinrich Fanslau, Düsseldorf
Druck und Bindearbeiten: Mohndruck, Gütersloh
Printed in Germany
ISBN 3-430-11407-1

Inhalt

I.

Auf den Kanzler kommt es an Ära und Aura

Das Ende seiner Kanzlerschaft hat Helmut Kohl in vertrauter Runde oft terminiert: Mindestens so lange wolle er Regierungschef bleiben wie sein großes Vorbild Konrad Adenauer. Der amtierte über 14 Jahre und 26 Tage, vom 20. September 1949 bis zum 15. Oktober 1963. Bliebe er – so sein Kalkül – wenigstens einen Tag länger im Amt, also bis zum 27. Oktober 1996, dann wäre Helmut Kohl Rekordkanzler, Titelträger, schon deswegen historische Figur. Und vor der Geschichte, die der Pfälzer dialektgefärbt »Gechichte« nennt, wollte der promovierte Historiker immer bestehen.

Er ging seinen Berufsweg zielstrebiger an als andere Jungen, die dann doch nicht Lokomotivführer oder Pilot werden. Er war geduldiger als andere, die sich, von Menschen – wie ihm? – oder Inhalten enttäuscht, wieder von der Politik abwandten. So hat er seine Ära geplant wie ein Stück aus dem Kalender. Die Dauer war ihm wichtig, natürlich auch die Macht; wichtiger jedenfalls als das, was er konkret schaffen konnte oder geschaffen hat und was dem offenen Meinungsstreit unterliegt.

Seine Ära und seine Kanzlerschaft zerfallen in zwei Abschnitte, zu deren Beginn er jeweils unangefochten hoch über Widersachern im Ansehen stand – 1982/83, als seine christliberale Koalition die monatelange Lähmung der Vorgängerregierung überwinden und das wirtschaftliche Aufbruchsignal geben konnte; und 1989/90, als er mit staatsmännischer Sicherheit die Chance zur Einheit nutzte. Dazwischen aber und danach – vertane Chancen, Durchwursteln, Repräsentieren, sprachlos reden, aussitzen, ausgleichen, kurz: regieren. Wenig Aufs, mehr Abs in den Charts, den Erfolgs- und Sympathiekurven – und reichlich Affären, die er als Fels in der Brandung übersteht. Mit seiner Erscheinung verbinden sich keine Skandale, geht eher eine dumpfe, zuletzt massige Emotions- und Richtungslosigkeit einher.

Und dennoch hielt er seine Widersacher nieder, gewann schwierige Wahlen mit leichter Hand und höchstem persönlichen Einsatz, zog in direktem Kontakt zumindest Parteifreunde in den Bann. What makes him tick? Wo ist sein Antrieb? Sein Ziel? Seine Botschaft?

Den meistunterschätzten Kanzler hatten viele schon vor Beginn seiner Amtszeit aufgegeben. »Kohls Talfahrt – guter Mann ohne Glück«, schrieb die *Welt* im Mai 1979; »Die Ära Kohl geht zu Ende«, titelte die *Quick* im Juni desselben Jahres. Der *Spiegel* hatte ihn schon Monate zuvor auf dem Titelblatt für »kaputt« erklärt.

Helmut Kohl ist für viele Wähler und Nichtwähler in seiner Mischung aus Machtanspruch und Körpergröße, Ausdrucksschwäche und Personalführung, Provinzialität und Staatsmännischkeit ein Rätsel geblieben. »Ein Mensch in seinem Widerspruch«, meint Heiner Geißler, einst ein Freund. Auch für seine Biographen – sofern sie nicht, wie Werner Maser, jede seiner Eigenschaften als gottgegeben anhimmeln – bleibt er ein wandelnder Widerspruch. Seit 1973, als er Rainer Barzel im Vorsitz ablöste, beherrscht er seine Partei. Er führte sie neun Jahre später an die ersehnte Macht zurück und machte sie munter, mit so eigenwilligen Querdenkern wie Kurt Biedenkopf und Heiner Geißler als Generalsekretären. Zuletzt hatte er in Peter Hintze nur noch einen glatten Sekretär – Querdenker waren aus seiner Nähe verbannt. Von Parteifreunden, die eben noch über seine Perspektiv- und Konzeptionslosigkeit nörgelten und beklagten, wie wenig er an geistigem Führungsanspruch und gesellschaftspolitischer Orientierung zeige, wurden und werden ihm auf Parteitagen Ovationen bereitet.

In seiner Dissertation über »Die politische Entwicklung in der Pfalz und das Wiedererstehen der Parteien nach 1945« an der Philosophischen Fakultät der Heidelberger Ruprecht-Karls-Universität hat Helmut Kohl 1958 sich und seinesgleichen, die aus der Pfalz stammen, wie folgt charakterisiert: »Die Pfalz beheimatet – soweit sich solche allgemeinen Feststellungen treffen lassen – einen fröhlichen und weltoffenen Menschenschlag, der viel Sinn für gesellschaftliches Zusammenleben und die Freuden der Zeit hat und dem dogmatischen Denken abgeneigt ist. Das rheinfränkische Erbe und die aus der Grenzlage sich ergebenden französischen Einflüsse mögen hierbei zusammenwirken. Neben einem ausgeprägten Sinn für Toleranz besteht jedoch häufig ein allzu starkes und unangenehmes Selbstgefühl. In diesem ›lautstarken‹ Auftreten hat auch der ›Pfälzer Krischer‹ seinen Ursprung. Bei aller Aufgeschlossenheit und praktischen Intelligenz haben die Pfälzer keine ausgeprägte musische Veranlagung. Der Historiker Karl Hampe faßt seine Meinung über die Bewohner dieser Landschaft in dem Satz zusammen: ›Der Pfälzer ist zu allen Zeiten, soweit wir seinen Charakter zurückverfolgen können, diesseitsfreudig und zugreifend, auf das Praktische gerichtet; die bedeutenden Männer, die die Pfalz hervorgebracht hat, sind zu allen Zeiten nahezu ausschließlich dem praktischen Leben zugewandt gewesen.‹ Auch Wilhelm Heinrich Riehl, der Verfasser des ersten volkskundlichen Buches über die Pfalz, beklagt das geringe Interesse des pfälzischen Volkes am geistigen Streben, vor allem auf dem Gebiet der Kunst.«

Helmut Kohls Karriere begann, als die seines Idols Adenauer verlöschte: 1963, da war er eben 33 Jahre alt geworden, wurde der junge Berufspolitiker Chef der CDU-Fraktion im rheinland-pfälzischen Landtag zu Mainz. »Dä Herr Kohl, dat is äne tüchtije Mann«, soll der alte Rheinländer über den jungen Pfälzer damals gesagt haben.

Zum »Enkel Adenauers« wurde er erst später promoviert –

von Sozialdemokraten, die er »Sozen« nennt, und von Journalisten, die den beiden Wörtern gern die böse Apposition »der Selbsternannte« beifügten. Tatsächlich, so erzählt er jedenfalls selbst, waren es chinesische Zeitungen, die im September 1974 ihren Lesern zu erklären hatten, welche Funktionen der großgewachsene Besucher Kohl daheim ausübte: Regierungschef in Mainz (seit 1969), Chef der damaligen Oppositionspartei CDU – und als solcher in der Tradition und Erbfolge Konrad Adenauers. Ein Presseorgan, so Kohls nicht nachprüfbare Anekdote, soll ihn sogar als leiblichen Enkel des Alten aus Rhöndorf ausgegeben haben – eine hohe Ehre für den Gast angesichts der Ahnenverehrung in China. Der im Mißverständnis geborene Ehrentitel gefiel dem unverwandten Nachkommen: Er verkörpert Herrschaftsanspruch, zeigt Selbstbewußtsein, erzwingt Ehrerbietung – sofern der Vergleich überhaupt als zulässig gilt.
Für Helmut Kohl ist der Vergleich zwingend. Er sah seine Aufgabe schon als Bonner Oppositionschef, mehr noch als Kanzler, darin, Adenauers so strikt ausgerichtete Westpolitik fortzusetzen und mit der damals noch »neuen Ostpolitik« der Sozialliberalen zu verbinden. In Bonn half er dem Vorgängerkanzler Helmut Schmidt, die von Parteifeind Franz Josef Strauß heftig bekämpften Verträge mit Polen über die parlamentarischen Hürden zu bringen. Er wollte die Deutschlandpolitik durchaus ähnlich mit Leben füllen, wie es schon Helmut Schmidt (oft vergeblich) versucht hatte. Aber stärker noch als sein Vorgänger demonstrierte er gleichzeitig den Schulterschluß mit den USA. So setzte er die Nachrüstung, an der Schmidt unter anderem gescheitert war, widerstandslos durch. Und schon Jahre vor der deutschen Einheit gehörte zu seinem Konzept der Westbindung eine starke Betonung, ja ein Drang nach der europäischen Einigung, wie immer die auch im einzelnen zu organisieren wäre. Für den Europäer aus der Pfalz, der schon als Schüler und Mitglied der Jungen Union an der deutsch-französischen Grenze gegen trennende Barrikaden demonstriert hatte, galt dies als uneingeschränkte Lehre aus Weltkrieg und Nationalis-

muswahn: Nur eine enge Bindung an die Nachbarn beseitigt Mißtrauen und bewahrt vor Alleingängen.
Auf diesem Fundament – fest nach Westen, offen nach Osten – ruht Kohls wirtschaftspolitisches Credo: Der Staat soll allenfalls Rahmenbedingungen schaffen – beispielsweise genug Lehrstellen, günstige Steuer- und Wettbewerbskonditionen, ein soziales Netz für Notfälle. Den Rest mag und wird die Wirtschaft schon richten, wird der Markt regeln.
Ein einfaches Gedankengebäude, fast schon ein politisches Konzept, das nicht wenige selbst vom Mitte-Links-Flügel der CDU teilen. Bei Helmut Kohl kommen persönliche Eigenschaften hinzu, die das abstrakte politische Ziel mal verwischen und mal näherbringen. Über die Jahre wuchsen Erfahrung und Selbstvertrauen. Dabei wurde der Glaube an sich selbst unerschütterlich und gab neue Kraft. Kohl über seine Kanzlerschaft: »Wenn Sie jahrelang geglaubt haben, da ist einer, der ist ein Dorfdepp, der ist den Rhein runtergekommen – dann haben Sie jetzt ein Aha-Erlebnis.«
Das Selbstbewußtsein korrespondiert mit abnehmender Qualität der Personalauswahl und -führung: Außer Geißler und (seinem Schulfreund) Biedenkopf entdeckte und förderte Kohl Bernhard Vogel und Roman Herzog. Richard von Weizsäcker und Norbert Blüm verschaffte er Wahlkreise im heimischen Rheinland-Pfalz. Sein Männer- und Abspeckfreund Philipp Jenninger, erst Kanzleramtsminister, dann Bundestagspräsident, mußte 1988 gehen, weil er sich in einer Rede zum 50. Jahrestag der Reichspogromnacht rhetorisch noch unbeholfener ausdrückte, als es der Duzpartner jemals tat. Seine Klassen- oder Studienkameraden Waldemar (»Schrekki«) Schreckenberger und Hermann Jung förderte er im Kanzleramt, bis auch sie an die Grenzen ihrer Fähigkeiten stießen – Schrecki ging mit seinem »Bermuda-Dreieck«, in dem manche Vorgänge schon nach kurzer Zeit spurlos verschwanden, unter; Jung, Abteilungsleiter für die Geheimdienste, biß sich an seinem Panzerschrank, in dem einige wichtige Akten ihre Nichterledigung fanden, die Zähne aus.

»Er ist ein Genie in eigener Sache«, so Rainer Barzel mit bitterem Unterton über seinen Nachfolger Kohl. Das Geniale ist dessen Kontaktpflege, die Abhängigkeiten schafft. Der Pfälzer ist als Parteichef wie als Kanzler ein Meister des Telefons, mit dem er Zuspruch, Mitwisserschaft und Hilfe anbietet. Biedenkopf neidisch: »Der Mann kann telefonieren, das ist eine Gnade.« So hat er die meisten CDU-Landesverbände im Griff – er kennt ihre Führung, weiß um deren Schwächen und Widersacher. Und so hat er sich die meisten Abgeordneten seiner Fraktion verpflichtet – die einen, weil sie durch ihn etwas werden wollen, die anderen, weil sie dank ihm etwas geworden sind: »Eine Kaderpolitik, die Gefolgschaftstreue mit Vergünstigungen belohnt«, so Alexander Gauland, Vertrauter des früheren Kohl-Vertrauten Walter Wallmann.

Als Helmut Kohl Ende November 1983 Richard von Weizsäkker für die Nachfolge von Karl Carstens im Amt des Bundespräsidenten vorschlagen wollte, hatte er vorher 34 Gespräche mit Parteifreunden und -feinden geführt, um seinen Kandidaten durchzusetzen. Nur mit Ernst Albrecht, dem er Monate vorher das Amt in Aussicht gestellt hatte, sprach er damals nicht. Zehn Jahre später sollte NRW-Ministerpräsident Johannes Rau ähnliches widerfahren. Wenn Kohl seinen Protegé aber nicht durchbringen kann, läßt er ihn erbarmungslos fallen – so den Präsidentschaftskandidaten Steffen Heitmann Ende 1993 und den Bewerber für den EU-Kommissionsvorsitz, den belgischen Premier Jean-Luc Dehaene, Mitte 1994.

Eigene Gegner reizt oder demütigt er nicht. Er schafft sie sich vom Hals – unauffällig, unaufhaltsam, gnadenlos. So ging es dem Abgeordneten Jürgen Todenhöfer, der beim Oppositionschef den Drive vermißte: Der wolle wohl »im Schlafwagen an die Macht«. So erging es dem Rechtsaußen Manfred Abelein. Solche Kritiker verschwanden aus dem Parlament, weil sie auf höchsten Druck hin nicht wieder nominiert wurden oder selbst enttäuscht den Kampf aufgaben.

Einmal an der Macht, wich er Entscheidungen zwar gerne aus

(Strauß: »Ein Meister des Aussitzens, Ausschwitzens«), doch sprachen ihm selbst seine ärgsten Gegner nie Fleiß und Einsatzbereitschaft ab.
Das Amt eines Kanzlers schlaucht ja durchaus. Zufälliger Auszug aus dem Wochenprogramm des Kanzlers Mitte Oktober 1993:

Montag, 18. Oktober:
Arbeitsbesuch in Bern; 13.00 Uhr Pressekonferenz; Rückkehr nach Bonn.
Dienstag, 19. Oktober:
8.00 Uhr Koalitionsgespräch; 15.00 Fraktionssitzung, dabei Vorstellung des Präsidentschaftskandidaten Heitmann (anwesend bis 17.00).
Mittwoch, 20. Oktober:
9.00 Uhr Kabinett, Thema unter anderem Asienpolitik; 12.00 Rede zum 40jährigen Bestehen des Familienministeriums; 16.30 Spitzengespräch von CDU/CSU im Bungalow zu Heitmanns Kandidatur.
Donnerstag, 21. Oktober:
9.00 Uhr Bundestag: Regierungserklärung zum Thema Wirtschaftsstandort Deutschland (anwesend bis 13.00); 15.00 Rede beim Baugewerbetag in Bonn: 18.30 Treffen mit Italiens Außenminister Andreotti.
Freitag, 22. Oktober:
10.00 Uhr deutsch-italienische Regierungskonsultationen mit Ministerpräsident Ciampi; 17.00 Treffen mit dem spanischen Regierungschef González im Kanzleramt; 19.30 Rede beim Bertelsmann-Forum auf dem Petersberg, danach Treffen mit dem ukrainischen Präsidenten Krawtschuk.

Außenpolitik ist für Kohl weniger eine Angelegenheit diplomatischer Kleinarbeit, auch nicht Ranküne, sondern vielmehr persönliche Kontaktpflege; daher die vielen Termine. In der Pfalz wechselt man auch keine Noten; man trifft sich beim Wein.

Von seinem Vorgänger Willy Brandt hat Kohl den Glauben abgeguckt, daß Politik, zumal die deutsche vergangenheitsbeladene, ohne Gesten nicht auskommt. Doch beim Historiker Kohl wirken sie einstudiert, wie etwa das Händchenhalten mit François Mitterrand auf den Schlachtfeldern von Verdun – falls die Symbolik nicht gleich von Pannen erdrückt wird wie auf dem Soldatenfriedhof Bitburg, wo Kohl mit US-Präsident Ronald Reagan Versöhnung feiern wollte, aber nicht konnte, weil sich auch Gräber von Angehörigen der Waffen-SS auf dem Gelände finden.

Kohl ist kein Theoretiker. Er will Geschichte nicht analysieren, sondern machen – oder wenigstens in Bildern leben. Deshalb bewegen sich seine Gesten, die ja symbolische Versuche sein sollen, immer an der Grenze zur Peinlichkeit. Die Umarmung des polnischen Ministerpräsidenten Tadeusz Mazowiecki am schlesischen Annaberg, wieder als Zeichen der Versöhnung gedacht, wurde wenig später zermalmt von Kohls beharrlicher Weigerung, die polnische Westgrenze anzuerkennen. Höchstselbst erschien er bei der Umbettung Friedrichs des Großen von Hechingen nach Sanssouci – und wollte damit ein Signal setzen. Dagegen lehnte er es kategorisch ab (»Das ist nicht meine Sache«), an den Trauerfeierlichkeiten für die Brandopfer von Mölln oder Solingen teilzunehmen – und setzte damit ein Signal. Für Moral, meint er, ist der Bundespräsident zuständig. Er selbst wolle für »Normalität« stehen – und bestimmt jeweils, was er dafür hält.

»Ich kann Menschen an meine Person und meine Überzeugung heranführen und an sie binden.« So löste Helmut Kohl selbst eines der Rätsel seiner Persönlichkeit. Lothar Späth, einst Regierungschef in Baden-Württemberg, hat es persönlich erlebt: »Wer mit geballter Faust zu ihm kommt, verläßt ihn mit einiger Sicherheit als Partner.« Je kleiner und privater der Kreis, desto größer die Anziehungskraft des Kanzlers: »Während man noch mit angewinkelten Beinen auf der Stuhlkante sitzt, hat Kohl einen schon umarmt und auf seine Seite gezogen« (Späth). Und von diesem Moment an vergißt er nichts.

Sein Gedächtnis ist ungewöhnlich, jedenfalls das für Menschen und ihre Eigenheiten. In der Politik und im Umgang mit Themen reagiert er eher aus dem Bauch heraus; einen »unglaublichen Instinkt für Entwicklungen« (Späth) hat er im Umgang mit der Macht geschärft. »Cleverle« Späth hat es erfahren.

Wenn nur die Sprache nicht wäre! In seinem frei vorgetragenen Sprachwulst verliert sich jede Klarheit, wird jeder halbwegs zielgerichtete Gedanke weggeschwemmt von einer Phrasenflut, zugestellt mit Sprachmüll. Stichprobe: »Man ist sich heute völlig einig – wobei ich zugeben muß, die Art und Weise, wie es umgesetzt wird, ist unterschiedlich, auch in der Heftigkeit der Entscheidungen oder der Drastigkeit von Entscheidungen –, daß Schulden machen sich nicht auszahlt.«

Weil er ahnt, daß er eigentlich (frei) nicht reden kann, aber trotzdem reden will, sagt er die Leerworte dann besonders verlegen-betont: »Und ich sage das mit vollem Ernst.« Er ist von etwas »im Grunde« oder »zutiefst überzeugt«, drückt etwas »ausdrücklich« aus, meist seinen »Respekt«, nicht selten mit »aller Hochachtung«, auch schon mal mit »besonderem Anstand«. Er liebt ferner den negativen Vergleich zur Einbahnstraße: Solidarität ist keine, Gleichberechtigung ist keine und Partnerschaft erst recht nicht.

Schlimmer, weil mit Worthülsen durchsetzt, hört es sich an, wenn er von Stil und Würde, Vaterland und Geschichte spricht. Einmal meinte er, es sei nun an der Zeit, Egoismus durch Solidarität zu ersetzen. Er sagte: »Das blanke Ich muß wiederaufgehen im Wir des Volkes.«

Er meinte (1976), als Kanzlerkandidat könne und dürfe er sich nicht um Kleinigkeiten kümmern, dafür gebe es Spezialisten. Er sagte: »Ich bin ein Generalist« – und nahm dem *Spiegel* fast zwei Jahrzehnte übel, daß der den Satz gedruckt und daß er ihn in einem Interview exakt so gesagt hatte.

Er meinte (1984), zu Besuch ausgerechnet in Israel, ausgerechnet in der Knesset zu Jerusalem, die Zukunft beider Staaten könne nicht auf ewig durch die ungeheuren Lasten einer tödlichen Vergangenheit beschwert werden. Er sagte, er sei »einer, der in der Nazizeit nicht in Schuld geraten konnte, weil er die Gnade der späten Geburt und das Glück eines besonderen Elternhauses gehabt hat«.

Er meinte (1986), gegenüber Politikern aus totalitären Staaten sei vorsichtiger Umgang angebracht. Er sagte im *Newsweek*-Interview: »Gorbatschow ist ein moderner kommunistischer Führer, der sich auf Public Relations versteht. Goebbels, einer von jenen, die für die Verbrechen der Hitler-Ära verantwortlich waren, war auch ein Experte in Public Relations.«

Er meinte (im Juni 1990), nun stehe die Einheit bevor. Er sagte es möglichst schwülstig: »Der Zug zur deutschen Einheit fährt jetzt langsam durch den Bahnhof der Geschichte.«

Er sagte: »Ich war in Hölderlin gut.« Und er kennt wohl nicht den Satz Hölderlins: »Sprache ist ins Wort gehüllter Geist.«

Sein früherer Parteipressesprecher Wolfgang Wiedemeyer notierte eine Wahlkampfrede im dänischen Legoland: »Ferienzeit ist Erholungszeit und hat mit Freude und Glück zu tun. Ich wünsche Ihnen, daß Sie Zeit und Muße für Ihr privates Glück finden. Der Urlaub gibt uns die Chance, nachzudenken über unser privates Leben, unsere Familien und auch darüber, was wir wollen zugunsten unserer Gemeinschaft und unseres Vaterlandes. Und da sollten wir mal daran denken, ob nicht die alten Tugenden wie Treue, Sparsamkeit und Fleiß wieder mehr gelten müssen.«

Sicher ist: Er redet nicht nur so, er denkt auch so.

Er merkt gar nicht, wenn er einen seinem Sprachvermögen fremden Text seines Redenschreibers herunterhaspelt, als sei's ein Stück von ihm. Tatsächlich machte es die Zuhörer sprachlos, als er – in einem Traktat über Sprache und Sprachlosigkeit auf der Frankfurter Buchmesse 1984 – über sich selbst zu reden schien: »Wir könnten eines Tages sprachlos sein, wenn alle starken Worte unserer Sprache durch maßlosen Gebrauch abgewertet sind und wir zugleich erkennen mußten, daß wir keine Chance mehr haben, mit leisen Worten

gehört und mit Zwischentönen verstanden zu werden. Hannah Arendt hat in ihrem Buch *Macht und Gewalt* den Zusammenhang zwischen Sprache und Wirklichkeit beschrieben: ›Der Unfähigkeit, Unterschiede zu hören, entspricht die Unfähigkeit, die Wirklichkeiten zu sehen.‹«
War das öffentliche Selbstkritik?
»Er ist ein Mann, der dem deutschen Kleinbürger auf den Leib geschrieben ist«, ermahnte sein sozialdemokratischer Landsmann Wilhelm Dröscher einmal die Bonner SPD-Parteizentrale, als die Kohl »zu leicht« genommen hatte. »Er setzt auf den Bürger im Plüschsofa«, erkannten seine Biographen Werner Filmer und Heribert Schwan. Der Kleinbürger braucht keine Visionen, sondern Sicherheit, braucht Vertrauen in die Gegenwart statt intellektuelle Konzepte für die ferne Zukunft. Kohl ist wie er, ein Staatsmann im Gelsenkirchener Barock. »Die Leute mögen mich«, schätzt er sich und seine Bürgernähe schlicht ein.
Deshalb ist er so gerne Wahlkämpfer, badet genußvoll in der Menge und reagiert panisch, wenn das Bad – wie 1990 in Halle/Saale – im Eierklecks auf seinem Anzug endet. Da wurde Kohl zum Raufbold »Helle«, dem Sprecher seiner Oberrealschulklasse in Ludwigshafen, und wollte den Werfer persönlich verhauen; seine Polizeibeamten verhüteten Schlimmes. Peter Radunski, sein langjähriger Wahlkampfmanager, hat oft erfahren, wie ungestüm und einfach Kohl »die große breite Masse unseres Volkes« ansprechen will. Schon die Plakate, die Kohl selbst aussucht, sollen dem Wähler ganz einfach mitteilen, was er selbst zu verstehen imstande ist. Da ist nichts Raffiniertes.
Er läßt sie spüren, er sei wie sie. Da ist keine eisige Überheblichkeit wie bei Kanzler Schmidt, kein Selbstzweifel wie bei Brandt, keine Wortverliebtheit wie bei Strauß, kein Belehrungswille wie bei Weizsäcker. Die Tugenden gehören dem Kleinbürger – Heimattreue, »Ehrlichkeit und Aufrichtigkeit« (Jenninger), Sauberkeit und Anstand, Familienliebe, Gottvertrauen und Glaube an das Gute.

Kohl brachte ja seine Pfalz gleich mit ins Kanzleramt – sein Aquarium, seine Mineraliensammlung, die seltsam mit der großen Nationalflagge kontrastieren; Bilder des pfälzischen Impressionisten Max Slevogt und des Speyrer Malers Hans Purrmann.

Heimat ist für ihn nicht Deutschland, sondern die Pfalz. Er holte als Mainzer Ministerpräsident die schwarz-rot-goldene Fahne vom Hambacher Schloß ins Parlamentsplenum. »In Kohls Nationalgefühl«, beobachtete sein früherer Berater Michael Stürmer, Professor für Geschichte, »ist das Hambacher Schloß wichtiger als das Brandenburger Tor, 1848 lebendiger als 1871, die Bürger- und Menschenrechte der Paulskirchenverfassung 1848/49 wichtiger als die Reichsgründung Bismarcks.« Kein Wunder, daß Kohl Ronald Reagan außer auf den Soldatenfriedhof Bitburg auch ins Hambacher Schloß schaffte, Gorbatschow und Mitterrand ins pfälzische Deidesheim, andere Besucher zu Weinprobe und Weingeselligkeit nach St. Martin.

Seine Mimik hat sich während der Kanzlerschaft verändert wie sein Selbstbewußtsein. Er sitzt nicht mehr bräsig, stolz und ein bißchen ungläubig über das Erreichte im Kanzlerstuhl. Er füllt ihn aus. Er trägt seit der Einheit einen weiten Mantel, wie einen Paletot, als sei's der Mantel der Geschichte. Er kokettiert mit seiner Größe und Leibesfülle. Er hat bemerkt, daß er sich schon mit diesen Verdrängungsmerkmalen Respekt verschafft.

Sein geistlicher (Ex-)Berater Pater Basilius Streithofen: »Der Kanzler besitzt die Tugend des Maßes. Sie hält die von der Klugheit geforderte richtige Mitte ein, zwischen dem Zuviel und dem Zuwenig.« Die SPD-Opposition muß das einst böse mißverstanden haben, als sie in ihrem Pressedienst *ppp* Kohls »geistige Mittelmäßigkeit und kleinbürgerliche Beschränktheit« beklagte.

Wahr ist – er ist ein Mann der Mitte und des Maßes. Und seine Wähler wünschten sich lange einen Kanzler des Mittelmaßes, der sie repräsentiert, wie er ist und sie sind. John le Carré hat

wohl recht: »Die Welt im ganzen ist sicherer, wenn sie von mittelmäßigen Gestalten regiert wird.«
Mit Conrad Ferdinand Meyer und Heiner Geißler zu sagen: Er ist kein ausgeklügelt' Buch. »Ein Mensch mit seinem Widerspruch.«

II.

Zeit der Wende Genschers Patzer, Kohls Erfolg

Aus den ersten 45 Jahren der zweiten deutschen Nachkriegsdemokratie haben die deutschen Politologen eine festgefügte Regel gewonnen – und die eine Ausnahme gleich mit dazu. Die Regel: Amtierende Kanzler und ihre Regierungen sind durch Wahlen nicht zu stürzen. Die Ausnahme: 1969 wurden Kanzler Kurt Georg Kiesinger und seine Große Koalition durch das sozialliberale Bündnis unter Willy Brandt abgelöst. Sonst aber, so lehren es Wahlforscher, Parteistrategen und Wähler, wurden die regierenden Kanzler mehr oder weniger eindrucksvoll im Amt bestätigt.

Für die politischen Akteure ergab sich daraus eine umgekehrte Konsequenz: Kanzler sind in der Regel nicht durch Wahlen, sondern nur durch Manipulationen und Wechsel während der Legislaturperiode abzulösen. Die Herrschaft auf Zeit, die der Wähler gewährt, jenes Wechselprinzip als hehres Rechtfertigungsmodell demokratischer Ordnungen, ist somit im Nachkriegsdeutschland meist außer Kraft gesetzt; es wird nicht der Entscheidung der Wähler, sondern den Beschlüssen von Parteivorständen unterworfen, die Kanzler oder Koalitionspartner zu wechseln beabsichtigen. Der Wähler wird dann hinterher befragt (oder auch nicht, wie nach Bildung der Großen Koalition 1966).

Seit 1978 wurde politischen Beobachtern wie auch den meisten Liberalen selber klar, daß die Freidemokraten den Umstieg zu einem anderen Bündnispartner aus eigener Kraft suchen würden und finden müßten: Wie keine andere Partei war die FDP seit 1949 nur durch ihren Anteil an der Macht vorstellbar und existenzfähig. Sie bremst und treibt den jeweils größeren Partner, sie spitzt zu oder schwächt ab. Als Oppositionspartei jedoch verliert sie ihren Sinn und ihre Definition; denn die ideologische Basis ist dünn und dem Machtanteil untergeordnet.

Ab Mitte 1978 verhedderten sich die Partner SPD und FDP auf zahllosen Feldern in unzähligen Streitereien. Die Auseinandersetzungen gingen um Atomkraft und Mitbestimmung, Raketenrüstung und Verkehrspolitik. Das einst historische Bündnis lebte sich auseinander.

Im Dezember 1978 bediente sich Kanzler Helmut Schmidt eines ungewöhnlichen Mittels, um den Zusammenhalt der Partner zu demonstrieren und zu festigen. Mit dem Ziel, sechs abtrünnige FDP-Parlamentarier zu stellen (Ingrid Matthäus-Maier, Helga Schuchardt, Klaus Gärtner, Helmut Haussmann, Friedrich-Wilhelm Hölscher, Manfred Vohrer), kündigte er an, eine Vorlage über den Weiterbau des Schnellen Brüters in Kalkar mit der Vertrauensfrage zu verbinden.

Überliefert ist ein Dialog zwischen Kanzler und Vizekanzler, der die Endzeitstimmung in der Koalition beschreibt. Schmidt zum FDP-Vorsitzenden: »Herr Genscher, wo ist Ihre Mehrheit?« Der riet dem Kanzler von der Vertrauensfrage ab: »Das ist ein Schuß in die Luft.« Und dann die kalte Drohung: »Es wird der Tag kommen, an dem ich Sie fragen muß, ob Sie eine Mehrheit haben werden.«

Der FDP-Führung gelang es noch rechtzeitig, die sechs von einem Nein zur Stimmenthaltung umzubiegen. Schmidt verzichtete auf die Vertrauensfrage. Der Brüter wurde bis 1986 für rund sieben Milliarden Mark weitergebaut, aber niemals in Betrieb genommen. Die Koalition kriselte.

Es waren, wider Willen, die Oppositionsparteien CDU und CSU, die die streitenden Parteien wieder zusammenführten. Sie nominierten Franz Josef Strauß zum Kanzlerkandidaten

für die Wahl 1980 – im Wissen, daß die Liberalen mit einem Kanzler Strauß niemals gemeinsame Sache machen würden, die Union also allein um die absolute Mehrheit der Mandate kämpfen mußte.
Strauß polarisierte, galt in Norddeutschland als unberechenbar und affärenlastig, undiszipliniert und rechtskonservativ. Das sozialliberale Bündnis erhielt eine letzte Gnadenfrist. Otto Graf Lambsdorff, damals FDP-Wirtschaftsminister, ist noch heute der Meinung, »daß uns die CDU/CSU im Jahre 1980 mit der Kanzlerkandidatur von Strauß die Entscheidung für die SPD und Helmut Schmidt leichtgemacht hat«.
Alle Mandate, die die Unionsparteien verloren, gingen an die FDP – Genscher galt als »Wahlsieger« (10,6 Prozent). Durch die selbstbewußten neuen FDP-Abgeordneten im Bundestag gerieten jedoch die Anhänger der sozialliberalen Sache recht bald in die Minderheit. Und bei der SPD suchten Linke und Pazifisten den Kurs zu bestimmen – schwierige Zeiten für Kanzler Schmidt.
Ohne eigentlichen Anlaß stellte er am 5. Februar 1982 doch noch die Vertrauensfrage; die Koalition stimmte geschlossen zu. Doch was Schmidt als Beweis für seine Regierungsfähigkeit gedacht hatte, erwies eher das Gegenteil; die Stimmung bröckelte. Genscher im Rückblick: »Helmut Schmidt hat die auseinanderdriftende SPD mit seiner Persönlichkeit eine Zeitspanne überbrückt.«
Jene Spanne währte etwa ein Jahr. Die wirkliche Wende hatte Genscher mit einem Brief an die freidemokratischen Mandatsträger, datiert vom 20. August 1981, längst vorbereitet: »Unser Land steht an einem Scheideweg. [...] Eine Wende ist notwendig.« Das Wort war geprägt. Die Taten folgten im Spätsommer 1982, quasi gesetzmäßig. Denn die Demoskopen gaben einer Fortsetzung des Bonner Bündnisses zu jener Zeit keine Chance mehr. Die SPD steckte bundespolitisch im Tief, und die FDP hatte die Lust verloren. Jetzt brauchten die Liberalen noch die Kraft zum Umstieg.
Es folgten Lehrstücke zum Sein und Schein in der Politik:

- Die FDP versuchte, den rein machtpolitisch motivierten Wechsel mit inhaltlichen Vorgaben und Forderungen zu verbrämen. Tatsächlich ging es ihr um Regierungsbeteiligung und um die Existenz.
- Kanzler Schmidt und einige Getreue beantworteten den Koalitionsbruch mit einem Verratsvorwurf an die abtrünnige FDP – ein taktisches Spiel ohne Grundlage.
- Die Union übernahm die Macht und beließ die meisten ihrer zentralen Forderungen aus Oppositionszeiten in den Schubladen. Der Wechsel bedeutete auf vielen Feldern politische Kontinuität.

Tatsächlich ist heute, besser noch als seinerzeit, zu Beginn der Ära, zu erkennen: Stets geht es um die Macht – und nicht um Inhalte; um Köpfe – und nicht um Konzepte; um Stimmungen statt um Strukturen.
Die Erkenntnis ist eine Klage nicht wert. Wenn der Bürgermehrheit damals ein Gespann Kohl/Genscher lieber war als das Gespann Schmidt/Genscher, sich die Politik der jeweiligen Partner aber allenfalls in Nuancen unterschied – brauchen wir dann neue Bürger? Oder reicht die Einsicht, daß die großen Parteien mit Recht um die gleichen Wähler der Mitte werben, daß ihre Zielansprache also ähnlich formuliert sein muß, wenn auch von unterschiedlichen Figuren?
Genscher und Kohl hatten schon deshalb seit langem eine gewisse Nähe gefunden, weil sie im Bonner Vorort Wachtberg-Pech als Nachbarn in derselben Straße wohnten. Sie hatten vor längerer Zeit bereits einmal ergebnislos informelle Koalitionsgespräche geführt – in der Wahlnacht 1969. Damals trafen sie sich nach Mitternacht in Kohls Bonner Hauptquartier, der rheinland-pfälzischen Landesvertretung, während Kanzler Kurt Georg Kiesinger noch seinen vermeintlichen Sieg feierte und die sozialliberalen Anbahnungsgespräche zwischen Willy Brandt und Walter Scheel bereits vorbereitet wurden. Seitdem war Helmut Kohl – im Gegensatz zu Franz Josef Strauß – bewußt, daß ein Unionskandidat ohne die FDP

nicht Kanzler zu werden vermochte. So pflegte er über die Jahre ein gemessen-freundschaftliches Verhältnis zu Genscher. Auch gewisse Verhaltensähnlichkeiten machten den Umgang einfacher: Beide regieren – und reagieren – am liebsten über Telefon; beide stützen sich auf gut funktionierende Stäbe; beide teilen die Neigung zu stundenlangem Small talk, politischem Klatsch und zu Zusammenkünften in kleinen geselligen Kreisen.

In der ersten Jahreshälfte 1982 waren die beiden nur selten persönlich zusammengetroffen. Das änderte sich nach Kohls Rückkehr aus dem Sommerurlaub Ende August. Kohl schickte seine engsten Mitarbeiter mehrfach abends auf seine Kosten zum Essen und traf sich mit Genscher, Scheel oder Graf Lambsdorff zu heimlichen Sondierungen, nachdem Genscher dem CDU-Vorsitzenden telefonisch den halboffiziellen Hinweis gegeben hatte, der Sprung der Liberalen ans andere Ufer stehe unmittelbar bevor. Nach einem gemeinsamen Spaziergang in den bayerischen Bergen berichtete Kohl am 31. August seinem Männerfreund Strauß: »Man muß jetzt jeden Tag mit dem Ende der Regierung Schmidt rechnen.«

Genscher plante die Wende, Lambsdorff wurde ihr Vollstrekker. Schon seit Anfang Juli feilten er und seine wichtigsten Mitarbeiter – Staatssekretär Otto Schlecht, der jetzige Bundesbankpräsident Hans Tietmeyer und Georg Grimm, später Abteilungsleiter Wirtschaft im Kanzleramt – an einem wirtschaftspolitischen Konzept für einen Neuanfang und eine Wiederbelebung der Konjunktur. Sein Schönheitsfehler bestand darin, daß der seit Oktober 1977 amtierende Wirtschaftsminister für den damaligen Konjunkturverlauf und die wirtschaftspolitischen Grunddaten wesentliche Mitverantwortung trug. Als Kanzler Schmidt seinen Wirtschaftsminister Ende August um Einblick in die Ausarbeitung bat, übermittelte Lambsdorff per Brief vom 9. September 1982 das 32 Seiten umfassende »Konzept für eine Politik zur Überwindung der Wachstumsschwäche und zur Bekämpfung der Arbeitslosigkeit« – das Scheidungspapier der Koalition, ein

»Dokument der Sezession« (Helmut Schmidt). Inhalt war das Verlangen nach stärkerer Förderung privater Investitionen, nach »überzeugender marktwirtschaftlicher Politik«, nach Konsolidierung der öffentlichen Haushalte und nach Einschränkungen des sozialen Transfers. Werde nicht gehandelt, stehe eine »Krise des politischen Systems« bevor.

Große Worte, die doch nur den Wechsel plausibel machen sollten. Ein wirklicher Umstieg zu einer ökologisch fundierten Wirtschaftsordnung etwa war nicht vorgesehen. Wie immer bei Freidemokraten hatte die Ökonomie unbedingten Vorrang vor der Ökologie. Auf den 14 Zeilen, die Lambsdorff für eine »Weiterentwicklung der Umweltpolitik« reserviert hatte, blieb es bei der alten Priorität und, im folgenden Abschnitt, bei einer »konsequenten Fortsetzung der Energiepolitik«. Gespart werden sollte nicht etwa am Energieverbrauch, sondern an manch kleineren Ausgabenpositionen im sozialen Bereich und sogar an der Beamtenbesoldung. Gemessen daran, daß sich die deutsche Wirtschaft damals gerade in einem der tiefsten Rezessionstäler befand (Rückgang des Bruttosozialprodukts um ein Prozent 1982), zielten Lambsdorffs Vorschläge nicht auf einen Umbau des Systems, sondern nur auf eine bessere, investitionsfördernde Stimmung bei den Gewerbetreibenden.

In der Einleitung schrieb Lambsdorff ganz offen, es gehe darum, die »Skepsis im eigenen Lande«, »Resignation und Zukunftspessimismus« zu überwinden, und zwar mit den herkömmlichen Methoden der Wirtschaftsankurbelung über Steuer- oder sonstige Anreize. Noch galt die Wirtschaftswunderwelt als in Ordnung, nachdem sie letztlich erfolgreich die erste Ölkrise von 1972/73 überwunden hatte. Die Frage, zu welchem Zweck immer mehr Wohlstand und, vor allem, auf wessen Kosten angehäuft werden sollte, wurde nicht gestellt. Ziel war nach nur kurzer Pause die Rückkehr zu den fetten Jahren.

Nach Lektüre des Lambsdorff-Papiers versuchte Schmidt noch einmal, die Regie zu übernehmen, doch ihm blieb nur die Defensive. Und nachdem er Genscher brieflich nach dessen genauen Absichten befragt hatte (25. August) – als wenn er die zu jener Zeit exakt hätte nennen können! –, erwog er eine Minderheitsregierung, ja sogar den Gedanken an Neuwahlen, um die FDP aus dem Hohen Haus zu eliminieren. Doch auch die SPD hätte bei einer Wahl zum damaligen Zeitpunkt schlecht ausgesehen – abgesehen davon, daß ein konstruktives Mißtrauensvotum von Union und FDP Neuwahlen unmöglich gemacht hätte.

Am 17. September verlassen die FDP-Minister nach 13 Jahren die sozialliberale Koalition und kommen damit um einige Stunden ihrer Entlassung durch den Kanzler zuvor. Es folgen 14 Tage der Turbulenz, die – etwa im *Tagebuch* des Schmidt-Vertrauten Klaus Bölling – zeigen, daß die FDP zwar zielstrebig auf den Wechsel des Koalitionspartners hingearbeitet, aber den Ablauf keineswegs detailliert geplant hat. Helmut Schmidt unterläuft nämlich ihr Wendekonzept durch die Flucht nach vorn und schafft damit kurzfristig eine Wende in der Stimmung – jedenfalls in Hessen, wo entgegen der allgemeinen Erwartung nicht der CDU-Kandidat Alfred Dregger, sondern sein SPD-Konkurrent Holger Börner am 26. September die Landtagswahl gewinnt und im allgemeinen Verratsgeschrei die FDP an der Sperrklausel scheitert.

Schon am 13. September hatte Genscher vor meist konservativen Journalisten im Bonner »Ruderclub« sein Konzept für den Wechsel offenbart. Danach sollte er schnell, aber nicht so schnell ablaufen – erst nach der Wahl in Hessen, nach den Haushaltsberatungen in der Koalition, die als Vorwand für die angeblich unsolide Finanzpolitik des SPD-Partners herhalten sollten, und nach dem FDP-Parteitag in Berlin, der für den 5. bis 9. November angesetzt war.

Wie wenig sich die Freidemokraten auf einen genauen Ablauf eingestellt hatten, bestätigte Lambsdorff mit dem nachträglichen Eingeständnis, »daß wir nicht in Szenarien gedacht« hatten. Die freidemokratischen Spitzenleute waren vielmehr

»voll damit beschäftigt, in der eigenen Partei die Zustimmung der Mehrheit für einen Koalitionswechsel zu schaffen«.
Das ging bis an den Rand der Spaltung. Viele Befürworter einer sozialliberalen Politik (Matthäus-Maier, von Schoeler, Verheugen) verließen die Partei, andere gingen enttäuscht ins Lager der immer stiller werdenden Minderheit, wählten also die innere Emigration (Hamm-Brücher, Baum, Hirsch). Wie es um die Geschlossenheit der Freidemokraten bestellt war, drückte sich dann auch in Zahlen aus, als sich der Vorsitzende Hans-Dietrich Genscher auf dem Parteitag in Berlin nicht gerade eindrucksvoll durchsetzte: Nur 222 Delegierte stimmten für seine Wiederwahl, 169 für den farblosen Gegenkandidaten Uwe Ronneburger, seinerzeit FDP-Landesvorsitzender in Schleswig-Holstein.
So hatte sich Genscher das nicht vorgestellt, eine solche Zerreißprobe nicht erwartet. Nach seinem Plan hätte der Parteitag die unheilbare Zerrüttung der Bonner Bündnispartner konstatieren und mit eindeutiger Mehrheit die Hinwendung zur Union empfehlen sollen: Er wäre dann kein Verräter, die letzten sozialliberalen Getreuen wären dann nicht seine Opfer gewesen.
Daß dies Szenario nicht funktionierte, war nicht nur Schmidts Verdienst, sondern auch Lambsdorffs Schuld, der dem Kanzler mit seinem Scheidungsbrief den Vorwand zum Handeln geboten hatte. Genscher: »Lambsdorff hat gegen meinen dringenden Rat die Ausarbeitung an die Öffentlichkeit gegeben. Wir – ich und [FDP-Fraktionschef Wolfgang] Mischnick – versuchten, ihn davon abzuhalten.«
Auch Kohl hatte sich auf andere Zeitabläufe eingerichtet. Er rechnete damit, daß die alte Koalition »vor Weihnachten 1982 auseinanderbrechen« würde. Aber er bestätigt: »Es hat keinen Fahrplan für den Wechsel gegeben, keine detaillierte Absprache.« Auch bei der CDU lief die Wende ohne Personaldebatte ab. Daß die Kanzlerschaft quasi automatisch auf Kohl zulief, wußte auch sein einziger ernsthafter Konkurrent, Gerhard Stoltenberg: »In den Einzelgesprächen war das immer klar.«

Dennoch berichtete Heiner Geißler, dem FDP-Wirtschaftsminister habe die Vorstellung nicht gefallen, daß Kohl Kanzler werde; er weiß von einem »spektakulären Besuch« Lambsdorffs bei Stoltenberg. Geißler: »Er wollte Stoltenberg zur Kandidatur bewegen.«
Kohl hatte FDP-Chef Genscher allerdings eine »politisch-parlamentarische Überlebensgarantie« für die FDP zugesagt. Beide waren sich einig, daß der Koalitionswechsel möglichst bald einer Legitimierung durch Neuwahlen bedurfte – nur nicht allzubald, um Regierung und Parteien zunächst Gelegenheit zum Neuanfang zu geben. Schon vor dem 1. Oktober, dem Tag des Mißtrauensvotums, legten die zwei Parteichefs den 6. März 1983 als Wahldatum fest. Sie konterten damit den Wunsch von SPD und CSU, die in seltener Übereinstimmung für sofortige Neuwahlen plädierten. Die SPD, was Wunder, dachte an eine »Schmidtleidswahl«; die CSU hoffte auf eine absolute Mehrheit für die Union und auf den parlamentarischen Exitus der Freien Demokraten.
Doch Kohl und Genscher setzten sich durch, nicht zuletzt deshalb, weil sie im Bundespräsidenten einen – in diesem Fall – ungewöhnlich starken Verbündeten hatten. Karl Carstens machte den Parteiführern in Einzelgesprächen klar, daß er – wenn überhaupt angesichts der klaren Mehrheitsverhältnisse – das Parlament nur dann auflösen werde, wenn damit Nachteile für eine der Parteien ausgeschlossen wären. Kohl: »Sofortige Neuwahlen wären nicht zustande gekommen, weil der Bundespräsident das Parlament nicht gegen den Willen der FDP aufgelöst hätte.«
Den Widerstand von Strauß gegen Kohls Fahrplan brach der CDU-Chef, indem er Abreden nur mit dessen Bonner Statthalter Zimmermann traf. Franz Josef Strauß hat das seinem alten Freund Fritz nie verziehen. Schließlich brauchte der CSU-Vorsitzende Zeit – und die wurde ihm in Kohls Konzept nicht gewährt: Am 10. Oktober mußte er die Landtagswahlen in Bayern bestehen, konnte also für Bonner Ämter in einer neuen Regierung zunächst nicht antreten. Neuwahlen etwa im

Dezember 1982, womöglich ein Scheitern der FDP, hätten ihm die Chance gegeben, in Bonn doch noch einmal groß herauszukommen – etwa als Außenminister. Zimmermann hielt es aber für »unmöglich, der FDP einen Strick um den Hals zu hängen, uno actu sozusagen mit der Regierungsübernahme, und ihr zu sagen: Vielen Dank, jetzt kannst du dich aufhängen.«

So gelang die Wende – ein Wechsel eher der Akteure beim größeren Koalitionspartner, keine wirkliche Wende in den politischen Zielen und Ergebnissen.

256 Abgeordnete aus CDU/CSU und FDP stimmten am 1. Oktober dem ersten Kanzlersturz der deutschen Nachkriegsgeschichte und der Kanzlerneuwahl zu; dagegen waren 235 (bei vier Enthaltungen).

Doch die neue Koalition hatte vor den Wählern ein Problem – das der Legitimation. Nach – und vor allem vor – der letzten Wahl 1980 hatten FDP und SPD dem Wähler noch Treue im Fortbestand des Bündnisses versprochen; dem setzten Union und FDP nun das Versprechen vorgezogener Neuwahlen am 6. März 1983 entgegen, um den Wähler um ein neues Vertrauensvotum zu bitten.

Das kam für Genscher und die gebeutelte FDP immer noch einem Hochseilakt gleich; nach Umfragen von Anfang Dezember 1982 rangierten die Liberalen weit unterhalb der Fünf-Prozent-Hürde: 3,6 (Allensbach), 3,0 (Emnid), 2,8 (Forschungsgruppe Wahlen). Kohl und Genscher setzten auf Risiko – auch, um argumentativ gegen die seltene Gemeinsamkeit von CSU und SPD bestehen zu können. Folgerichtig stellte der neue Kanzler Mitte Dezember im Bundestag, obwohl er ja eine sichere Mehrheit hatte, die Vertrauensfrage nach Artikel 68 Grundgesetz. Verabredungsgemäß verweigerte ihm die eigene Koalition die Mehrheit – der Weg zur Auflösung des Parlaments durch den Bundespräsidenten schien frei.

Bundespräsident Karl Carstens, der sofortige Neuwahlen 1982 eben noch abgelehnt hatte, blieb zögerlich, ließ sich jedoch von Innenminister Friedrich Zimmermann in mehreren Gesprächen von der – nach Zimmermanns Ansicht –

Rechtmäßigkeit der Neuwahlen überzeugen. Vorgezogene Wahlen waren in der Bevölkerung überaus populär: Mehr als drei Viertel begrüßten eine solche Regelung. Dennoch empfand Carstens diese Zeit als »die schwierigsten Wochen, die ich als Bundespräsident durchlebt habe«. Vier Abgeordnete des Bundestages verklagten denn auch das Staatsoberhaupt vor dem Bundesverfassungsgericht – die Parlamentarier Karl-Hans Lagershausen (CDU), Friedhelm Rentrop und Hansheinrich Schmidt (beide FDP) sowie Karl Hofmann (nach Ausscheiden aus der SPD fraktionslos). Hätte Karlsruhe gegen Carstens' Anordnung zur Parlamentsauflösung entschieden, hätten sich für den Bundespräsidenten grundsätzliche Fragen gestellt: Er hätte den alten Bundestag wieder eingesetzt, die Neuwahlen aufgehoben – und wäre, nach eigenem Bekenntnis, zurückgetreten.
Die Kläger beriefen sich darauf, daß der Bundestag nach Artikel 39 Grundgesetz »auf vier Jahre« gewählt ist; die Manipulation eines Vertrauensvotums – denn die Regierungskoalition hatte ja eine ausreichende Mehrheit – dürfe eine Parlamentsauflösung nicht zur Folge haben. Freilich sagt Artikel 68 Grundgesetz über Absichten oder Lauterkeit jener, die einen solchen Antrag stellen und behandeln, nichts aus: »Findet ein Antrag des Bundeskanzlers, ihm das Vertrauen auszusprechen, nicht die Zustimmung der Mehrheit der Mitglieder des Bundestages, so kann der Bundespräsident auf Vorschlag des Bundeskanzlers binnen einundzwanzig Tagen den Bundestag auflösen.«
Erst 18 Tage vor der geplanten Wahl, am 16. Februar, entschied das Verfassungsgericht mit sechs zu zwei Stimmen, Parlamentsauflösung und Neuwahlen seien rechtens – aber nur ausnahmsweise (elf Jahre später Anlaß für die Verfassungskommission, zu prüfen, ob eine mögliche Auflösung des Bundestages mit neuen Modalitäten rechtlich einwandfrei vollzogen werden kann). Die Leitsätze des Zweiten Senats in Karlsruhe von 1983:

Vertrauen im Sinne des Artikel 68 Grundgesetz meint gemäß der deutschen verfassungsgeschichtlichen Tradition die im Akt der Stimmabgabe förmlich bekundete gegenwärtige Zustimmung der Abgeordneten zu Person und Sachprogramm des Bundeskanzlers.
Der Bundeskanzler, der die Auflösung des Bundestages auf dem Weg des Artikel 68 Grundgesetz anstrebt, soll dieses Verfahren *nur* anstrengen dürfen, wenn es politisch für ihn nicht mehr gewährleistet ist, mit den im Bundestag bestehenden Kräfteverhältnissen weiterzuregieren. Die politischen Kräfteverhältnisse im Bundestag müssen seine Handlungsfähigkeit so beeinträchtigen oder lähmen, daß er eine vom stetigen Vertrauen der Mehrheit getragene Politik nicht sinnvoll zu verfolgen vermag.
Eine Auslegung dahin, daß Artikel 68 Grundgesetz einem Bundeskanzler, dessen ausreichende Mehrheit im Bundestag außer Zweifel steht, gestattet, sich zum geeignet erscheinenden Zeitpunkt die Vertrauensfrage negativ beantworten zu lassen mit dem Ziel, die Auflösung des Bundestages zu betreiben, würde dem Sinn des Artikel 68 Grundgesetz nicht gerecht. Desgleichen rechtfertigen besondere Schwierigkeiten der in der laufenden Wahlperiode sich stellenden Aufgaben die Auflösung nicht.
Ob eine Lage vorliegt, die eine vom stetigen Vertrauen der Mehrheit getragene Politik nicht mehr sinnvoll ermöglicht, hat der Bundeskanzler zu prüfen, wenn er beabsichtigt, einen Antrag mit dem Ziel zu stellen, darüber die Auflösung des Bundestages anzustreben.

Genausogut hätte sich die Richtermehrheit der Meinung der Kläger anschließen können, hier handele es sich um eine Manipulation der Verfassung. Das Gericht tat es nicht, setzte aber für die Zukunft etwas klarere Maßstäbe: Ohne sachlichen Grund – also die Durchsetzung eines neuen Regierungsprogramms, die Behebung einer Krise – sind vorzeitige Neuwahlen nicht möglich. Anders gesagt: Die Manipulation darf nicht erkennbar im Vordergrund des Regierungshandelns stehen, und sie darf einer bestimmten politischen Kraft nicht schaden oder andere ungebührlich bevorzugen.

Das Urteil, an dem Verfassungsminister Friedrich Zimmermann entscheidenden Anteil hatte, gab nach dessen Beobachtung »der Union einen unglaublichen Ruck. Wir hatten gewonnen, wir waren vom Alpdruck befreit, als Manipulatoren dazustehen.« Der 6. März 1983 wurde zu einer eindrucksvollen Bestätigung der neuen Koalition: Die CDU/CSU fuhr mit 48,8 Prozent ihr (nach 1957) bestes Ergebnis bei einer Bundestagswahl ein; der FDP-Koalitionspartner schaffte immerhin noch 7,0 Prozent; erstmals seit 1965 rutschte die SPD wieder unter die 40-Prozent-Marke (38,2 Prozent); und erstmals waren auch die Grünen (5,6 Prozent) im Bonner Bundestag vertreten. Letzteres war, im nachhinein, eine glückliche Fügung für die resignierende Koalition, besonders jedoch für die FDP. Wären die Grünen nämlich an der Fünf-Prozent-Hürde gescheitert, hätte die Union die absolute Mehrheit der Mandate erreicht – und Kohl ohne die Freien Demokraten regieren können.

Praktisch zeitgleich mit der Wahl begann ein Wirtschaftswachstum, als habe die Wirtschaft nur auf einen warmen Regen – hier: eine neue Regierung – gewartet. Mit Gesetzesänderungen und einigen Einsparungen half die Koalition nach. Das neue Bündnis steuerte tatsächlich um, wie Lambsdorff es in seinem Scheidungsbrief angeraten hatte. Im Dezember 1982 hatten Unternehmer und Verwaltungen mit nur 58 000 freien Arbeitsplätzen (bei 1,8 Millionen Arbeitslosen) noch den historischen Tiefstand an offenen Stellen gemeldet. Von da an ging's voran, auch wenn die Arbeitslosenzahlen zunächst noch bis Januar 1985 auf einen Rekordstand von 2,619 Millionen stiegen, der neun Jahre lang, bis Januar 1994 (bezogen auf die alten Bundesländer), dann nicht wieder erreicht wurde.

Auch das Sozialprodukt, Summe aller Güter und Dienstleistungen, wurde mit dem Ende der sozialliberalen Regierungs-

zeit anders aufgeteilt. Betrug 1950 die Relation zwischen Arbeitseinkommen, also Löhnen und Gehältern, sowie Unternehmer- bzw. Vermögenseinkommen 58 zu 42 und lauteten die Zahlen im Jahre 1982 aufgrund der inzwischen perfektionierten Sozialgesetzgebung 77 zu 23, so ging das Verhältnis von diesem historischen Höchststand stetig zurück, und zwar auf 67 zu 33 im Jahre 1994. Die Volkswirtschaft, 1982 noch um ein Prozent geschrumpft, wuchs in den Jahren bis 1986 mit Raten bis zu (real) 3,3 Prozent.
Es lief wieder. Die Zeit der Lähmung schien vorbei.

III.

Männerfreunde Tiger Strauß, Elefant Kohl

Sein Lieblingsspruch, mit dem er sich von Schlappmachern abgrenzte, war: »Es ist schon mancher als Tiger gestartet und als Bettvorleger gelandet.«
Nein, das wollte Franz Josef Strauß zeit seines politischen Lebens nicht. Er wollte Raubtier sein, stark und wild. Er, der als Sonder-, Atom- und Verteidigungsminister schon unter Konrad Adenauer bis zur *Spiegel*-Affäre 1962 gedient hatte, der sich als Finanzminister der Großen Koalition (1966–1969) rehabilitieren durfte (und konnte) – er hielt sich in sozialliberaler Zeit für den eigentlichen Oppositionsführer, für den wahren Chef der Union; später für den geborenen, leider verhinderten Kanzler.
In Wirklichkeit hat er unendlich viel dafür getan, daß sein Rivale Helmut Kohl über all die Jahre meist unangefochten der CDU und der Bundesregierung vorstehen konnte. Mit seinen Drohgebärden erschreckte Strauß die Wähler der Mitte und gab Kohl immer wieder Gelegenheit, den besonnenen, zuweilen sogar liberalen, manchmal auch sozialen Staatsmann herauszustreichen – ein Politikerpaar, das sich in der Wirkung wider Willen symbiotisch ergänzte, vorbildlich für andere Parteien. Ein Exempel an Streitkultur. Nur daß der eine, Strauß, in seiner Selbstüberschätzung nicht bemerkte, daß er lediglich eine Rolle in einem größeren Spiel auszufüllen hatte. Es war nicht die Hauptrolle.

Strauß war das pure Gegenstück zu Helmut Kohl. Der eine aufbrausend-impulsiv, der andere lieber behäbig-abwartend. Der eine ein glänzender Redner, der andere glanzlos; Strauß exotisch-barock, Kohl eher ungelenk-verklemmt. »Überlebensgroß Herr Strauß« (Rudolf Augstein), bloß riesengroß der Körper von Kanzler Kohl. Der eine umgeben von schillernden Figuren, die dem Fürsten Franz Josef zu Willen waren und ihn oft genug ins Zwielicht stellten; der andere ein Stratege des personellen Managements, der seine Macht sorgfältig durch Vertrauensleute abstützte.

Strauß galt als Machtmensch pur; dabei war er ein Zauderer, angefüllt mit Skrupeln. Der andere ist ein Machtmensch von Geburt, souverän die Feinde und manche Widrigkeiten bezwingend. Kohl denkt nicht in Konzepten, Themen oder Konflikten – er plant mit Köpfen. Er sichert sich, indem er deren Stellung sichert.

Von allen negativen Charakteristika, die – zuweilen unfair angebracht – an Strauß hafteten, konnte Kohl durch schieren Vergleich profitieren. Er polterte nicht und raufte nicht. Er suchte sich seine Freunde aus, wirkte nie hemdsärmelig, war weder Choleriker noch Egomane.

Strauß, der so gerne Raubtier gewesen wäre, brüllte gerne. Das Zuhören war seine Sache nicht. Der langjährige Innenminister und Strauß-Freund Friedrich (»Fritz«) Zimmermann schildert aus Franz-Josef-Nähe die Anfangsjahre dieser merkwürdigen Beziehung zwischen den Chefs der beiden sogenannten Schwesterparteien: Strauß, »ungeheuer gebildet, blitzschnell denkend, ein begnadeter Analytiker mit jahrelanger Erfahrung in der Weltpolitik und globalstrategischer Betrachtungsweise, systematisch arbeitend, Punkt für Punkt aufzählend, stets mit Bergen von Akten und Aktennotizen anrückend – der andere aus der Landespolitik und ihren Krähwinkeleien (und allenfalls noch der Sozialpolitik) kommend, weltpolitisch ungeschult, ohne globale Vorstellungen, unsystematisch denkend und auch nicht bereit zur Umstellung auf strategische Arbeitsweise, ein Mann, der sich so gut wie nie

Notizen machte, der anscheinend nie zuhörte, der die maschinengewehrgleich prasselnden Analysen von Strauß anscheinend mit verstopften Ohren an sich abgleiten ließ – das war der Eindruck von Strauß –, der alles vergaß und nichts aufgriff, was Strauß machen wollte, der um des lieben Friedens willen viel versprach und wenig davon hielt. [...] Manches davon ist übertrieben und ungerecht – und vor allem: Kohl läßt sich prinzipiell von niemandem Vorschriften machen; das hat Strauß, der sich prinzipiell auch von niemandem Vorschriften machen ließ, nie verstanden – aber richtig ist, daß Kohl in jenen ersten Jahren provinziell und planlos war.«

Und Zimmermann erwähnt als »typische Anekdote« aus jener Zeit des Oppositionsführers Kohl, daß der bei US-Außenminister Kissinger gewesen war und dieser »anschließend geklagt hatte, er habe Mr. Kohl nach den wichtigsten Problemen Deutschlands gefragt und dieser habe ihm daraufhin von nichts anderem als von einem Vorhaben namens Mitbestimmung erzählt«.

Der merkwürdige Zweikampf Kohl/Strauß begann ein Jahr nach Kohls Wahl zum Vorsitzenden der Schwesterpartei CDU (1973) mit der Sonthofener Eröffnung. Dort hatte Franz Josef Strauß die Mitglieder der Bonner CSU-Landesgruppe im November 1974 zur Klausur um sich versammelt. Und dort, im Hochzeitszimmer des Hotels »Sonnenalp«, skizzierte er seine Vorstellungen, wie die Union am schnellsten zur Macht in Bonn zurückkehren könne.

Er redete ungeschützt, ohne Deckung. Es waren ja nur Parteifreunde anwesend. Seine Botschaft: Im fünften Oppositionsjahr, zwei Jahre nach Willy Brandts fulminantem Wahlerfolg, sei die Bevölkerung über die Regierungspolitik »noch nicht so stark schockiert, daß sie bereit wäre, die Rezepte, die wir zur langsamen Heilung der Krise für notwendig halten, in Kauf zu nehmen«. Seine Einsicht: »Es muß wesentlich tiefer sinken, bis wir Aussicht haben, politisch mit unseren Vorstellungen, Warnungen, Vorschlägen gehört zu werden.«

Das war, auch im Rückblick gesehen, eine treffende Zustandsbeschreibung. Daß sie Strauß über Jahre schadete, ja, seine Kanzlerschaft unmöglich machte, lag daran, daß nicht jede gesprochene Rede zum Druck und zur Veröffentlichung taugt: Das Protokoll des Strauß-Referats, 19,5 Seiten, erhielten nicht nur die teilnehmenden Parteifreunde, sondern auch der *Spiegel,* der im März 1975 davon Auszüge druckte. Die Folgen waren beeindruckend:

- Seitdem galt Strauß – nicht nur bei der SPD – als rücksichtsloser, machtgeiler Alpen-Machiavelli.
- Kohls damaliger Parteigeneralsekretär Kurt Biedenkopf konnte ohne Umschweife, auch ohne großen Widerspruch seinen Parteichef zum Kanzlerkandidaten der folgenden Bundestagswahl (1976) ausrufen.
- Kohls erstaunlich knappe Niederlage im Wahlvergleich mit Helmut Schmidt – die Union fuhr mit 48,6 Prozent das beste Ergebnis ein, seit Adenauer 1957 die absolute Mehrheit errungen hatte, und nur ein Zehntelprozent weniger, als sie 1983 erringen sollte, denn da verhalfen ihr ja die besagten 48,7 Prozent zu einer komfortablen Regierungsmehrheit – suchte Strauß ungeduldig und unsinnig mit der Kreuther Sezession zu beantworten: Er kündigte die Fraktionsgemeinschaft mit der CDU-Schwester im Bundestag auf, mußte sich aber wenig später dem Widerstand aus der eigenen Partei beugen und die Kündigung zurücknehmen.

Bis heute – und verstärkt durch die Folgen der Einheit – spukt in manchen CSU-Köpfen jene Idee herum, die FJS geboren hatte, um die zu damaliger Zeit »babylonische Gefangenschaft« von SPD und FDP zu durchbrechen und dennoch an die Macht zu gelangen: Eine »Vierte Partei« sollte her, die neben Union, SPD und FDP am rechten Rand bundesweit Stimmen fangen und dem bürgerlichen Lager eine Mehrheit verschaffen sollte. Klar, daß die von Strauß gezeugte »Vierte Partei« nur als bundesweite Ausdehnung der CSU, über Bayerns Grenzen hinweg, zu verstehen war.
Die Idee hatte zwei gravierende Denkfehler. Zum einen setzte

sie voraus, daß im bürgerlich-konservativen Lager eine nennenswerte Zahl von Stimmen die CDU so gut wie nie gewählt hatte, sondern gewissermaßen frei vagabundierte, und zwar entweder durch Nichtwahl oder durch Wahl von rechtsextremen Parteien; seit 1969, als die NPD noch 4,3 Prozent bekommen hatte, waren der CDU am rechten Rand aber höchstens 1,0 Prozent der Wähler weggelaufen – und nur die hätten sich demnach theoretisch Straußens »Vierter Partei« zusätzlich zuwenden können. Der zweite entscheidende Irrtum in Strauß' Kalkül war die Nichtberücksichtigung Bayerns. Sein Denkspiel machte ja nur Sinn, wenn auch bayerischen Wählern eine »Vierte Partei« angeboten werden sollte – also eine Art liberal aufgeschlossene Variante einer Mitte-Links-CDU.
Schon die Furcht davor, die vor einem »Einmarsch« der CDU ins bayerische CSU-Stammland, wie Helmut Kohl unverhohlen drohte, rührte an politische Existenz vieler bayerischer Honoratioren, denen Ämter, Würden und Pfründe näher waren als die strategischen Gedankengänge ihres großen Vorsitzenden. Auf der anderen Seite stärkte Helmut Kohl exakt jene Sorgen, indem er sich im CDU-Bundesvorstand einen »Blanko-Beschluß« besorgte: Jeder Versuch der CSU, jenseits der weißblauen Grenzen politisch zu wirken, wird mit dem Einmarsch der CDU nach Bayern beantwortet.
Seit dem Fehlschlag von 1976 kann also jede Spekulation über eine bundesweite Ausdehnung der CSU nur als Donnergrollen, als rein theoretische Drohung verstanden werden. Es wird nicht dazu kommen. Der Versuch der CSU, durch Ausdehnung in andere Bundesländer ihre Machtposition im Bund zu stärken, würde automatisch dazu führen, daß ihre Macht im Stammland Bayern schwindet.
Das haben nur jene Nostalgiker in Bayern nicht begriffen, denen der Traum von der Macht wichtiger war und ist als die Einsicht in realpolitische Zwänge. Nach der Einheit versuchten einige Christsoziale aus dem Kreis um den heimlichen selbsternannten Strauß-Erben Peter Gauweiler, einen Ableger in Ostdeutschland zu päppeln und zu unterhalten – vergeb-

lich. Die DSU siechte dahin und verschied. Gauweiler ging es übrigens so wie seinem Vorbild Strauß 1976: Er startete als Tiger.

Wie es in und um Strauß aussah, als die Union 1976 doch nur ganz knapp den Machtzipfel verfehlt hatte, belegte er selbst in einer Rede vor der »Jungen Union« der CSU im Schulungsraum der Münchner Wienerwald-Zentrale: Da fielen – wieder zum internen Gebrauch, aber ein Teilnehmer ließ ein Tonband laufen – Worte, die Strauß wie Kohl noch jahrelang zu schaffen machten: »Kohl – den ich trotz meines Wissens um seine Unzulänglichkeit um des Friedens willen als Kanzlerkandidaten unterstützt habe – wird nie Kanzler werden: Er ist total unfähig. Ihm fehlen die charakterlichen, die geistigen und die politischen Voraussetzungen. Ihm fehlt alles dafür.« Und er klagte beredt über die »politischen Pygmäen der CDU, die nur um ihre Wahlkreise bangen, diese Zwerge im Westentaschenformat, diese Reclam-Ausgabe von Politikern«.

Straußens Tobsuchtsanfall hatte einen aktuellen Hintergrund, war nicht nur mit dem Fehlschlag von Kreuth zu erklären. Als Beleg für die Unfähigkeit, den Wankelmut und die Nachgiebigkeit Kohls schildert Strauß in seinen Memoiren eine, wie er meint, symptomatische Episode aus dem Frühjahr 1976. Der Bundestag hatte mit seiner sozialliberalen Mehrheit den Vereinbarungen mit Polen zugestimmt; dabei ging es um Ausreisemöglichkeiten für Deutschstämmige, um ein Rentenabkommen und um einen Milliardenkredit für die Volksrepublik. »Bei einem Spaziergang«, so Strauß, seien er und Kohl übereingekommen, daß die Unionsmehrheit im Bundesrat das Vertragswerk blockieren solle. Die Absprache hatten die Männerfreunde bei einem späteren Treffen in Straußens Bonner Wohnung bekräftigt. Nachts um zwei Uhr rief dann Kohl bei Strauß an: »Seine Nachricht zu dieser ungewöhnlichen Stunde: Der Durchbruch sei gelungen, die Hindernisse, die einem Ja der Unionsparteien zu den Polen-Verträgen im Wege gestanden hätten, seien beseitigt. Auf meine Frage, was denn diesen wunderbaren Sinneswandel herbeigeführt habe, kommt eine verblüffende Antwort. Der polnische Außenminister sei bereit, einen Brief des Inhalts zu schreiben, daß Ausreiseanträge über die 120 000 vereinbarten Fälle hinaus behandelt werden können. Das sei ein Durchbruch! Mir war klar, daß Helmut Kohl mit Hans-Dietrich Genscher gesprochen hatte, mit dem ihn schon damals ein hintergründiges Verhältnis verband. Meine Antwort war frostig und ablehnend: ›Du benutzt aber wirklich jeden Vorwand, um dich von deiner bisherigen Haltung abzusetzen. In Wirklichkeit besteht doch überhaupt kein Grund. Ein solcher Brief ist völlig unverbindlich.‹«

Strauß wollte neue Verhandlungen erzwingen und war sicher, daß Polen nachgeben würde: »Dies wäre ein triumphaler Erfolg über die SPD/FDP-Bundesregierung, weil Helmut Schmidt das Abkommen als einen Geniestreich, als eine politische Meisterleistung betrachtete, an dem kein Jota mehr verändert oder wegverhandelt werden könne und dürfe. Dann hätten wir, so meine Überlegung, Helmut Schmidt so in der Enge, daß er die Bundestagswahlen im Herbst 1976 verlieren werde. Wir hätten einen starken Trumpf in der Hand und könnten die Verhandlungsführung der Bundesregierung als stümperhaft und unzulänglich entlarven.«

Wäre, hätte, könnten – es kam natürlich anders. Der eben gewählte niedersächsische Ministerpräsident Ernst Albrecht kündigte an, er werde den – auf deutschen Wunsch unwesentlich geänderten – Vertrag billigen. Daraufhin stimmten, entgegen Straußens Votum, alle unionsgeführten Bundesländer und selbst Bayerns CSU-Premier Alfons Goppel dem Vertragswerk zu.

Strauß war überzeugt, daß Kohl und die ganze Union auf dem Rückweg zur Macht einen Riesenfehler gemacht hatten. Aber er kämpfte nicht für ein anderes Ergebnis, ließ vielmehr sogar seinen Goppel gewähren. Noch Jahre später aber schäumte er über »die unheilvolle und klägliche Geschichte«, bei der die Union eine »ungeheure Chance« verspielt habe: »Verantwortlich für diese Entwicklung, die wesentlich zum knappen

Wahlsieg der Linkskoalition im Herbst 1976 beitrug, war die Taktik Helmut Kohls.«

Der zu vielem fähige Strauß war ein Freund der klaren Sprache. Der unfähige Kohl steckte alles weg – und handelte so, wie er es für richtig hielt.

Schon bei der nächsten Bundestagswahl, 1980, konnte Kohl dem Bayern zeigen, daß der zwar in seiner Heimat Rekordergebnisse erzielen mochte, nördlich des Mains aber weiterhin als Schreckbild galt. Strauß war der Überzeugung, die Union könne es auch ohne die FDP schaffen, die (absolute) Mehrheit der Mandate in Bonn zu erringen; deshalb schlug er nach Kräften auf die Liberalen ein. Kohl setzte dagegen bewußt auf die Freidemokraten: Sowenig es in der deutschen Nachkriegsgeschichte eine »Mehrheit links der Union« gab – die Worte blieben eine Hoffnung Willy Brandts –, so selten, so schwer vorstellbar war und ist eine satte Mehrheit allein für die Unionsparteien.

Nur einmal, nur scheinbar, nur für kurze Zeit blieb FJS Sieger gegen Kohl: Um sich und den Schwesterparteien eine offene Zerreißprobe zu ersparen, verzichtete Kohl 1978 auf die Kanzlerkandidatur für die Wahl 1980 und schlug statt seiner den niedersächsischen Ministerpräsidenten Ernst Albrecht vor. Straußens Zorn war so groß, als hätte Kohl Kohl empfohlen. So entschied sich auf Betreiben der CSU auch die gemeinsame Bundestagsfraktion der Unionsparteien für einen neuen Kandidaten – für Franz Josef Strauß.

Das paradoxe Ergebnis: Helmut Kohl kam zwei Jahre später zur Kanzlerschaft, und Strauß blieb nach seiner empfindlichen Niederlage – er hatte Kohls Ergebnis von 1976 nicht annähernd erreicht – für immer in München.

Von dort aus spie er gelegentlich Gift und Galle nach Bonn – etwa beim Machtwechsel 1982/83, bei dem nach seinem Geschmack Konkurrent Kohl die FDP viel zu sehr schonte. Aber Kohls Geduld hatte sich ausgezahlt. Er hatte den Bayern domestiziert. Er konnte ihn bei der Regierungsbildung nach der Wahl vom 6. März 1983 öffentlich vorführen. Er bot ihm

gönnerhaft die Mitarbeit in seinem Kabinett an – als Finanz- oder als Verteidigungsminister. Beide Ressorts waren für Strauß ohne Reiz, da er sie zu Beginn und am Ende der sechziger Jahre schon geführt hatte. Das Außenministerium aber, Straußens sehnliches und erklärtes Ziel, hatte der Kanzler dem Koalitionspartner FDP und ihrem Chef Hans-Dietrich Genscher versprochen.
Bis zu seinem Tode hat Strauß es nicht vergessen und nicht verwunden, wie Kohl ihn in jenen – für die Zukunft der christliberalen Koalition entscheidenden – Tagen der Regierungsbildung nach der Märzwahl 1983 für alle ersichtlich demütigte. In einer zentralen Frage hatte Kohl schon gegen den CSU-Chef obsiegt, hatte sich mit seinem Konzept der Machtübernahme im Herbst 1982 – Mißtrauensvotum gemeinsam mit der FDP, Neuwahltermin nicht gegen die FDP – durchgesetzt. Nun hätte Kohl doch auch einmal – das erwartete Strauß einfach wie ein trotziger Bub – nachgeben können. Doch der Männerfreund dachte gar nicht daran. Er traf sich mit Strauß zu zahllosen endlosen Gesprächen, um nachher schulterzukkend zu bedauern, natürlich brauche er den CSU-Vorsitzenden, sein Wissen und seine Erfahrung in der Regierungszentrale. Aber er ließ offen, wie und wo.
Da der Weg ins Außenamt von den liberalen Intimfeinden versperrt war, hoffte Strauß auf den Posten eines Superministers für Wirtschaft und Finanzen, sozusagen Plisch und Plum in einer Person. Doch natürlich waren auch bei diesem Plan die Freidemokraten im Weg; den Posten des Wirtschaftsministers gaben sie nicht her: Ressortchef Otto Graf Lambsdorff hatte ja gerade erst das Scheidungspapier des sozialliberalen Bündnisses schreiben lassen, mithin Begründung und Rechtfertigung für den Koalitionswechsel geliefert. Blieb also nur das Verteidigungsministerium, das Strauß im Herbst 1962 so schmählich hatte verlassen müssen. Zwanzig Jahre später konnte sich ein Minister in diesem Amte schwerlich profilieren: Die Nachrüstung gegen sowjetische Mittelstreckenwaffen war im NATO-Bündnis so gut wie beschlossen; Verteidigungs-

minister konnten allenfalls noch mit Säbeln rasseln. Nur Außenminister vermochten über die Säbel zu verhandeln.
Strauß lehnte ab – und mochte auch seine Ablehnung jahrelang nicht ertragen. Aber wenn er es schon nicht wurde, dann sollte es auch keiner aus seiner CSU werden. Friedrich Zimmermann, den langjährigen Verteidigungsexperten der Unionsfraktion, überredete er: »Woaßt, Fritz, mit dem Verteidigungsministerium kannst eh koan Blumentopf gewinnen.«
So wurde der Verteidigungsexperte Innenminister. Und weil das große Kaliber Strauß als Ministerpräsident in München blieb, setzte die CSU ein weiteres, fünftes Kabinettsmitglied in Bonn durch – Straußens Gewicht konnte nur im Plural ausgewogen werden. Sein großer Traum aber blieb unerfüllt, Kanzler der Bundesrepublik Deutschland zu werden – ein besserer natürlich als Helmut Kohl, besser aber auch als Helmut Schmidt und Willy Brandt.
Die gelegentlichen Treffen mit Kohl, meist Spaziergänge in den bayerischen Alpen, stilisierte Strauß zu machtvollen Demonstrationen seiner Stärke hoch, tat so, als habe er den Hilfsreferenten Kohl zur Belehrungsstunde empfangen. Er plante die Spazierrouten und postierte zuweilen heimlich Fotografen hinter Felsvorsprünge, damit die Nachwelt Kunde von den staatsmännischen Auftritten erhielt. Hinterher setzte er sich stundenlang an seinen Schreibtisch und verfaßte bis zu 23 Seiten lange Gedächtnisprotokolle von den offenbar schicksalhaften Begegnungen. Dabei wußten alle anderen Parteifreunde: »Für Kohl ist alles auslegungsfähig« (Zimmermann); »Vieles blieb der nachträglichen Interpretation überlassen« (Geißler).
Der große, immerzu verkannte Strauß berichtete noch jahrelang seinen engen Freunden, wie nahe er der Macht in Bonn sei – und wenn schon nicht dem Amt des Kanzlers oder Außenministers, dann doch dem Posten des Vizekanzlers. Die Spezln berichteten die Freundesworte dem DDR-Unterhändler Schalck, der daraus wiederum Berichte für seine Vorgesetzten Erich Mielke und Erich Honecker verfaßte, so etwa im

August 1984: »Mit hoher Wahrscheinlichkeit kann man davon ausgehen, daß Strauß vielleicht schon in diesem Jahr als Vizekanzler in die Regierung eintritt.« Oder Ende August 1984: Strauß sei »fest entschlossen, den Wechsel von München nach Bonn vorzunehmen«. Oder September 1985: »Strauß hat im internsten Kreis die feste Absicht geäußert, bei einer Neubildung des Kabinetts nach den Wahlen 1987 ein einflußreiches Regierungsamt zu übernehmen.« Oder nach dem Wahlsieg der Bonner Koalition 1987 mit dem bestätigenden Erfolg für die FDP (9,1 Prozent): »Damit ist der größte Wunsch von Strauß, einmal Außenminister in der Bundesregierung zu werden, zunichte gemacht worden. [...] Bangemann und Kohl sind sich darin einig, daß sie versuchen werden, Strauß für das Amt des Vizekanzlers ohne oder mit Geschäftsbereich zu gewinnen.«

FJS bleibt in Bayern. Im März 1987 informiert Josef März seinen Schalck, daß »Strauß nicht in die neue Bundesregierung unter Bundeskanzler Kohl eintritt« – und auch darüber, »daß Strauß eine neue Lebensgefährtin hat, ohne daß sie zusammenleben, und daß er damit hofft, daß durch deren Einfluß der zeitweilig überhöhte Alkoholgenuß eingeschränkt wird.«

Strauß merkte immer öfter, daß der andere, der Widersacher, besser war. Jahrelang war er – so berichtete er selber seinem DDR-Partner Schalck – »bemüht, Kohl zu zwingen, im Bundeskanzleramt eine Vertrauensperson der CSU als Staatssekretär oder Ministerialdirektor einzugliedern. Wie immer hat Kohl dazu bemerkt, ›er habe dafür zur Zeit keine Stelle frei‹.«

In Kohls Kalkül hatte Strauß durchaus einen, wenn auch bescheidenen Platz: Er sollte der Union die rechten Wähler erhalten, sollte sie am Abdriften zu NPD oder Republikanern hindern; Strauß rechts, Geißler und Blüm oder manchmal auch der FDP-Koalitionspartner links, der Kanzler in der Mitten – so taktisch und nüchtern sah Kohl seine Aufgabe als Chef einer Volks- und Regierungspartei. Kohls früherer Sprecher

Peter Boenisch: »Franz Josef war immer auf der Suche nach dem Konflikt. Kohl ist immer auf der Suche nach dem Konsens.«
Da blieb für FJS nur Donnergrollen, Theaterspiel für die Öffentlichkeit, um einen Einfluß zu demonstrieren, den er längst nicht mehr hatte. Von München aus trieb er noch Politik mit Effekten, nur selten mit Effizienz.
Eine seiner umstrittensten, auch lächerlichsten Aktivitäten war der bizarre Plan, den 30 000 deutschen Hobby-, Privat- und Geschäftsfliegern die – erst 1981 eingeführte – Steuerpflicht auf ihren Benzinverbrauch in Höhe von damals 53 Pfennig je Liter zu erlassen. Die Steuerbefreiung der damals (1988) 5 774 in Deutschland zugelassenen ein- oder zweimotorigen Maschinchen hätte den Fiskus schlappe 25 Millionen Mark pro Jahr gekostet. Doch gleichzeitig wollte die Koalition mit einer Reihe von Sparmaßnahmen die Sozialausgaben beschneiden. Beschlossen waren schon eine Streichung des Sterbegeldes, der Steuerfreiheit für Zuschüsse zum Kantinenessen, eine Erhöhung der Mineralölsteuer für Automobile um 9 Pfennig je Liter.
Strauß brachte mit seinem von Kanzler Kohl bereits akzeptierten Wunsch den gesamten CDU-Parteitag in Wiesbaden gegen sich auf. Nur der Luftsportverband Bayern ernannte Strauß zum Ehrenmitglied – mit der waghalsigen Begründung: »Was er für den Luftsport getan hat, bewegt sich schon an den Grenzen der Legalität.«
Dabei wäre Straußens Forderung nach Gleichbehandlung von Hobby- und Linienfliegerei heute noch sinnvoll – nur anders, als es sich der große Hobbypilot gedacht hatte. Würde nämlich die Steuerbefreiung auch für den gewerblichen Flugverkehr aufgehoben, könnte der Fiskus – bei einem Verbrauch von 5,8 Milliarden Litern Flugbenzin (1993) – Mehreinnahmen von etwa sechs Milliarden Mark im Jahr erzielen. Die Flugpreise müßten dann zwar um etwa 20 Prozent steigen, wären aber statt subventioniert real kalkuliert.
Der Versuch, Kanzler Kohl das Steuergeschenk für seinesglei-

chen abzuluchsen, war Straußens letzter großer, wenn auch ergebnisloser Auftritt. Als er am 3. Oktober 1988 überraschend starb, war die deutsche Politik ärmer – nicht um eine Lichtgestalt, aber um eine barocke Figur von Intelligenz und rhetorisch-politischer Brillanz, zerrissen zwischen Machtanspruch und Zaudern.

Sein langjähriger Bonner Statthalter Fritz Zimmermann über den Freund: »Er spielte stets mit dem Feuer. Aber dann steckte er die Streichhölzer immer wieder weg.«

IV.

Schalcks Coup Die Ostpolitik geht weiter

An einem Mittwoch im Frühsommer – die neue Bundesregierung war noch keine drei Monate im Amt – wurde eine der erstaunlichsten Wegmarken der Ära Kohl offenbar. An diesem 29. Juni 1983 erschien die *Frankfurter Allgemeine Zeitung* mit der damals unvorstellbar sensationellen Schlagzeile: »Der Bund verbürgt Milliardenkredit an die DDR«.

Am Vormittag desselben Tages, in der Kabinettssitzung, bestätigte der Kanzler seinen meist ahnungslosen Ministern die Nachricht. Nur Finanzminister Stoltenberg und Kanzleramtschef Jenninger wußten zu diesem Zeitpunkt aus dem Bonner Kreis Bescheid: Private Banken borgen der DDR eine Milliarde Mark für fünf Jahre, Tilgung in zehn gleichen Raten alle sechs Monate, Zinssatz $6\frac{3}{8}$ Prozent. Als Sicherheit der Kreditinstitute gilt eine Bürgschaft des Bundes, der sich – so die Abrede mit der DDR – im Bürgschaftsfall würde schadlos halten können an den Zahlungen, die er dem deutschen Zweitstaat ohnehin regelmäßig überwies: Transitpauschale (für Reisende von und nach Westberlin), Straßenbenutzungsgebühren (für westliche Reisende in der DDR) und Postzahlungen (die Bundespost erzielte im Verkehr mit der DDR einen Überschuß, weil mehr Sendungen und Telefonate von West nach Ost gingen).

Schon zwei Tage nach der ersten Information des Kabinetts, am 1. Juli, wird der Milliardendeal vom Präsidenten der Ostberliner Außenhandelsbank, Werner Polze, und dem Präsidenten der Bayerischen Landesbank, Ludwig Huber, in München unterzeichnet. Und von Stund an gibt es reichlich Spekulationen, in wessen Taschen wohl die bei solchen Geschäften gemeinhin fällige Provision wohl geflossen sein könnte – zumal die Bundesregierung großzügig auf die sonst übliche Bürgschaftsgebühr von 0,5 Prozent (also 5 Millionen Mark) verzichtete.

Doch ungleich wichtiger als derlei bis heute unbeweisbare Nachreden blieb der durch den Milliardenkredit erfolgte Nachweis, daß die neue christliberale Koalition die Außenpolitik ihrer sozialliberalen Vorgängerregierung fortsetzen wollte – und daß es gelungen war, mit Franz Josef Strauß einen langjährigen Gegner dieses Kurses zum Wegbereiter zu machen.

Für die deutsche Außenpolitik galten ja seit 1969, so die Politologin Helga Haftendorn, »Sicherheit und Entspannung [als] vorrangige Aufgaben – Sicherheit als atlantische, das heißt also im Nato-Bündnis und mit den Vereinigten Staaten zu verwirklichende Pflicht, und Entspannung als europäische, das heißt als sich aus der Teilung Europas ergebende Verantwortung. Ihre Staatskunst besteht darin, beide miteinander vereinbar zu halten.«

Umgekehrt gehörte es zu den außenpolitischen Grundannahmen der deutschen Nachbarstaaten, daß die deutsche Teilung die Lage in Europa stabilisiere und die Einbindung der beiden Teile in die jeweiligen Sicherheitssysteme der Balance zwischen West und Ost diene – allerdings zu Lasten der Deutschen. Das rhetorisch beschworene Ziel deutscher Politiker, die Einheit wiederherzustellen, war immer den jeweiligen sicherheitspolitischen Erfordernissen untergeordnet; insofern hatte eine »nationale« Politik der Deutschen bis 1989 keine wirkliche Chance und wurde ja auch nicht versucht, schon deswegen nicht, weil die Großmächte und Weltkriegssieger mit Berlin ein Faustpfand besaßen und weil die CDU-Kanzler bis 1966/69 gerade in der Westbindung das Mittel zur »Wiedervereinigung in Freiheit« sahen. Deshalb glichen nationales

Interesse, »Bestrebungen« zur Vereinigung und Staatsräson – Sicherheit durch Westbindung – bis 1989 in der westdeutschen Außenpolitik einem Koordinatensystem, dessen einzelne Punkte nur schwer in Beziehung zu setzen waren.
Die Bonner Regierungen setzten diesem Konflikt das Ziel einer europäischen Friedensordnung entgegen, in der die Sicherheits- und Bündnisfragen wie auch das Teilungsproblem gemeinsam gelöst werden sollten. Der nach dem ehemaligen belgischen Außenminister Harmel genannte Bericht der Nato-Partner suchte Verteidigung und Entspannung als zwei Säulen der gemeinsamen Sicherheit zu definieren: »Entspannung ist nicht das Endziel, sondern ein Teil der langfristigen Prozesse zur Verbesserung der Beziehungen und zur Förderung einer Regelung der europäischen Fragen. Das höchste politische Ziel der Allianz ist es, eine gerechte und dauernde Friedensordnung in Europa mit eigenen Sicherheitsgarantien zu erreichen.«

Diesem globalen oder kontinentalen Ziel hatte sich jeder Versuch einer deutsch-deutschen Entspannung zu fügen, war nur in einer »Politik der kleinen Schritte« – so ihr Architekt Egon Bahr – denkbar und mußte speziell seit Beginn der Kanzlerschaft Helmut Schmidts auf die höherwertigen internationalen Sicherheitsbelange Rücksicht nehmen. Mit Abschluß des KSZE-Vertrages 1975 schien so auch die Entspannungsphase zwischen den deutschen Staaten einer Zeit der Erstarrung zu weichen. Die sowjetische Besetzung Afghanistans im Dezember 1979, die Krise und das Kriegsrecht in Polen (Dezember 1981), die sowjetische Aufrüstung mit Mittelstreckenraketen und die – von Helmut Schmidt geforderte – westliche Antwort darauf deuteten auf ein Ende der Détente; jedenfalls reduzierten sie die deutsche Außenpolitik jener Jahre auf eine Sicherheits-, Bündnis- und Abschreckungspolitik. Die angestrebten Entspannungsfortschritte zwischen Bonn und Ostberlin versickerten gleichzeitig meist in zähen Expertenrunden und oft genug im einseitigen Vortrag von Maximalpositionen. Es schien, als seien die Supermächte zu einer Phase der Konfrontation zurückgekehrt und als müßten sich ihre Mündel in Europa dieser Haltung anschließen; vor allem die DDR mußte Rücksicht auf die Sowjetunion nehmen, seit sich im dazwischengelegenen Polen von der dortigen Gewerkschaftsbewegung ausgehende Auflösungserscheinungen des osteuropäischen Bündnissystems zeigten.

Analysiert man Kohls verschwommene Einheitsrhetorik der Jahre bis 1989, so fällt auf, daß er – wie zuvor die sozialliberale Bundesregierung – Begriff und Verlangen nach der Wiedervereinigung kaum benutzte. Er sprach statt dessen von der »deutschen Frage«, die offen und deren Kern die Freiheit sei. Also war ein wie immer gearteter Zusammenschluß der beiden deutschen Staaten mit derart unterschiedlichen Gesellschaftsordnungen gar nicht vorstellbar. Freiheit und Selbstbestimmung hatten bei Kohl immer Vorrang vor einer Wiederherstellung der Nation; die Westbindung war für ihn auch immer eine Wertbindung an die Grundlagen westlicher Demokratien.

Ganz anders die CSU, die nationale Einheit als staatliche Einheit verstand; die Wiederherstellung der staatlichen Einheit galt der bayerischen CDU-Schwesterpartei als »unabänderliche sittliche Verpflichtung« und entsprach dem »natürlichen Wollen eines geteilten Volkes«. Kohl redete dagegen von dem »Gefühl nationaler Zusammengehörigkeit«, das auf Dauer nur über Kontakte der Menschen über die Grenze hinweg entstehen, bleiben oder wachsen könne.

Diesem pragmatischen Kurs auch des Oppositionsführers Kohl, der insoweit den Vorgaben der sozialliberalen Regierung folgte, hatten sich der ungestüme Strauß und andere Rechte vom deutschnationalen Unionsflügel stets verweigert. Um so überraschender begann – nur drei Monate nach Bildung des zweiten Kabinetts Kohl – ein Streit um die Frage, wer denn das Hauptverdienst am Abschluß des Milliardenvertrages hatte. War es Franz Josef Strauß, der sich zwei Wochen später plötzlich öffentlich rühmte, die Sache »eingefädelt« zu haben? War es Philipp Jenninger, der sich und seinem Kanzler die Deutschlandpolitik erleichterte, indem er dem lästigen Kritiker Strauß Nadel und Zwirn zum Einfädeln zuschob? War es Alexander Schalck-Golodkowski, Staatssekretär im DDR-Außenhandelsministerium und Offizier im besonderen Einsatz (Oib) der Staatssicherheit? Und wem nutzte der Kreditabschluß am meisten? Ein langjähriger Streit geht um Erstgeburtsrecht und Autorenschaft, um Verdienst und Verantwortung.

Im Rückblick muten alle Bemühungen der Akteure, sich jeweils selbst in möglichst strahlendes Licht zu setzen, komisch bis paradox an. Letztlich war es ihnen allen zuzuschreiben, daß die Existenz der DDR um einige Jahre verlängert wurde: ohne Bonner Bürgschaft keine internationale Kreditfähigkeit, ohne Kredite kein Handel, keine Importe, keine innere und äußere Reputation. Alle Beteiligten können sich aber auch einen Anteil zurechnen, die Mauer durchlässiger gemacht, die oft so qualvollen Beziehungen der getrennten Bürger erleichtert, den gegenseitigen Umgang von Politikern und Behörden verbessert zu haben. So haben auch sie daran mitgewirkt, daß die friedliche Revolution sechs Jahre später so friedvoll ablaufen konnte.

Seit sich zwei parlamentarische Untersuchungsausschüsse in Bonn und in München mit Schalcks Hinterlassenschaften beschäftigten und dabei auch seine umfangreichen Aufzeichnungen prüften, können die meisten der lange offenen Fragen zur Entstehungsgeschichte des Milliardenkredits beantwortet werden. Dem Bundesnachrichtendienst (BND) erzählte Schalck nach seiner Flucht, er habe bei seinen Gesprächen mit westlichen Politikern immer ein Tonband laufenlassen, das in seiner Armbanduhr versteckt gewesen sei. Auch aus den Zeugenbefragungen vor den Ausschüssen und aus den Memoiren von Strauß fügen sich zunächst verwirrende Hinweise zu einem facettenreichen, schillernden Bild.

Kohl und seine Koalition hatten – entgegen manchen Forderungen von Scharfmachern auf der rechten Reihe – von Beginn der Regierungszeit an immer die Absicht, die Deutschlandpolitik ihrer Vorgänger fortzusetzen: Kooperation statt Konfrontation, kleine Schritte statt Rückschritte. Das erste Ziel hieß Kontinuität. Dreizehn Jahre lang hatten die Konservativen als Opposition gerade in Sachen DDR und Zweistaatlichkeit gegen die regierenden Sozialliberalen Front gemacht; nun gingen sie zur ersten Bewährungsprobe – und bestanden sie: Die Bürger hatten in ihrer Mehrheit, unabhängig von der parteipolitischen Ausrichtung, die Konfrontation satt. Sie hofften auf Wege zum Miteinander zwischen Ost und West, wollten menschliche Erleichterungen für sich, ihre Verwandten oder ihre Nachbarn, waren entschieden gegen neue Schikanen.

Gleich nach seinem Einzug ins Kanzleramt hatte, als enger Vertrauter Helmut Kohls, Philipp Jenninger (die beiden waren in den Vorjahren oft zum gemeinsamen österlichen Abspecken in Bad Hofgastein) von seinem direkten SPD-Vorgänger Hans-Jürgen Wischnewski ein Geheimprojekt übernommen – Codewort »Züricher Modell«. Es war von dem Bankier Holger Bahl, Chef der Züricher »Bank für Kredit und Außenwirtschaft«, einem Tochterunternehmen der rheinland-pfälzischen Landesbank, erdacht worden: Bonn und die DDR sollten mit Bahls Hilfe eine gemeinsame Finanzierungsgesellschaft nach Schweizer Recht mit 200 Millionen Franken Kapital gründen.

Aufgabe der deutsch-deutschen Firma sollte es sein, sich um die Akquisition von Krediten auf den internationalen Finanzmärkten bis zu einer Summe von fünf Milliarden Mark zu bemühen. Schon Wischnewski hatte bei dieser Transaktion ein Gegengeschäft von Ostberlin gefordert – die Herabsetzung des Reisealters von DDR-Bürgern und die Verringerung des Mindestumtauschsatzes für West-Reisende in die DDR. Damals durften meist nur Rentner (ab 63 Jahre) oder Rentnerinnen (ab 60) zu privaten Besuchen in den Westen; westliche Touristen in Ostdeutschland mußten je nach Alter bis zu 25 Westmark pro Aufenthaltstag in die schwache Ostmark umtauschen.

Möglichst schnell nach Amtsübernahme der neuen christliberalen Koalition und noch vor der Bundestagswahl am 6. März 1983 sollte das Modell, so hoffte Jenninger laut Aktenlage, Wirklichkeit werden; natürlich sollte es auch dazu herhalten, einige Wechselwähler und Anhänger einer humanitären Ostpolitik auf die Seite der Regierungskoalition zu ziehen – getreu dem Werbeslogan: »Seht her, wir können es auch!« Doch je mehr Jenninger die Sache forcierte, desto spröder zeigten sich seine Ostberliner Gesprächspartner, etwa der mächtige DDR-Wirtschaftslenker Günter Mittag, den Jenninger im Dezember 1982 erstmals traf. Die DDR-Führung wollte den neuen Bonner Herren nichts zugestehen, was leicht als Wahlgeschenk oder Wahlbeeinflussung hätte gelten können.

Noch im Februar 1983 berichtete Jenninger dem Banker Bahl, wie »hochinteressiert« die Regierung daran sei, das Projekt vor dem 6. März abzuschließen. Am 16. Mai, zwei Monate nach dem Wahlsieg der Koalition, bestätigte Bahl in einem Vermerk an Jenninger und Mittag, daß »beide Seiten ihr Interesse an der Durchführung des Züricher Modells in der schriftlich vorliegenden Form bekundet« hätten.

Vor dem Untersuchungsausschuß des Bundestages behauptete Jenninger im März 1993, es sei »eine Weisung des Bundeskanzlers« gewesen, das Züricher Modell nicht weiterzuverfolgen, dafür aber die von der DDR initiierten Gespräche um Milliardenkredit und Bürgschaft zu unterstützen. Und er selber habe die Transaktion via Schweiz schon Ende 1982 für »unpraktisch und nicht realisierbar« erklärt.

Jenninger irrt. Im Frühsommer 1983 war es die DDR, die ihre Lust am Züricher Modell verlor – und statt dessen auf Franz Josef Strauß setzte, den späteren Einfädler. Über Strauß konnten die ostdeutschen Machthaber erreichen, was über Zürich nicht so leicht zu haben war – Geld ohne schriftlich fixierte Gegenleistungen. Im übrigen verfolgte Jenninger sein Züricher Modell noch über einige Jahre weiter, selbst dann, als er die Zuständigkeit für die operative Deutschlandpolitik schon längst verloren hatte; so »unpraktisch« wird es für ihn also nicht gewesen sein.

Der Milliardenkredit und seine Vorgeschichte zeigen ein Lehrstück in der Beziehung zwischen östlichem Zentralismus und westlicher Parteiendemokratie: Die Ostdeutschen waren zwar als Demokraten schlechter, sonst aber in allem besser. In diesem Fall nutzten sie eine alte, eigentlich schlafende Verbindung, um den Kontakt zu Strauß zu bahnen. Und natürlich wußten sie, wie so etwas in Bayern läuft – über Spezln.

Schon am 28. Oktober 1982 – die Ernennungsurkunden für die Mitglieder der Bundesregierung waren kaum trocken – fällt das Wort »Großkredit« zum erstenmal. In einem Telefonat zwischen Schalck und dem Rosenheimer Fleischkaufmann Josef März, einem engen Strauß-Freund, den Schalck bis dahin offenbar erst einmal gesehen hat – im März 1975 in Leipzig –, spricht Schalck von einer Größenordnung zwischen 300 und 500 Millionen Mark.

März tut, was sein DDR-Partner will: Er informiert seinen Freund Franz Josef Strauß* und intensiviert die Kontakte. Von einem »Milliardenkredit« ist in Schalcks Vermerken erstmals am 26. November die Rede, ebenso vom Bemühen Schalcks, Strauß persönlich treffen und bei einer Einschaltung dessen Anonymität wahren zu wollen (31. Januar). Schon bald (17. Februar) übermittelt Schalck seine Bedenken gegen die »Linie Bahl« und bereitet in 15 nachweisbaren Kontakten eine Begegnung mit Strauß vor. Die beiden treffen am 5. Mai 1983 im Gästehaus von Josef März, dem Gut Spöck, zum erstenmal zusammen.

---

* In seinen Erinnerungen irrt Strauß bei der zeitlichen Einordnung, wenn er schreibt, er habe von den Kreditwünschen der DDR »zum ersten Mal im Spätsommer 1982 erfahren, noch zur Regierungszeit Helmut Schmidts«. Eine solche Information ist nicht nachweisbar. Im *Spiegel*-Interview hatte er 1983 präzisiert, er habe »Ende Dezember« (1982) erstmals Kanzler Kohl unterrichtet.

Schon früh, am 10. März, unterbreitet die DDR-Seite über März den Wunsch, es dürfe kein »Junktim« zwischen Kredit für den Osten und möglichen Gegenleistungen für den Westen geben. Strauß gibt Schalck die gewünschte Zusage, fordert aber schon bei der ersten Begegnung eine Änderung der »Verhältnisse an der Grenze« (Strauß) bzw. eine »atmosphärische Verbesserung im Umgang beider Staaten« (Schalck).

So geschieht es. Seit Ende Mai 1983 berichten die westdeutschen Grenzbehörden, daß die östlichen Grenzkontrollen »freundlicher und großzügiger« geworden seien. Und im Sommer beobachtet der Bundesgrenzschutz an der Zonengrenze, daß auf DDR-Seite die fast überall montierten »Selbstschußanlagen« abgebaut werden.

Rechte Kritiker bemäkelten damals, Strauß hätte auf einem Junktim bestehen müssen, um Zusagen der DDR einklagen zu können. Diese Kritik geht fehl: Strauß kannte schon damals den ungeheuren Kreditbedarf der DDR. Nach Einschätzung des Bonner Kanzleramts betrugen die DDR-Schulden zu jener Zeit zwischen 14 und 26 Milliarden Westmark. Der DDR-Experte Wolfgang Seiffert, ehemals ein enger Berater Erich Honeckers, der ihm zur Übersiedlung nach Westdeutschland verhalf, bezifferte 1982 die DDR-Schulden bei westlichen Gläubigern auf 10 bis 13 Milliarden Dollar. Das Problem der DDR-Wirtschaft: Ein Ende der Schieflage war nicht abzusehen – schlimmer noch: Die Schwierigkeiten verschärften sich, nachdem Polen und Rumänien schon seit 1981 ihren Zahlungsverpflichtungen im Westen nicht mehr nachkamen und auch die Bonität der DDR in Zweifel geriet.

Dies geschah zu einer Zeit, da der Außenhandel der DDR ohnehin im argen lag. Seit 1974 hatte das Nationaleinkommen niemals das Plansoll erreicht – 1982 verfehlte die Wirtschaft ihr Ziel um 3,53 Milliarden Mark. Und seit 1978 hatte die Sowjetunion den Preis für Rohöl von 50 Rubel auf 136 Rubel pro Tonne gesteigert. 1982 ergab sich im Handel mit den westlichen Ländern ein Negativsaldo, also ein Importüberschuß, von 800 Millionen Dollar.

Die außenpolitischen Ungleichgewichte erzwangen eine drastische Änderung der DDR-Außenwirtschaft: Einfuhren aus dem Westen wurden gestoppt oder eingeschränkt, die Exporte zum Teil dramatisch – auf Kosten des Konsums – ausgeweitet. Zwar reichten die Deviseneinnahmen aus dem Export aus, um Zinsen und Tilgung älterer Kredite zu bedienen, doch zögerten westliche Gläubiger mit neuen Kontrakten: Die DDR, so Seiffert schon damals, »lebt von der Substanz«. Ihr blieb nur die Alternative – um nicht einen weiteren Konsum- oder gar Investitionsgüterverzicht dekretieren zu müssen –, mit Bonner Rückendeckung neue Schulden aufzunehmen.
Das Risiko für Bonn war gering: Wäre der Kredit notleidend geworden, hätte die Bundesregierung ja eine fabelhafte Sicherheit gehabt – die eigenen Überweisungen nach Ostberlin. Das Risiko für die DDR war beträchtlich größer: Selbst ein Milliardenkredit konnte nur als Tropfen auf dem heißen Stein gelten; ohne eine Sanierung der DDR-Wirtschaft rechneten sich solche Kredite nicht, sondern führten das Land nur weiter in die Krise. Die Wirtschaftslenker Günter Mittag und Gerhard Schürer, Chef der Planungskommission und beide Kontrolleure über 22 Ministerien, 224 Kombinate und 3526 Industriebetriebe, erkannten den Irrweg. Von nun an fälschten sie systematisch die Statistiken zu Produktivität und Verschuldung. Der Zusammenbruch deutete sich an.
Mag sein, daß die DDR-Führer auch ein anderes Ziel beabsichtigt hatten: Mit ihrer Zustimmung zum Kredit verzichtete die Bundesregierung unausgesprochen auf alle Maßnahmen zu einer Destabilisierung der DDR, auf eine Politik der harten Konfrontation, wie sie allerdings seit Beginn der Entspannungspolitik weder praktiziert noch von der bundesdeutschen Bevölkerungsmehrheit gewünscht wurde.
1982 waren den westlichen Banken und Forschungsinstituten die wahren Zahlen bekannt; auch Strauß wußte also, daß die erste Milliarde nicht reichen, daß die DDR nachfordern würde und dabei an ihre mündlichen Versprechen erinnert werden konnte.

Schalck und seine Vorgesetzten Erich Mielke und Erich Honecker – ihnen berichtete er schriftlich sofort nach jedem Westkontakt – wollten wohl allein aus diplomatisch-protokollarischen Gründen die Zusagen, die sie durchaus einzuhalten gedachten, nicht fixieren: Ihr Anspruch auf Eigenstaatlichkeit und »volle Souveränität« hätte vor der Weltöffentlichkeit stark gelitten, wenn überall klargeworden wäre, daß von ihnen menschliche Erleichterungen so einfach abzukaufen waren. Sie ließen sich – nicht politisch und nicht im Vorwege, aber de facto – darauf ein, was Strauß stets von ihnen verlangt, jedoch ganz anders gemeint hatte: Immer wieder war bei dem gelernten Altphilologen die Rede vom Prinzip des Do ut des gewesen, von einem ausgewogenen Verhältnis zwischen Leistung und Gegenleistung. Und immer wieder hatte der CSU-Chef damit, wie er meinte, sozialdemokratische »Vorleistungen« der Kanzler Brandt und Schmidt kritisiert und Abreden gefordert, die Zug um Zug, also quasi mit Erfolgskontrolle, realisiert werden sollten.
Jetzt mauserte er sich zum Realpolitiker, fügte sich Zwängen und zeigte eine ihm völlig wesensfremde Einsicht; gerade ein solches Verhalten, so lehrt die Geschichte, führt dazu, daß sich der Umgang zwischen Staaten und Staatsmännern entkrampft und neue, bessere Formen des Miteinander möglich werden. Schon drei Wochen nach Unterzeichnung des Kreditvertrages traf Strauß mit Honecker zusammen, der ihm zwei Schreiben überreichte. Das erste Dokument enthielt das Bekenntnis der DDR-Führung nach weiterhin enger Kooperation mit der Bundesrepublik; dazu zählte Honecker den Ausbau der Transitstrecke, die Erweiterung kultureller Beziehungen und die Fortsetzung des Häftlingsaustausches, der schon in den sechziger Jahren vom damaligen innerdeutschen Minister Rainer Barzel begonnen und von allen Nachfolgern – Herbert Wehner, Egon Franke, Dorothee Wilms – manchmal mühevoll fortgesetzt worden war. Der zweite Brief war die Kopie eines Schreibens, in dem Honecker einige Wochen zuvor bei seinen Grenzbehörden eine freundlichere Abferti-

gung der westlichen Reisenden angemahnt hatte. Honecker erklärte seinem Gast obendrein, man habe sich mit der Nachrüstung auf westdeutschem Boden abgefunden; also sei eine Verschlechterung der Beziehungen nicht zu erwarten, wenn die amerikanischen Pershing und Cruise-Missiles in Westdeutschland stationiert würden.

Mitte September folgten weitere Taten: Die DDR lockerte den Zwang zum Mindestumtausch, indem sie Kinder unter 14 Jahre davon befreite. Für die seit 1962 (wenn auch selten) praktizierte Familienzusammenführung wurde – getreu den Regeln einer KSZE-Folgekonferenz – eine rechtliche Basis geschaffen: Eltern und Kinder sowie Verheiratete durften nun entsprechende Anträge stellen. Schließlich begannen noch im September Unterredungen über ein Kulturabkommen; des weiteren wurden Gespräche über die Sicherheit atomarer Anlagen im Grenzgebiet vereinbart. In kurzer Zeit verbesserte sich die Kreditwürdigkeit der DDR bei westlichen Banken – all das Entwicklungen, die in jene »Koalition der Vernunft« zwischen beiden deutschen Staaten zu passen schienen, die Honecker am 5. Oktober 1983 dem Bundeskanzler brieflich anbot.

Doch weder im Osten – wo die Sowjetunion jedem annähernd eigenwilligen Schritt der DDR mißtraute – noch im Westen ließen die Umstände solch ein weitgehendes Bündnis zu.

Nach seinen drei konspirativ anmutenden Treffs mit Schalck – meist wurde der Gast auf Autobahnparkplätzen abgeholt – und vor allem natürlich nach seinem Bekenntnis, er sei der »Einfädler« gewesen, stieß Strauß in seiner Partei und bei seinen rechten Gesinnungsfreunden außerhalb Bayerns auf erbitterten Widerstand. Zwei Bundestagsabgeordnete, Franz Handlos und Ekkehard Voigt, kehrten unter lautem Protest der CSU den Rücken und traten später den Republikanern bei. Unmittelbar vor dem CSU-Parteitag, auf dem er sich zur Wiederwahl stellen mußte, suchte sich Strauß in seinem Parteiorgan *Bayernkurier* zu rechtfertigen (»Tatsachen über einen Kredit«), doch blieb sein Erfolg mager: Der Parteikonvent bestä-

tigte ihn am 16. Juli mit einer wahrhaft historisch zu nennenden Zustimmungsquote – 662 von 1100 Delegierten – als ersten Mann der CSU. Einen solch geringen Zuspruch – 60,2 Prozent – hat vorher und nachher kein CSU-Vorsitzender bei seiner Wiederwahl erhalten.
Es wirkte, als habe Strauß seine Unschuld verloren. Für seine Anhänger kam die Wandlung vom Saulus zum Paulus, vom Kommunistenschreck und -fresser zum Gesprächspartner Honeckers zu schnell. Als er am 29. Juli von seiner ersten offiziellen Visite in der DDR nach München zurückkehrte, wirkte er völlig verstört – über Stunden versteckte er sich selbst vor seiner Familie und den engsten Mitarbeitern. Auch bei einem *Spiegel*-Interview am Abend desselben Tages dauerte es lange, bis er die gewohnte Sprachgewalt zurückfand. Das war, als er ausmalte, was passiert wäre, wenn in Bonn etwa Jenninger mit seinen DDR-Hilfsplänen Erfolg gehabt, Strauß ihn dann aber von München aus behindert hätte: »Die besten Chancen der Verständigung wären angeblich versäumt worden, günstige Möglichkeiten für humanitäre Erleichterungen wären mutwillig verscherzt worden, der wilde Raufbold am nördlichen Rande der Alpen, der kriegerische Bayer, hätte wieder einmal alle Regungen der Vernunft und alle Möglichkeiten in Sachen Anbahnungen zerschlagen. Dann wäre der Film doch umgekehrt gelaufen ... Viele Leute sind nur deshalb verärgert, weil die mich in einer Ecke für dauernd festnageln wollten und auf einmal festgestellt haben, daß ich schon längst nicht mehr in der Ecke stehe.« Und er erflehte, ganz gegen seine Gewohnheit, Schutz und Beistand seines sonstigen Dauerwidersachers Helmut Kohl: »Wer gegen mich ist, ist auch gegen Kohl.«
Der Kanzler konnte rundum zufrieden sein. Der Münchner Quälgeist war erstmals in seiner eigenen Partei umstritten – und half Kohl zugleich als deutschlandpolitischer Unterhändler, die zuvor bekämpfte Ostpolitik der Sozialliberalen fortzusetzen. Denn Strauß hatte ja recht: Was wäre gewesen, wenn die Sache in Bonn eingefädelt und von München aus torpediert worden wäre?

Kein Wunder, daß Jenninger schnell die Chance nutzte und sich als »Obereinfädler« eines feinstgesponnenen Komplotts auszugeben suchte: Er und Kohl hätten Strauß die Unterhändlerrolle zugeschoben, um ihn als möglichen Störer auszuschalten. Das sei die »Weisung des Kanzlers« gewesen, behauptete Jenninger unwidersprochen vor dem Untersuchungsausschuß zehn Jahre später.

Kein Wort davon ist wahr. Kohl und Jenninger konnten nur auskosten, was die DDR und Schalck arrangiert und was Strauß, März und Schalck dann gemeinsam zubereitet hatten. Von Stund an hatte Kohl freie Hand in seiner Ostpolitik. Mehr noch: Sie wurde verantwortlich von jenem Mann mitgestaltet, der einst die Klage Bayerns gegen den Grundvertrag mit der DDR eingereicht und auch danach noch ständig Minen auf den oft verschlungenen Pfaden der Ostpolitik gelegt hatte.

Nur Jenninger, einst persönlicher Referent des Bundesfinanzministers Strauß in Bonn, bleibt als tragischer Held zurück. Als Staatsminister im Kanzleramt oblag ihm offiziell die Pflege und der Ausbau der deutsch-deutschen Beziehungen. Offizieller Unterhändler der Bundesregierung und anerkannter Gesprächspartner der DDR war aber sein alter Chef Franz Josef Strauß. Schalcks Aufzeichnungen weisen aus: Immer wieder suchte Jenninger über Bankier Bahl in der Schweiz den alten Gesprächsfaden aus Wischnewskis Amtszeit neu zu knüpfen, das Heft des Handelns wieder in die Hand zu bekommen. Immer wieder lehnte sein DDR-Partner Schalck brüsk ab. So erklärte er im Februar 1983, »daß die in diesen Vorschlägen enthaltenen Vorstellungen völlig unrealistisch sind und weder zu früherer Zeit noch heute diskussionswürdig sind«.

Am 2. November 1983 trafen sich Schalck und Strauß dann in der Münchner Wohnung des Ministerpräsidenten. Dabei berichtete Schalck, Bahl und Jenninger machten unverdrossen weiter. Strauß brach, schreibt Schalck, »in schallendes Gelächter aus und kommentierte, daß es ja ein Armutszeugnis für das Bundeskanzleramt« sei, mit solchen Leuten wie Bahl

Geschäfte mit der DDR oder gar Ostpolitik treiben zu wollen. Schalck: »Strauß gab Jenninger dringend den Rat, so wie das mit dem Bundeskanzler besprochen ist, daß in der gegenwärtigen Phase außer ihm niemand mit Beauftragten der DDR zu den von der DDR mündlich übermittelten neuen Vorschlägen spricht.«

So gestärkt, handelte Strauß mit Schalck einen weiteren Zwei-bis-drei-Milliarden-Mark-Kredit aus. Am 27. Januar 1984 übermittelte Schalck das Plazet Erich Honeckers nach München (»Nummer 1 einverstanden«) und äußerte zugleich die Erwartung nach einer »dritten Tranche« in absehbarer Zeit »ohne die Forderungen nach neuen unerfüllbaren Bedingungen«.

Derweil machte Jenninger auf eigene Faust und offenbar ohne Auftrag Politik. Im Mai 1984 traf er sich mit Bahl am Rande des Stuttgarter CDU-Parteitages, um das weitere Vorgehen zu besprechen: Die beiden wollten bei ihren nächsten Kontakten mit DDR-Unterhändlern – meistens war das Wirtschaftslenker Günter Mittag, gelegentlich Außenhandelsminister Gerhard Beil – auf ihr bisheriges Verlangen nach politischen Zugeständnissen Ostberlins verzichten, planten also nun eine »Abkoppelung des menschlichen Bereichs sowie jeglicher politischer Inhalte«.

Auch als Jenninger vom Kanzleramt auf den Sessel des Bundestagspräsidenten wechselte, drehte er weiter ein höchst konspiratives Ding. Am 25. Mai 1985 berichtete er vor persönlich geladenen Gästen – unter anderem Karl Wienand und Manfred Schüler, beide SPD –, er habe auch als Bundestagspräsident den Sonderauftrag des Kanzlers nach Kontakten mit Ostberlin. Aus Gesprächen mit Günter Mittag, dem DDR-Professor Jürgen Nitz und anderen habe Bahl nach Bonn die Erkenntnis übermittelt, die DDR sei an einem höchst brisanten Handel interessiert. Jenningers Emissär: Die Westdeutschen verzichten auf ihren Traum einer Wiedervereinigung, dafür sollten die Ostdeutschen die Mauer öffnen – Gedanken übrigens, die auch in sozialliberaler Zeit von manchen linken Sozialdemokraten erwogen wurden.

Ein Vermerk Bahls für Jenninger vom 28. September 1985, der nach Kontakten mit SED-Spitzen wie Hermann Axen und Horst Sindermann entstand, gibt Auskunft über die Details: Bonn sollte mit allen Konsequenzen die DDR-Staatsbürgerschaft anerkennen, also auch die Ständigen Vertretungen zu Botschaften aufwerten und die Pässe der DDR-Bürger respektieren. Dafür wollte die andere Seite die »Freizügigkeit im gegenseitigen Reise- und Besuchsverkehr« und den »Wegfall der Visumpflicht« zusagen.
Das Projekt (Codewort: »Länderspiel«) schien damals weit gediehen. Bahl in seinem Vermerk: »Ich gehe davon aus, daß über das Länderspiel sowohl Bundeskanzler Kohl wie Generalsekretär Honecker unterrichtet sind.«
Allerdings – selbst wenn sie unterrichtet waren: Das Länderspiel war wohl zu früh angesetzt. Helmut Kohl hätte Glaubenssätzen abschwören müssen, um die Mauer zu knacken; die Frage der DDR-Staatsbürgerschaft war für ihn nach seinen damaligen Einlassungen gar »nicht zu verhandeln«. Eine Wiedervereinigung, wie sie wenig später begann, hätte es dann wohl nur schwer gegeben; wahrscheinlicher wäre dann jener »dritte Weg« gewesen, von dem DDR- und West-Intellektuelle nach dem November 1989 noch eine Zeitlang schwärmten: Die DDR wandelt sich zu einem humanen Sozialismus und probiert, vom Westen geduldet und gefördert, einen eigenen, einen demokratisch-sozialistischen Weg.
Mittag allerdings wußte, daß das nicht gelingen konnte. Er hatte in der zweiten Hälfte der achtziger Jahre erkannt, daß seine DDR in die wirtschaftliche Katastrophe rutschte. Wie hätte sie allein überleben sollen? Oder warum hätte der Westen ihr beim Überleben ohne Gegenleistung helfen sollen?
Auch Gerhard Beil, seinerzeit DDR-Außenhandelsminister und somit Schalcks unmittelbarer Vorgesetzter, wußte um den tristen Zustand seines Staatswesens. Er bestätigte nach der Wende, daß er und einige Gleichgesinnte 1986/87 heimlich im Bonner Kanzleramt – also bei Jenningers Nachfolger Wolfgang

Schäuble und vor allem bei Kohls außenpolitischem Berater Horst Teltschik – sondiert hatten: »Um zu retten, was zu retten war, hatten wir den Plan geschmiedet, zum Zeitpunkt von Honeckers Bonn-Reise die Grenzen zu öffnen, wenn die Bundesregierung als Gegenleistung dafür die Zweistaatlichkeit anerkennen und die finanziellen Schwierigkeiten der DDR auffangen würde.«

Der Plan scheiterte, wie bekannt. Statt dessen ließ sich Honecker bei seiner Visite in Westdeutschland im September 1987 als Repräsentant des deutschen Zweitstaates feiern; das Länderspiel fiel aus. Zur Vereinbarung über eine Grenzöffnung konnte es schon deshalb nicht kommen, weil Honecker von all dem kaum etwas wußte und sich auch die Bonner nicht sonderlich kooperativ zeigten.

Jenninger ließ sogar seine Akten vernichten, wie sein ehemaliger Referent Thomas Gundelach bestätigte. Die Stasi-Akten vom »Länderspiel« wurden im Bundestag mit »Geheim« gestempelt, damit die Opposition ihren Inhalt nicht öffentlich verwerten konnte. Das Kanzleramt wollte keine quasiamtliche Erinnerung an die Gespräche zwischen Jenninger, Bahl und deren wechselnde Ost-Konfidenten haben.

Die Heimlichkeit macht Sinn. Den Christdemokraten, die in den Wahlkämpfen 1994 gerne jeden Sozialdemokraten für noch so harmlose Gespräche mit irgendwelchen SED-Funktionären rügten, als die noch in Amt und Würden waren, blieb das alte Angebot, sogar jede Erwähnung peinlich.

Dabei war es doch vor dem Herbst 1989 durchaus ehrenwert, an Gedankenspielen mitzuwirken, die ein besseres Zusammenleben der Bürger im geteilten Deutschland zum Ziel hatten. Doch zu Jenningers Aufgaben als Bundestagspräsident gehörte die operative Deutschlandpolitik gewiß nicht; sein Kontakt mit Bahl wirkt wie eine fortgesetzte Träumerei am Kamin.

Daß er Jahre später, nach Offenlegung der Schalck-Papiere, dazu nicht mehr stehen mochte, gehört zu einer merkwürdigen Art von Geschichtsklitterung, der sich viele Politiker –

und in deren Auftrag manche Wissenschaftler – seit 1990 befleißigen: Sie wollen sich die Vergangenheit nach ihrem Gusto zurechtschnitzen, wollen zu jenen gehören, die die tatsächliche Entwicklung in Deutschland vorhersahen und deshalb stets richtig einschätzten – und die sich deshalb nie ohne Not an den SED-Staat angebiedert und immer die edle Sache unterstützt haben. Sie spekulieren darauf, wie kurz und wie schlecht das öffentliche Gedächtnis ist.

Bahl behauptet, er habe auch mit Jenningers Nachfolger Schäuble 1988 über das »Länderspiel« geredet, und der habe das Thema mit anderen DDR-Partnern vertieft. Dazu gehört Schalck allerdings nicht, denn dessen Gesprächsprotokolle weisen für Juni und August 1988 andere, sehr konkrete Themenlisten für die Kontakte mit Schäuble aus: Transitpauschale, neue Grenzübergänge, Reise- und Devisenprobleme, Streit um Grenzverlauf und Wasserqualität der Elbe.

Schäuble besprach damals auch den »vorgesehenen Gegenbesuch des Bundeskanzlers in der DDR« und meinte, der sei im Wahljahr 1990 »nicht möglich«.

Des Kanzlers Adlatus sollte sich irren. Unzählige Male war Helmut Kohl im Wahljahr 1990 in Ostdeutschland, und zuvor – im Dezember 1989 – hatte er in Dresden öffentlich für ein langsames Zusammenwachsen der beiden deutschen Staaten geworben. Das konnte Einfädler Strauß – er starb im September 1988 – nicht mehr erleben.

Vor dem Untersuchungsausschuß des Bayerischen Landtags gab Schalck im März 1994 Auskunft über die Ziele der mit Strauß verabredeten Milliardenkredite. Das Geld habe die DDR »stabilisiert« und sei ein Schritt gewesen auf dem Wege zu einer »Konföderation der beiden deutschen Staaten«.

Dann kam alles ganz anders.

Aber – hat er denn nun, oder hat er nicht? Hat Franz Josef Strauß für seine Einfädelung Provision erhalten oder nicht? Die Frage läßt sich beweisbar kaum beantworten. Zum einen entspricht es nicht den Usancen mitteleuropäischer Politiker, für ihre normale Beteiligung am politischen Geschäft neben-

her Millionenhonorare einzustecken. Zum anderen legt Paragraph 5 des vertraulichen Kreditvertrags vom 1. Juli 1983 fest: »Der Kreditnehmer verpflichtet sich, innerhalb von zehn Tagen nach Vertragsabschluß Provisionen gemäß separatem Schreiben des Federführers vom 1. Juli 1983 zu zahlen.«
Dieses separate Schreiben ist bis heute nirgends aufgetaucht. Konkrete Gerüchte wollten allerdings immer wissen, daß zumindest Josef März über seine Fleischfirma Marox zehn Millionen Mark Provision erhalten habe – neben weiteren Aufträgen im Fleisch- und Fleischwarenhandel.
März könnte natürlich seinem alten Spezl FJS einen Teil der Summe überlassen haben – nur: Beweise dafür gibt es nicht. Überliefert ist nur eine Bemerkung des DDR-Bevollmächtigten bei der Vertragszeremonie, Werner Polze: Der Chef der DDR-Außenhandelsbank gab wieder, was Strauß in froher Runde offenbart habe. Strauß laut Polze: »Man habe ihn jetzt sehr oft gefragt, warum er für den Kredit sei; er habe darauf scherzhaft geantwortet, daß er ein Prozent Provision dafür bekommt.«

V.

Zeit des Umdenkens Die Umwelt fordert Vorrang

Helmut Kohls Gespür für Gefahren, sein »unglaublicher Instinkt für Entwicklungen« (Lothar Späth) wurde in Sachen Umweltschutz auf eine harte Probe gestellt. Seit Beginn der achtziger Jahre häuften sich die Alarmmeldungen aus deutschen Wäldern. Erst starb die Ulme (an einem vom Splintkäfer übertragenen Pilz), dann siechten die Nadelbäume, danach der Laubwald mitsamt der deutschen Eiche. Die Waldbäume krankten an der Umwelt. »Erst stirbt der Wald, dann stirbt der Mensch«, riefen Grüne und Umweltfreunde; und in manchen ausländischen Medien wurde der Begriff »Waldsterben« erst ironisch-abschätzig für deutschsentimentale Wehleidigkeit, bald in der Berichterstattung über ernsthafte Symptome im deutschen Original übernommen.
Kohl ahnte, daß ihm nicht nur das deutsche Gemüt gram würde, wenn er das Thema nicht zu seiner Sache machte. Auch der Verband der bayerischen Waldbesitzer sorgte sich um 800 000 Arbeitsplätze, 160 Milliarden Mark Holzwert und um den ökologischen Nutzen der Wälder; so treffen sich manchmal die Interessen. Kohl rief zur ersten – allerdings auch bisher letzten – Pressekonferenz eines deutschen Bundeskanzlers, die ausschließlich dem Thema Umweltschutz und dem Waldsterben vorbehalten war. Daß vier Wochen später, am 6. März 1983, der Bundestag gewählt werden sollte, tat der guten Sache keinen Abbruch. Kohl erläuterte die Großfeue-

rungsanlagenverordnung, mit deren Hilfe der Schwefeldioxidgehalt der Luft und der entsprechende Ausstoß der Kraftwerke gemindert werden sollte.
Kohls Riecher war wieder einmal richtig, bestätigt auch durch den erstmaligen Einzug der Grünen (5,6 Prozent) in den Bundestag bei jener Wahl. Die Notwendigkeit, die Umwelt mehr zu schützen, rückte im Bewußtsein der Bürger nach vorn; die achtziger Jahre wurden innenpolitisch zu einer Dekade wachsender Umweltschutzmühen. Das Beispiel der Großfeuerungsanlagenverordnung zeigt allerdings auch, wie schwer es die Umwelt hat, im Konflikt mit möglichen Arbeitsplatzgefahren von Regierung und Wirtschaft ernst genommen zu werden. Die staatliche Umweltpolitik ist fast ausschließlich Schadensreparatur, nicht jedoch Vorsorge zur Schadensverhütung.
Kohls erste Regierungserklärung war da ganz offen. Um neue Arbeitsplätze zu schaffen, müsse die Wirtschaft »frei von unnötigen Belastungen, Verunsicherungen und Auflagen durch den Staat« operieren können. Für die Unternehmen freilich sei jede Umweltschutzauflage »unnötig«, wenn sie die Produktionskosten verteuere.
Nach der von Kohl persönlich erläuterten Verordnung sollten die deutschen Kraftwerke den Schwefeldioxidgehalt im Rauchgas auf zwei Drittel des damaligen Ausstoßes (400 statt 650 mg/cbm) begrenzen. Doch galt diese Therapie gegen das Waldsterben zunächst nur für Neubauten oder jene Altbauten, die ohnehin umgerüstet werden sollten. 205 (von 216) besonders luftverpestende Kohlekraftwerke waren zunächst gar nicht betroffen.
Die Naturschutzverbände und die süddeutschen Bundesländer – deren Kraftwerke nicht mit Kohle befeuert werden – kritisierten die neuen Werte als halbherzig. Immerhin war ein Anfang gemacht: Der Bundestag beschloß einstimmig, daß neue Kraftwerke nur mit einer Anlage zur Rauchgasentschwefelung genehmigt werden dürften.
Ein Jahr später war der Elan des Parlaments dahin. Die Bun-

desregierung genehmigte die Inbetriebnahme der »größten Dreckschleuder der Nation« – wie Umweltschützer das nagelneue Kohlekraftwerk Buschhaus bei Helmstedt nannten – ohne eine Entschwefelungsanlage. Das Kraftwerk sollte im Gegenteil sogar mit besonders schwefelhaltiger Kohle aus dem Helmstedter Revier befeuert werden – bei einer Leistung von 350 Megawatt pro Jahr nur ein Stromzwerg, mit einem jährlichen Ausstoß von 125 000 Tonnen Schwefeldioxid allerdings ein Schmutzriese.
Der Konflikt zwischen Umweltverträglichkeit und Wirtschaftlichkeit wurde nach gewohnter Manier behandelt. Die Bundesregierung rief sogar den Bundestag aus den Parlamentsferien; die niedersächsische Landesregierung ließ Buschhaus flink zur Altanlage erklären, die nicht den neuen Normen der Luftreinhaltung entsprechen müsse. Es gehe um 436 Arbeitsplätze, behauptete die Regierung in Hannover und schaltete das Werk ans Netz. Die Koalitionsfraktionen von CDU/CSU und FDP überstimmten im Bundestag ihr eigenes Votum aus dem Vorjahr. SPD und Grüne schäumten. Denn sie fanden heraus, daß Buschhaus zugleich 205 Arbeitsplätze in älteren Kraftwerken der näheren Umgebung vernichtete.
Hunderte von Gewerkschaftsmitgliedern protestierten bei der Düsseldorfer Zentrale gegen die Haltung ihrer Dachorganisation; der DGB hatte für die Arbeitsplätze im neuen Werk und gegen die Umwelt votiert. Die Protestler wollten es umgekehrt.
Ein neues Umweltbewußtsein deutete sich an. Viele Bürger wollten offenbar den Konflikt zwischen Ökonomie und Ökologie im Zweifel für die Umwelt entschieden sehen. Nur: Die politischen Instanzen sind meist nicht so schnell. Bund und Land zahlten 312 Millionen Mark, die Betreiberfirma BKB immerhin 88 Millionen Mark, um die Schmutzfabrik wenigstens nachträglich mit einer Entschwefelungsanlage auszustatten. CDU-Ministerpräsident Ernst Albrecht pries sie drei Jahre später als »umweltfreundlichste Anlage, die es zur Zeit auf der Welt gibt«. So werden aus Versäumnissen Erfolge.

Zu diesem Zeitpunkt saßen die Sozialdemokraten längst mit auf der Sünderbank. Der Düsseldorfer Regierungschef Johannes Rau eröffnete 1985 feierlich das Kohlekraftwerk Ibbenbüren, das – obwohl Neubau – 17 000 Tonnen Stickoxide pro Jahr an die Luft setzen würde. Auch hier ging es natürlich um Arbeitsplätze, deren Rang immer höher eingeschätzt wurde als der Schutz der Umwelt. Ähnlich viel gilt, jedenfalls bei Konservativen, der Freiheitsgedanke für Autofahrer. Dabei könnte ein Tempolimit auf Autobahnen, die Vermeidung unnützer Autofahrten, ein Umstieg auf öffentliche Verkehrsmittel den Stickoxidgehalt der Luft stärker entlasten als die Schließung aller Kohlekraftwerke. Die deutsche Raserflotte verbraucht bei Tempo 160 die Hälfte mehr Benzin als bei Tempo 120.

Immerhin setzte der damals für den Umweltschutz zuständige Innenminister Friedrich Zimmermann durch, daß in Deutschland nur noch abgasarme (bleifreie) Autos neu zugelassen werden sollten. Um die Umstellung zu beschleunigen, erließ der Bund den Käufern solcher teureren Gefährte für einige Zeit einen Teil der Kraftfahrzeugsteuer. Die Mineralölkonzerne und die Automobilindustrie, die zu Beginn der siebziger Jahre, zu Zeiten des Bundesinnenministers Hans-Dietrich Genscher, bereits einmal lautstark, aber erfolglos gegen eine Verminderung des Bleigehalts im Sprit Front gemacht hatten, erkannten diesmal den neuen Trend und zogen mit.

Denn selbst das letale Siechtum mancher Wälder war ja nur Symptom für den öffentlichen Bewußtseins- und Prioritätenwandel. Während Politiker, Energieexperten und Umweltschützer noch um Buschhaus und die Folgen stritten, waren an manchen Orten Kindergärten geschlossen oder Schulräume auf die schnelle umgebaut worden. Mediziner hatten herausgefunden, warum manche Klein- oder Schulkinder (wie manche Erwachsene) über Kopfschmerzen oder Schleimhautreizungen klagten. Schuld war die von Justus von Liebig so benannte Chemikalie Formaldehyd, die Spanplatten und Holzmöbeln, Wärmeisolierungen und sogar Textilien beigege-

ben wurde; von dort trat HCHO, in wäßriger Form Formalin geheißen und ein Widersacher aller Keime und Bakterien, als Gas in die Luft über, wobei es, je nach Konzentration, stechend riecht oder zu Tränen reizt. Nach Untersuchungen in den USA stufte das Umweltbundesamt die Chemikalie als »krebserzeugend« ein, und in einigen US-Staaten wurden bestimmte Anwendungen verboten.
In Deutschland wurden damals 500 000 Tonnen HCHO erzeugt, davon die Hälfte bei der in Ludwigshafen ansässigen Chemiefirma BASF, bei der Helmut Kohl als Student in den Semesterferien gejobbt hatte. Dort, in Ludwigshafen, hatte Kohl auch seine Berufskarriere als Referent beim Verband der Chemischen Industrie begonnen. BASF erklärte 2000 Arbeitsplätze für gefährdet und alarmierte den Ludwigshafener CDU-Stadtrat Julius Hetterich, dieser die Wahlkreisabgeordneten Helmut Kohl (Ludwigshafen) und Heiner Geißler (Landau bei Ludwigshafen), damals im Hauptberuf Bundesgesundheitsminister. Geißler erkannte keinen Handlungsbedarf und keinen Grund zur Eile. Nach der Vorlage neuer Gutachten rang sich sein Ministerium die Empfehlung ab, man solle die Chemikalie möglichst meiden; das Wort »krebserzeugend« wurde vermieden. Doch wurden in den folgenden Jahren die Gefahrengrenzwerte für HCHO so unauffällig wie stetig herabgesetzt. Über daraus resultierende Arbeitsplatzverluste wurde nichts bekannt.
Der größte anzunehmende Atomunfall, wiewohl weit entfernt, sensibilisierte die Bürger weiter. Am 27. April 1986 meldeten skandinavische Meßstellen erhöhte Radioaktivität. Einige Tage später bestätigten sowjetische Behörden, Block 4 des Kernkraftwerks Tschernobyl sei außer Kontrolle geraten. Die Kühlung hatte versagt, es war zur Kernschmelze gekommen. Riesige Mengen radioaktiver Strahlung und spaltbaren Materials wurden freigesetzt, vom Wind nach Nord und Nordwest befördert, vom Regen in Pilze, Waldfrüchte und auf Weiden geschwemmt.
In Deutschland war eine solche Katastrophe nicht vorgese-

hen. Deshalb war keine Behörde für die Konsequenzen zuständig. Innenminister Zimmermann suchte via Fernsehen die Bürger zu beruhigen. Er teilte mit, »eine Gefährdung besteht nur in einem Umkreis von dreißig bis fünfzig Kilometern um den Reaktor herum«, die deutschen Gefahrengrenzwerte seien bei weitem nicht erreicht. Die folgenden Tage und Wochen änderten diese Einschätzung. Freilandgemüse blieb liegen, besorgte Eltern gründeten Nahrungsmittelinitiativen. Im Informationschaos übertrafen sich Meßstellen, Ämter, Ministerien und Umweltgruppen mit alarmierenden oder besänftigenden Hinweisen.

Mit einem Befreiungsschlag antwortete Kanzler Kohl einige Tage später, auch aus Sorge um die unmittelbar bevorstehende Landtagswahl in Niedersachsen (die sein Parteifreund Albrecht mit einem Mandat Vorsprung gewann). Er entzog Zimmermann die Zuständigkeit und richtete ein neues Bundesministerium »für Umwelt, Naturschutz und Reaktorsicherheit« ein, dessen Leitung er seinem hessischen Parteifreund Walter Wallmann übertrug. Ein Bundesamt für Strahlenschutz wurde gegründet, um in vergleichbaren Fällen die Öffentlichkeit besser, vor allem aber widerspruchsfrei zu informieren.

Doch der deutsche Umweltminister – das merkten auch die Bürger schon bald nach Kohls klugem Schachzug – ist ein König ohne Land. Er hat keine Kompetenzen. Der Wirtschafts-, zuweilen selbst der Landwirtschaftsminister erklärt noch so wichtige Umweltvorhaben für unmöglich, weil produktionshemmend. Die legislatorische Zuständigkeit liegt inzwischen meist bei der Europäischen Kommission oder beim Ministerrat in Brüssel, die sich beide gern auf den größtmöglichen, wachstumsfördernden Nenner einigen. Dem deutschen Ressortchef bleibt das Pathos feierlicher Reden und die öffentliche Show, etwa beim Bad im Rhein (so praktiziert von Prof. Dr. Klaus Töpfer). Er ist zuständig für die Verwaltung der Schäden, nicht für deren Verhütung.

Beispiel Molke. Diese Spätfolge der Tschernobyl-Katastrophe

stand noch jahrelang auf deutschen Geleisen. Die bayerische Staatsregierung hatte den Molkereien geraten, aus der im Mai 1986 abgelieferten, stark mit dem Spaltprodukt Cäsium verseuchten Milch Käse zu produzieren, weil dann das Cäsium in der Molke zurückbleibt: Es wurden 5000 Tonnen Molkepulver mit hohen Strahlungswerten. Jahrelang rotteten die Reste in 242 Bundesbahnwaggons auf Kasernengelände dahin, bis die Molke, inzwischen in Bundesbesitz, auf dem Gebiet des stillgelegten Atommeilers Lingen für 60 Millionen Mark entsorgt wurde.

Nur sechs Monate nach der Tschernobyl-Katastrophe hatte der Rhein seinen Gau. Bei einem Brand in der Basler Chemiefabrik Sandoz gerieten bis zu 30 Tonnen hochgiftiger Chemikalien in den Fluß; 40 Wasserwerke mußten schließen; auf 280 Stromkilometern galt der Rhein als tot. Die Situation wurde von anderen Chemiebetrieben genutzt, sich einen Monat lang weiterer zehn Tonnen giftigster Abfälle per Abwasserleitung zum Rhein zu entledigen – ein Beweis dafür, wie wenig das Verursacherprinzip im Umweltschutz taugt, wenn es vor Gericht geht: Fast nie läßt sich der einzelne Verursacher beweissicher ermitteln. Meist bleibt nur der Versuch, den Umweltschaden zu reparieren, und fast immer auf öffentliche Kosten.

Das Vorsorgeprinzip, obwohl vernünftiger, hat – noch? – keine Chance: Es würde ja den aktuellen Wohlstand mindern, ihn jedenfalls nicht mehren und zum Wachstum der Volkswirtschaft nichts oder nur wenig beitragen. Konsequente Umweltschützer wissen, daß das Ziel nur mit einigem Wachstumsverzicht erreicht werden kann. Die Formel, Umweltschutz lasse sich nur aus Wirtschaftswachstum bezahlen, ist schlicht falsch, weil das Wachstum zuvor mehr Umweltschäden erzeugt, als nachher beseitigt werden können.

Bei jeder Produktion entsteht außer dem angestrebten Veredelungserzeugnis eine Abfallmenge – fest, gasförmig oder als Abwärme –, die immer größer ist als das erarbeitete Produkt. Daraus folgt für jedes Prozent des Wachstums bei der industriellen Produktion ein noch größeres Wachstum der

Umweltschäden, das je nach Wirkungsgrad zwischen drei und fünf Prozent differiert. Diesen unumstößlichen Lehrsatz der Thermodynamik, das Naturgesetz der Entropievermehrung, kennen die deutschen Umweltminister sehr wohl. Ihre Lehre zielt darauf ab, mit Mitteln des technischen Umweltschutzes den Wirkungsgrad zu beeinflussen und zu verbessern, um so die Umweltbelastung zu minimieren. Ihre Politik sieht nicht vor, den Schaden möglichst gar nicht erst entstehen zu lassen, wie das Beispiel des deutschen Hausmülls und seiner Entsorgung zeigt: Abfall wird nicht vermieden, seine Vermeidung nicht belohnt, sondern er wird sortiert, deponiert, recycelt, verwaltet und finanziert – ein gigantischer Kreislauf, der das Bruttosozialprodukt auf unsinnige Weise aufbläht. Der Umwelt dient er nicht.
Der Konflikt zwischen radikalen Naturschützern und reinrassigen Wachstumsapologeten ist natürlich niemals lösbar. Die Entscheidung zwischen Ökonomie und Ökologie, die Umkehrung der Rangfolge, steht noch bevor. Jene Umkehrung kann nicht abrupt erfolgen, wie es die extremen Naturschützer fordern. Aber sie muß erfolgen. Die Umsteuerung wäre mehr als ein Ausgleich – sie wäre ein Gewinn.
Nach der deutschen Vereinigung, die auch eine Vereinigung mit unglaublichen, jahrzehntelang angehäuften Umweltschäden war, fertigten Wissenschaftler des Basler Prognos-Instituts im Auftrag der Bundesregierung eine 442seitige Ökostudie, die sie Ende 1992 dem Auftraggeber in Bonn überreichten. Der hat die Empfehlungen schnell weggesperrt. Die Studie verlangt eine drastische Erhöhung der Energiepreise, verbindliche Vorgaben für den Treibstoffverbrauch von Neuwagen und die republikweite Rationierung, sprich: Zuteilung von Benzin. Die Wissenschaftler verlangten, die Regierung müsse die Umweltpolitik endlich als »fulminant gesellschaftspolitischen Vorgang« begreifen. Politik und Politiker seien aufgefordert, den Wählern schonungslos zu sagen, daß ein sparsamer Umgang mit der Umwelt »unser gesamtes Werte- und Regelsystem erfassen wird«.

Die Expertise war kaum überreicht, da beschloß die Bundesregierung einen neuen Standortbericht. Kernsatz: »Wirtschaftliche Tätigkeit am Standort Deutschland hängt in entscheidendem Maße von einer kostengünstigen Energieversorgung ab.«
Auch der damalige Umweltminister Töpfer widersprach nicht.
Dabei müßten in die Regierungsrechnung jene Kosten einbezogen werden, die bei der Energieerzeugung zu Lasten der Umwelt anfallen; dann würden sie, so der Leiter des Wuppertal-Instituts für Klima, Energie und Umwelt, Ernst Ulrich von Weizsäcker, die »ökologische Wahrheit« sagen. So erwiese sich dann auch, daß Energie, die aus Wind-, Wasser- oder Sonnenkraft stammt, plötzlich ungleich günstiger ist als jene, die aus Kohle-, Öl- oder Kernkraftwerken entsteht.
Dazu bedarf es eines einzigen dirigistischen Eingriffs in die bisherige, auf höchstmöglichen Verbrauch angelegte Energiewirtschaft: Die Folgekosten für die Beseitigung von Schadstoffen, Abraum, Brennelementen, Abwärme, Abwasser müssen den Produktionskosten ehrlich zugeschlagen werden, ebenso die staatlichen Subventionen etwa zur Kohlegewinnung oder Atomforschung. Kein Regierungspolitiker hat zu Kohls Zeiten versucht, den Bürgern diesen Prioritätenwandel schmackhaft zu machen. Sie würden ihn akzeptieren, wenn ihnen zuvor beim Verstehen geholfen würde.
Bei ehrlicher Kostenrechnung wäre es vielleicht sogar möglich, Klaus Töpfers Versprechen, die CO_2-Emissionen in Deutschland bis zum Jahr 2005 um 25 Prozent zu reduzieren, doch noch zu erfüllen. Töpfer selber glaubte schon nicht mehr daran. Um das Ziel zu erreichen, so schlug er vor, müsse den Industrieländern auch der Export jener Umwelttechnologie angerechnet werden, mit deren Hilfe anderswo die Abgase reduziert werden können.
Ein wunderbares Modell: Die Exporteure, also die Industrieländer, leben weiter im Überfluß, den die Importeure, also die Staaten der Dritten Welt, zu bezahlen haben.

VI.

Sündenfälle (1) Die großen Skandale

Eigentlich wollte er dem Land lange vor und auch noch kurz nach seinem Amtsantritt eine »geistig-moralische Erneuerung« bescheren. Darunter verstanden er und viele seiner aufrechten konservativen Weggefährten die Rückkehr zu Tugenden wie Moral, Anstand und Sitte, zu Ehrlichkeit und Vaterlandsliebe.

In seiner ersten Regierungserklärung vom 13. Oktober 1982 kündigte er eine »Politik der Erneuerung« an, die stärker auf einzelne »menschliche Werte, auf Tugenden und Bindungen« abheben und sich so von den eher sozialdemokratischen Idealen der Solidarität und des Vertrauens in die Stärke der staatlichen Gemeinschaft unterscheiden werde.

Es ist nicht Helmut Kohl persönlich anzulasten, daß die ersten Jahre seiner Amtszeit geprägt waren von den drei größten politischen Skandalen, mit denen die deutsche Nachkriegsdemokratie fertig werden mußte:

- Die Parteispendenaffäre hatte schon Mitte der siebziger Jahre begonnen, als alle Bonner Parteien und ihre Schatzmeister gemeinschaftlich beschlossen, sich über die geltenden Steuergesetze hinwegzusetzen. Aber Helmut Kohl duldete und förderte den – sonst nur in totalitären Staatswesen üblichen – Plan, der vor allem eines vorsah: Die Betroffenen wollten sich per Amnestie selber straffrei stellen.

- Die Barschel-Affäre wurzelte im übersteigerten Ehrgeiz eines Landespolitikers, der Moral und Macht nicht mehr zu trennen vermochte. Aber es war ein führender Politiker aus der Partei, der Kohl seit 1973 vorstand.
- Die Wörner-Kießling-Affäre kulminierte im bis dato unglaublichen Verhalten eines Ressortchefs, der die persönliche Integrität eines Untergebenen zu beurteilen hatte und dabei von der Rolle des unparteiischen Richters in die eines öffentlichen Anklägers schlüpfte. Aber es war der Kanzler, der seinem Minister den Rücktritt verweigerte – und ihn vier Jahre später sogar für das Amt des Nato-Generalsekretärs vorschlug.

Der hohe Anspruch, eine »geistig-moralische Erneuerung« durchsetzen zu wollen, verschwand schnell aus dem Vokabular des Bundeskanzlers. Es erwies sich, daß auch für diesen Bereich des öffentlichen Lebens kein neues Ziel, sondern ein altes Stichwort galt – Kontinuität. Menschliches Fehlverhalten ist nicht von der ideologischen Basis unterschiedlicher Koalitionsregierungen abhängig; Affären entstehen nicht immer aus Bosheit oder Bereicherungsabsicht, sondern – meist – aus einer Kette von Fehleinschätzungen, Irrtümern, Überheblichkeit und einem Mangel an Ein- oder Aufsicht.
Neu war nur Kohls Credo gewesen, unter seiner Amtsführung könne sich derlei nicht ereignen; und neu war das Maß an Energie, mit dem die Akteure dieser Affären gegen elementare Normen des Rechtsstaates und der Menschenwürde verstießen.
Der öffentliche Teil der Wörner-Kießling-Affäre begann am 5. Januar 1984 mit einer Meldung der *Süddeutschen Zeitung*, Verteidigungsminister Manfred Wörner habe den stellvertretenden Nato-Oberbefehlshaber General Günther Kießling ohne Angabe von Gründen zum 31. Dezember 1983 in den vorzeitigen Ruhestand versetzt. Die Zeitung wunderte sich, daß es dabei kein militärisches Abschiedszeremoniell gegeben habe, und spekulierte über eine Auseinandersetzung zwi-

schen Wörner und Kießling sowie über Differenzen zwischen dem General und dem amerikanischen Nato-Oberbefehlshaber Rogers.

In den Tagen danach versteifte sich Wörner darauf, er habe Kießling als »Sicherheitsrisiko« einschätzen müssen, weil der höchste deutsche Nato-General, 58jährig, als homosexuell erkannt worden sei; die Sicherheitsgefährdung und Erpreßbarkeit resultiere daraus, daß Kießling in zwei Gesprächen mit Wörner ein solches Verhalten strikt geleugnet habe. Weil der General daraufhin auch öffentlich derartige Neigungen heftig bestritt, begann der Minister selber eine dreiwöchige Recherche in der Schwulenszene Deutschlands und der Schweiz, um – nachträgliche – Beweise für seinen Vorwurf zu beschaffen. Die Aktion endete in einem für Wörner beispiellosen Desaster.

Ein Untersuchungsausschuß des Bundestages brauchte 95 Stunden, um die Sache aufzuklären. Für manche Unbelehrbare ist der Fall immer noch so verwickelt, daß sie – zehn Jahre später und nach dem Fall der Mauer – der allmächtigen DDR-Staatssicherheit ein »Komplott« gegen Wörner und die Sicherheit der Bundesrepublik nachsagen wollen – eine absurde Unterstellung.

Die Affäre wuchs aus nichtigstem Anlaß zur Regierungskrise. Im Sommer 1983 hielt der Personalreferent im Verteidigungsressort, Karrasch, Small talk mit einem Angehörigen des Militärischen Abschirmdienstes (MAD), Regierungsdirektor Waldmann. Dabei erwähnte er beiläufig, der stellvertretende Nato-Oberbefehlshaber sei »händchenhaltend mit einem Oberst gesehen worden« und werde wegen seiner homosexuellen Veranlagung »von General Rogers nicht empfangen«. Diese Bemerkungen genügten Waldmann und seinem Chef, Oberst Schröder, hochoffizielle Ermittlungen und eine Sicherheitsüberprüfung zu veranlassen. Sie setzten ihre Recherchen sogar fort, obwohl der Vizechef des MAD, Joachim Krase, und danach auch MAD-Chef Elmar Schmähling zunächst auf einem mündlichen Vortrag im Verteidigungsmi-

nisterium bestanden, und erfuhren von zwei Kriminalbeamten, in Kölner Schwulenkneipen sei ein Mann mit Kießlings Aussehen als »Günter von der Bundeswehr« bekannt. Kießling (»eine Verleumdung«) gab Wörner Anfang September sein Ehrenwort, daß an dem Gerede nichts Wahres sei; doch in großen Behördenapparaten macht sich der Klatsch, einmal zu Akten geronnen, schnell selbständig: Wörners Staatssekretär Joachim Hiehle entdeckte nach dreimonatigem Krankheitsurlaub Anfang November den Vorgang, der inzwischen ohne neue Recherchen oder gar Beweise »für Schulungszwecke« – wie sich später herausstellte – wesentlich härtere Formulierungen enthielt (»Wie Dr. K. seiner abnormen sexuellen Neigung nachgeht, zeigt auf, daß er zum Vorgesetzten nicht geeignet ist ...«). Der inzwischen amtierende MAD-Chef Helmut Behrendt fertigt einen Abschlußbericht, der einerseits die Vorwürfe weiter verstärkt (das »Landeskriminalamt Nordrhein-Westfalen« sei »zur Beweisführung« bereit), andererseits empfiehlt, den General bis zu dem von ihm selbst gewünschten Pensionierungsdatum, dem 31. März 1984, im Dienst zu belassen. Damit ist Staatssekretär Hiehle nicht einverstanden; er setzt bei Minister Wörner den 31. Dezember 1983 als letzten Diensttag durch. Kießling wehrt sich, indem er ein Disziplinarverfahren gegen sich selbst beantragt. Journalistische Recherchen ergeben in der zweiten Januarwoche, daß in den Kölner Schwulenkneipen ein Bundeswehrwachmann namens Jürgen verkehrt, Kießling aber unbekannt ist.
Auf tritt der Herr Minister, wohl weil nicht sein kann, was nicht sein darf. Er empfängt in seinem Dienstzimmer ein wichtigtuerisches Mitglied der Kölner Szene und läßt ihn sowie drei Kumpel zu einer Gegenüberstellung von der Luftwaffe ins Bundeswehrkrankenhaus Fürstenfeldbruck fliegen, wo Kießling inzwischen behandelt wird. Dessen Anwalt lehnt die Gegenüberstellung allerdings ab. Daraufhin empfängt Wörner im Beisein von Waldemar Schreckenberger, dem Chef des Kanzleramtes, Alexander Ziegler, Herausgeber einer Schweizer Homosexuellen-Zeitschrift, den er auf Staatsko-

sten nach Bonn kommen ließ und der ihm die Abschrift eines angeblichen Tonbandes überreicht, aus dem Einzelheiten über Kießlings Intimsphäre und seine Kontakte mit einem Düsseldorfer Strichjungen namens Achim Müller hervorgehen sollen. Der Inhalt der Abschrift erweist sich später als gefälscht, Ziegler als Hallodri. Zugleich läßt Wörner Kießlings Vorleben, seine Dienstreisen, seine Spesenabrechnungen seit 1976, seine Gäste und Besucher sowie 304 Wehrpflichtige aus dem Raum Düsseldorf mit dem Namen Müller überprüfen – Ergebnis: Fehlanzeige.

Das Unglaubliche an der Affäre war nicht die zutage geförderte Kette von Unzulänglichkeiten in einer überforderten und gänzlich überflüssigen Militärbürokratie; das für einen Rechtsstaat Unglaubliche war das Verhalten des Ministers, der nach dem Schuldspruch Beweise für die Schuld zu suchen begann.

Kanzler Kohl war wegen der vermeintlichen Bedeutung des Falles von Wörner zweimal, im September und im Dezember, über die Untersuchung unterrichtet worden. Kohl hatte den Minister aufgefordert, nach »intensiver« Prüfung seine »Pflicht« zu tun. Ende Januar, als sich mehr und mehr bestätigte, daß Kießling gar nichts vorzuwerfen war, lehnte Kohl mehrere Rücktrittsangebote Wörners ab; am 1. Februar entschied das Bundeskabinett, Kießlings Versetzung aufzuheben, den General zu rehabilitieren und erst – wie von ihm gewünscht – zum 31. März ehrenvoll zu verabschieden. Kohl erklärte vor der Presse, er »habe festgestellt, daß in der Behandlung und in der Abwicklung dieses Falles Fehler gemacht worden sind, Fehler, die auch der Bundesverteidigungsminister einräumt und bedauert [...] General Kießling hat bittere Wochen durchmachen müssen. Aber auch für Manfred Wörner war dies eine Zeit, an die er sicherlich noch lange in seinem Leben zurückdenken wird.«

Das klang, als habe auch Wörner Schweres erlitten. Nie zuvor und niemals seit diesem Satz hat die Bonner Bundespressekonferenz einen amtierenden Bundeskanzler so lauthals ausgelacht. Die Journalisten von links bis rechts empfanden den regierungsamtlichen Umgang mit der Integrität eines einzelnen als empörend. Die Springer-Zeitung *Hamburger Abendblatt* nannte den Kanzler in der Wörner-Affäre einen »Doktor Theophrastus Bombastus Honigmilch«.

Doch der Kanzler, der später aus nichtigeren Gründen Rücktritte gerne annahm, wollte damals keine Demission. Auch den Postminister Christian Schwarz-Schilling, der die Verkabelung der Republik und den Ausbau neuer Medien vorantrieb, hatte er im Amt gelassen, obwohl der Parteifreund private und politische Interessen in einer Verkabelungsgesellschaft reichlich großzügig gebündelt hatte. Wörner mußte bleiben, weil Kohl fürchtete, sein Kabinett – noch kein Jahr im Amt – stehe sonst vor einem Generalrevirement. CSU-Chef Franz Josef Strauß hatte offen die Bereitschaft erklärt, Wörners Nachfolge anzutreten; und der mächtige Wirtschaftsminister Otto Graf Lambsdorff hatte mit dem Kanzler bereits verabredet, er werde zurücktreten, sofern das Bonner Landgericht im Parteispenden- und Flick-Skandal gegen ihn die Anklage zulassen werde. Da hätte ein Beharren auf Lambsdorff auch nach einer Kabinettsumbildung wie eine vorweggenommene Mißachtung des Gerichts, wie eine offizielle Weißwäsche ausgesehen.

Kohl damals, ganz Pfälzer: »Das ist eine ganz ungewöhnlich erfolgreiche Regierung. [...] Warum soll ich mit dem Kabinett unzufrieden sein? [...] Wir lieben das Leben, und wir lieben auch die Lebensfreude und lassen sie uns trotz aller Probleme, die wir zugegebenermaßen haben, nicht vergällen.«

Einst hatte Helmut Kohl im Bundestag markige Worte gefunden – an den damaligen Kanzler Helmut Schmidt. Es war der 26. Januar 1978, und es ging um dessen Ressortchef Georg Leber, der sich qua MAD in eine Abhöraffäre verstrickt hatte: »Wie wollen Sie mit einem solchen Verteidigungsminister draußen und innen in der Bundesrepublik um Vertrauen werben?«

Nun, sechs Jahre später, waren die Fronten vertauscht, die Entscheidungen anders. Kohls sonst lobhudelnder Biograph Maser hat recht, wenn er resümiert: »Der Skandal hat die Flexibilität der Herrschaftsinstitutionen in der Bundesrepublik bis hin zum Kanzler getestet, Helmut Kohls Image auf Dauer nicht verletzt. Zurückgeblieben ist für den nicht unmittelbar betroffenen Beobachter weniger die Erinnerung an die Affäre als ein untrüglicher Beweis für die Tatsache, daß Kohl schon sehr frühzeitig ungleich fester als alle Kanzler vor ihm im Sattel saß.«

Jeder auch nur denkbare Versuch einer »geistig-moralischen Erneuerung« der damaligen »Koalition der Erneuerung« verlor ein Vierteljahr später, am 3. Mai 1984, jede Rechtfertigung und jeden Sinn. An jenem Tag überrumpelten die Koalitionsspitzen – Kohl, Genscher und Strauß – die Öffentlichkeit mit dem Entwurf eines »Gesetzes zur Regelung steuerlicher Zweifelsfragen bei der Parteienfinanzierung«; der Einfachheit – und der Schnelligkeit – halber wollten sie diese Amnestie auf ein bereits vorliegendes Steueränderungsgesetz aufsatteln. Den Text hatten die Parlamentarischen Geschäftsführer der Koalition, Wolfgang Schäuble und Torsten Wolfgramm, zusammen mit Experten aus dem Finanz-, Justiz- und Innenressort sowie den parlamentarischen Fachleuten Detlef Kleinert (FDP) und Reinhold Kreile (CSU) entworfen. Kreile war im Nebenberuf, ausgerechnet, Aufsichtsratsvorsitzender des Flick-Konzerns, gegen den seit Jahren Staatsanwälte unter dem Vorwurf ermittelten, er habe sich ein Steuergeschenk von 840 Millionen Mark – die beim Verkauf von Daimler-Aktien eigentlich fällig gewesen wären – durch freigebige Spenden an Politiker erkauft.

Helmut Kohl selber begründete die unverfrorene Absicht, jene fast 2000 Steuersünder von der Strafverfolgung zu befreien, gegen die bereits ermittelt wurde: »Die Steuern müssen sie nachzahlen, aber die Kriminalisierung soll nicht stattfinden.« Das CSU-Präsidium hielt es für nötig, die »Rechtssicherheit wiederherzustellen« und Bürgern, die »ohne Unrechtsbewußtsein, aus staatsbürgerlicher und staatspolitischer Verant-

wortung finanzielle Hilfen« an die Parteien gegeben hätten, »Vertrauensschutz« zu gewähren. Kohl machte sich vor seiner Fraktion stark für jenen »kleinen Handwerker«, der auf Drängen der Parteien jahrelang gespendet habe und nun, Jahre später, deshalb von den Strafverfolgern »wie ein Krimineller« behandelt werde. Der Kanzler: »Wer damals uns geholfen hat, hat jetzt auch Anspruch auf unsere Solidarität.«
Er redete nicht von den Managern jener Firmen, die jahrelang Millionen am Finanzamt vorbei in die Parteikassen geschleust hatten – in genauer Kenntnis, daß die Methoden vom Gesetz nicht gedeckt waren. Er sprach auch nicht von den Schatzmeistern der Koalitionsparteien, gegen die längst Ermittlungen wegen Beihilfe zur Steuerhinterziehung liefen – Walter Leisler Kiep (CDU) und Otto Graf Lambsdorff (FDP). Wenn aber die eigentlichen Spender straffrei gestellt wären, würden die Helfer – also die Empfänger – auch von Folgen verschont, so das Kalkül der Drahtzieher.
In der eigenen Partei setzte sich Kohl schnell durch. Schon wenige Tage nach Vorlage des Entwurfs holte er sich die Zustimmung des CDU-Bundesparteitags in Stuttgart (69 Prozent) und kündigte kampfbereit an, er selber werde die Amnestie im Bundestag vertreten und befürworten.
Ganz anders die Öffentlichkeit. Nach einer Infas-Umfrage lehnten drei Viertel (76 Prozent) den Entwurf ab, nur 9 Prozent hielten eine Amnestie für richtig. Robert Leicht sprach von »Rechtsbeugung mit kalter Macht« und schäumte in der *Süddeutschen Zeitung*, es stelle »eine atemberaubende Verkehrung des Amnestiegedankens dar, [...] daß der Amnestierende sich in Wirklichkeit selber amnestiert. Niemand anders als ein Parteifunktionär hat doch jene ›Spender‹ zur Steuerhinterziehung angestiftet, die jetzt straffrei bleiben soll. Und mit dem Freispruch für die Hinterzieher geht doch der Freispruch für die Anstifter notgedrungen – und erwünschterweise – Hand in Hand.«
Rudolf Augstein nannte das Vorhaben eine »Lex Lambsdorff, ein Amnestiegesetz für ›die da oben‹, aber nicht eines für

Hausbesetzer, Demonstranten und gewöhnliche Steuerzahler [...] der ›Unterstadt‹.« Das *Hamburger Abendblatt* sprach von einem »dubiosen Gesetz«, das zum »Verfall des Rechtsbewußtseins« beitrage. *Bild* fand die »Heimlichtuerei [...] schwer zu verstehen, wie ungeschickt, ja tölpelhaft« die Regierung sich anstelle. Die *Welt* bemängelte die kunstvolle Geheimhaltung und verstand nicht, warum die Koalition mit einem so schwierigen Manöver nicht »so früh, so laut und so klar wie möglich an die Öffentlichkeit« gegangen sei. Und die *Zeit* resümierte, noch nie habe es »eine Bundesregierung vermocht, so einmütige und so massive Empörung zu wecken, wie dies der Koalition jetzt mit ihrer geplanten Amnestie für rechtswidrige Parteienfinanzierung gelungen ist«. Selbst der sonst treue Regierungsanhänger Friedrich Karl Fromme rügte in der *FAZ*, das Vorgehen der Koalition zeige »Züge des allzu Unbefangenen, ja des Mißbräuchlichen«. Kohls Parteifreund Ernst Benda, früher Präsident des Bundesverfassungsgerichts: »Niemand kann Richter in eigener Sache sein.« Stimme ein Abgeordneter für die eigene Amnestie, sei das ein »Mißbrauch des Mandats«.

Exakt darum ging es – um Lambsdorff, Kiep und 21 weitere Politiker der Koalition; die SPD hatte das Glück, daß ein Hauptbelastungszeuge, der Ex-Schatzmeister Alfred Nau, schon gestorben war. Niemals jedoch ging es wirklich um irgendeinen »Handwerksmeister«, der von unermüdlichen Staatsanwälten gnadenlos verfolgt worden wäre. In Nordrhein-Westfalen etwa waren ursprünglich 1413 Verfahren anhängig; doch zum Zeitpunkt des Amnestiegesetzes waren 713 Verfahren bereits eingestellt: 259, weil selbst die Strafverfolger auf mangelndes Unrechtsbewußtsein der Steuerhinterzieher erkannten. 454 wegen Geringfügigkeit bei Spendensummen unter 5000 Mark. Bei den 392 Verfahren in anderen Ländern lagen die Zahlen ähnlich.

Tatsächlich hatten über viele Jahre die Mächtigen der Industrie mit illegal verbuchten Millionenspenden Einfluß auf die Regierungs- oder Oppositionspolitik genommen. Die meisten

Spender, aber alle Empfänger wußten um die Unrechtmäßigkeit der Transaktionen. Die gingen etwa so: Spenden wurden nicht direkt an die Parteien, sondern an vorgeblich gemeinnützige »staatsbürgerliche Vereinigungen« oder andere Sammelstellen geleitet, die das Geld über Auslandskonten oder im Koffer heim nach Bonn schafften. Allein von Flick erhielt CDU-Kiep in fünf Jahren 2,8 Millionen Mark; der Waschmittelkonzern Henkel schleuste in zwei Jahren 1,4 Millionen Mark nach Bonn. Andere Firmen wurden von den Parteien gebeten, wertlose »Gutachten« zu kaufen oder Sekretärinnen für die Parteiorganisation einzustellen, deren Kosten sie getarnt von der Steuer abzogen. *Spiegel*-Herausgeber Rudolf Augstein nannte derlei Manipulationen damals »ein Schurkenstück.«

Unverständlich bleibt bis heute, warum sich Firmen und Manager überhaupt jener Mittel außerhalb der Legalität bedienten: Der Abzug von der Steuer brachte ihnen eine Gutschrift von auf 50 Prozent des transferierten Betrags. Hätten sie von vornherein nur jene Summe aus ihrem versteuerten Gewinn überwiesen, hätte sie kein Staatsanwalt belangt. Die Parteien allerdings hätten legal nur knapp die Hälfte der Spenden erhalten; der Rest war ja aus der Staatskasse geflossen.

Doch das ganze Unternehmen wurde für Kohl, Genscher und Strauß zum Fiasko: Die FDP-Basis verweigerte ihren Vorleuten die Gefolgschaft, obwohl Parteichef Hans-Dietrich Genscher und Fraktionschef Wolfgang Mischnick mit ihrem Rücktritt drohten. In Baden-Württemberg etwa forderten 75 Prozent der im Landeshauptausschuß vertretenen Funktionäre, die Amnestiepläne zu kippen. Auch der nordrhein-westfälische Landesvorsitzende Jürgen Möllemann, damals Staatsminister im Außenamt, setzte sich mit seinem Hinweis nicht durch, eine »Serie von Prozessen« gegen Parteifreunde über Jahre hinweg sei »schädlicher als die offene Diskussion über eine schnelle Bereinigung der Vergangenheitsprobleme«. Es nutzte nichts; die Sache blieb den Liberalen zu suspekt. Noch vor dem Bundesparteitag Anfang Juni 1984 zog die FDP-Spitze den Gesetzentwurf zurück.

Daß die Affäre das Bewußtsein der Wähler nicht nachhaltig beeinflußte, lag zum einen wohl am überfallartigen Vorgehen, mit dem das Gesetz präsentiert, und an der Geschwindigkeit, mit der es nach drei Wochen wieder kassiert wurde; zum anderen war auch bei der SPD-Opposition das schlechte Gewissen zu spüren. Zwar verdammten die Sozialdemokraten leise den »brutalen Eingriff in die Strafrechtspflege« (so ihr stellvertretender Fraktionschef, Ex-Justizminister Jürgen Schmude), aber sie erinnerten sich auch voller Unwohlsein daran, daß sie es waren, die keine drei Jahre zuvor, im Dezember 1981, mit CDU/CSU und FDP gemeinsam ein Amnestiegesetz durchpeitschen wollten. Auch damals hatte Parteichef Genscher den Koalitionspartner gedrängt; wenn Wirtschaftsminister Lambsdorff falle, dann sei es aus, dann könne auch er nicht mehr. Den Sturz des Wirtschaftsministers, schon zu der Zeit im Visier der Staatsanwälte, könne die FDP nicht hinnehmen. Damals scheiterte der Amnestieplan – Robert Leicht sah in der *Süddeutschen Zeitung* ein »Bonner Watergate« aufziehen – am Protest der SPD-Basis. Die FDP aber, so behaupteten manche Sozialdemokraten wie Ex-Geschäftsführer Peter Glotz und die Graue Eminenz Karl Wienand, habe nur deswegen, nur um Lambsdorff zu retten, die sozialliberale Koalition verlassen. Das klingt allerdings so übertrieben wie alle monokausalen Schuldvorwürfe nach dem Scheitern einer Ehe.
Aber Fakt war: Immer ging es um Lambsdorff und um seine politische Zukunft. Staatsanwälte warfen ihm vor, er habe 1977 und 1980 vom Flick-Bevollmächtigten Eberhard von Brauchitsch 135 000 Mark erhalten. Das wäre juristisch Bestechlichkeit oder wenigstens Vorteilsnahme, wenn ein Zusammenhang zwischen dieser Zahlung und der kurz darauf vom Bundeswirtschaftsministerium beschlossenen Steuerbegünstigung des Daimler-Aktienverkaufs durch Flick bestand. Außerdem beschuldigte ihn die Staatsanwaltschaft, in seiner Zeit als Schatzmeister der nordrhein-westfälischen FDP zwischen 1968 und 1978 Beihilfe zur Hinterziehung von 1 526 304 Millionen Mark Steuern geleistet zu haben.

Als klar wurde, daß eine Amnestie nicht mehr durchzusetzen war, und sich abzeichnete, daß das Bonner Landgericht (am 29. Juni) die Anklage zulassen werde, trat der Wirtschaftsminister (am 25. Juni) zurück; Nachfolger wurde sein Parteifreund Martin Bangemann. Nach einem 18 Monate dauernden Prozeß wurde Lambsdorff am 16. Februar 1987 wegen der Steuerdelikte zu einer Geldstrafe von 180 000 Mark verurteilt – vom Vorwurf der Bestechlichkeit aber freigesprochen.
Schon während der jahrelangen Ermittlungen der Staatsanwälte hatten, wie später vor Gericht, die Vermerke des Flick-Managers Brauchitsch für Aufregung gesorgt; er hatte über Jahre die Creme der deutschen Politik mit Geldbeträgen geschmiert. Dazu gehörte auch Helmut Kohl, damals allerdings noch Oppositionsführer, der ausweislich der Listen des Flick-Buchhalters Rudolf Diehl zwischen 1974 und 1980 zusammen 565 000 Mark erhalten (und meist als Spende an seine Partei weitergeleitet) hatte; CSU-Chef Strauß ist in den Flick-Büchern mit viermal 250 000 Mark verzeichnet.

1984, das Spitzenjahr der Affären, war für Kohl schwierig durchzustehen. Zwar hatte er keine Probleme, die Annahme eines von Brauchitsch angebotenen Geschenks – es handelte sich um »Brombeermarmelade«, die recht schnell zum Kaviar mutierte – zu verteidigen, doch verwickelte er sich vor einem Untersuchungsausschuß des rheinland-pfälzischen Landtags in Widersprüche, als er nach der Tätigkeit der Koblenzer »Staatsbürgerlichen Vereinigung« (SV) befragt wurde und seine Verbindung als Landesvorsitzender der CDU zu diesem Spenden-Inkasso-Verein erläutern sollte. Kohls Antwort, er habe daran »keine Erinnerung«, stufte sein Generalsekretär als kurzzeitigen »Blackout« ein; damit half er seinem Parteivorsitzenden ans rettende Ufer.
Ein Nachbeben der Flick-Affäre ereilte Kohl und seinen Vorgänger als CDU-Chef, den damaligen Bundestagspräsidenten Rainer Barzel, im Herbst 1984. Staatsanwälte hatten in den beschlagnahmten Papieren des Flick-Konzerns Unterlagen

über Barzel gefunden, die einen peinlichen Verdacht zuließen: Offenbar hatte der Flick-Konzern 1973 mitgeholfen, daß Barzel den CDU-Vorsitz zugunsten von Kohl räumte. Denn Barzel erhielt – über einen Vertrag mit der Frankfurter Anwaltskanzlei Albert Paul, der wiederum das Geld von Flick erstattet wurde – eine jährliche Apanage von 250 000 Mark plus Mehrwertsteuer. Einfädler des für Barzel lukrativen Deals war Kohls späterer Generalsekretär Kurt Biedenkopf, der am 10. Mai 1973, einen Tag nach Barzels Rücktritt als CDU/CSU-Fraktionschef im Bundestag, dem »lieben Herrn Kohl« brieflich von seinem Versuch berichtete, er wolle »vermeiden, daß Herr Dr. Barzel zu einem sozialen Fall wird«.
Dazu kam es nicht: Barzel bezog zwischen 1973 und 1980 über die Kanzlei Paul 1,661 Millionen Mark und bis einschließlich September 1982, also bis zur Bonner Wende, noch ein Monatsgehalt von 7500 Mark. Der Bundestagspräsident hielt sich nach Aufdeckung dieser Zahlungen nur noch wenige Tage (bis zum 26. Oktober) im Amt; sein Nachfolger wurde Kanzleramtsminister Philipp Jenninger.
Speziell in linken Kreisen, denen Verschwörungstheorien traditionell gefallen, kursiert seitdem der Verdacht, Kohl sei mit Hilfe und auf Kosten der deutschen Großindustrie ins Kanzleramt gedrückt worden. Der grüne Abgeordnete Jürgen Reents, der den Kanzler am 18. Oktober 1984 vor dem Parlament als einen Mann bezeichnete, »dessen Weg an die Spitze seiner Fraktion und seiner Partei, wie wir in diesen Tagen erfahren haben, von Flick freigekauft wurde«, mußte den Bundestag verlassen und wurde für fünf Tage von den Parlamentssitzungen ausgeschlossen.
Selbst der sonst milde agierende ARD-Moderator Friedrich Nowottny erkannte in einem Interview mit Kohl einen »falschen Eindruck, daß es so etwas wie Käuflichkeit in der Politik gibt«. Kohls Antwort: »Aber das ist doch Unsinn. Ich bin jetzt seit meiner Schülerzeit politisch aktiv. Und ich kann Ihnen nur sagen: Was soll hier in der Politik eben käuflich betrieben worden sein?«

Die ganze Republik schien gekauft; aus der Macht des Volkes war offenbar eine Macht des Geldes geworden. Das hieß vor allem viel Zulauf für die grüne Partei; manche nahmen all dies zum Anlaß, sich enttäuscht von den »Bonner Altparteien« abzuwenden.
Drei Jahre später, im September/Oktober 1987, spitzt sich eine der schmutzigsten Affären der deutschen Nachkriegsgeschichte dramatisch zu; und diesmal ist Kanzler Kohl nur von fern und nur insoweit involviert, als der Kieler Regierungschef Uwe Barschel der CDU angehört und von Kohl noch Ende August – vergeblich – aufgefordert war, für das Parteipräsidium zu kandidieren. Barschel wird von seinem eigenen, für Medien zuständigen Referenten in der Kieler Staatskanzlei, Reiner Pfeiffer, beschuldigt, einen schmutzigen Wahlkampf gegen seinen SPD-Konkurrenten Björn Engholm geplant und betrieben zu haben. Barschel beauftragte den Referenten,

- Engholms Steuererklärungen überprüfen zu lassen; danach diktierte Barschel selber den Text für eine anonyme Anzeige gegen den Oppositionsführer;
- Engholm wegen seines Lebenswandels durch Detektive überwachen zu lassen;
- eine Abhörwanze zu beschaffen, deren Versteck in Barschels Dienstzimmer Engholm angelastet werden sollte.

Barschel dementiert im Rundumschlag alle Behauptungen Pfeiffers. Seine Partei verliert am 13. September ihre absolute Mehrheit; es kommt zum Patt mit der Opposition. Stück für Stück, »Punkt für Punkt« sucht Barschel Pfeiffer und den *Spiegel* zu widerlegen; dabei verheddert er sich zunehmend in Widersprüche, falsche Angaben und Lügen. Am 18. September setzt er sich öffentlich zur Wehr: »Ich gebe den Bürgerinnen und Bürgern des Landes Schleswig-Holstein und der gesamten deutschen Öffentlichkeit mein Ehrenwort, ich wiederhole: ich gebe Ihnen mein Ehrenwort, daß die gegen mich erhobenen Vorwürfe haltlos sind.«

Sie sind es nicht. Punkt für Punkt kommt in den folgenden Wochen die Wahrheit über Barschels Machenschaften ans Licht; der Beschuldigte teilt am 25. September seinen Rücktritt mit. Am 6. Oktober fliegt Barschel zu einem Urlaub nach Gran Canaria; nach wenigen Sitzungen erkennt ein Untersuchungsausschuß in Kiel, daß Barschel unrecht und Pfeiffer recht hat. Barschel wird zur Einvernahme aus dem Urlaub zurückgerufen, kündigt seine Ankunft für Sonntag, 11. Oktober, in Hamburg an, fliegt am Vortag von Las Palmas allein nach Genf und wird dort am 11. Oktober tot in der Badewanne seines Zimmers im Hotel »Beau Rivage« gefunden.
Seitdem wollen Gerüchte nicht verstummen, Barschel sei in Waffengeschäfte verwickelt, sei ermordet, sei von der Stasi erpreßt worden. Alles Unsinn. Sein Tod, mit scharfsinniger, verzweifelter Intelligenz geplant und von ihm mit Aufzeichnungen über ein angebliches Treffen mit einem Unbekannten garniert, entspricht exakt einem Szenario der »Deutschen Gesellschaft für humanes Sterben« in deren Selbstmordanleitung nach der »Kombinierten Methode 1: Schlafmittel und Wasser (im Bad)«: »Setzen Sie sich in ein Bad voll warmem Wasser und nehmen Sie die Mittel mit Mineralwasser und/oder Alkohol ein. Wenn Sie bewußtlos sind, gleiten Sie infolge Erschlaffung der Beinmuskulatur mit dem ganzen Oberkörper ins Wasser, und der Tod tritt kurz danach ein. Achten Sie darauf, daß die Beine nicht durchgestreckt sind, sonst gleiten Sie auch bei Erschlaffung der Beinmuskulatur mit Ihrem Oberkörper nicht völlig ins Wasser.« Ungewiß bleibt – auch wegen der schlampigen Ermittlungen der Genfer Polizei –, ob Barschel sich beim Selbstmord womöglich helfen ließ.
Barschel, so stellte sich in einem Gutachten der Lübecker Universitätsklinik heraus, war seit Jahren medikamentenabhängig; seine gesundheitlichen Probleme hatten sich durch einen Flugzeugabsturz im August 1987 verschlimmert. Doch professionellen Geheimniskrämern paßt ein Selbstmord bis heute nicht in den Kopf. Besonders seit Öffnung mancher Stasi-Archive nach der deutschen Vereinigung fragen sie nicht mehr

nach dem Motiv eines möglichen Mordes, erörtern nicht das naheliegende Motiv einer Selbsttötung, lassen konspirativ selbst die Logik und Wahrscheinlichkeitsanalysen nicht gelten: Niemand wird ermordet, der sich psychisch in einer so ausweglosen Lage sieht, daß ihm eigentlich nur ein Selbstmord bleibt.

So etwas wollten vermeintliche Weggefährten, die eher Nebelwerfern vergleichbar sind, nicht wissen. Die Krake Stasi muß es gewesen sein, damit an Barschel ein Rest von Unschuld hängenbleiben kann.

Genauso verfahren manche Anhänger des Ex-Verteidigungsministers Wörner: Er soll es nicht gewesen sein, der seinem General Kießling die Ehre abschnitt; die Stasi war's. Denn Joachim Krase, damals Vizechef des MAD, soll über Jahre mit der Stasi konspiriert haben – so verbreiten sie und so berichtete ein Stasi-Überläufer. Krase kann sich nicht wehren; er starb 1988.

Doch diese Vorkämpfer einer Umschreibung geschichtlicher Tatsachen übersehen, wie meist, die Fakten: Es war ja – so ermittelte der Untersuchungsausschuß des Bundestages – der damals amtierende MAD-Häuptling Krase, der zwei eifrigen MAD-Bediensteten, vergeblich, die Ermittlungen in der Kölner Schwulenszene untersagt hatte.

Nur folgerichtig, daß in solchen Köpfen auch die Parteispendenaffäre von der Stasi gesteuert gewesen sein soll. Weil sein früherer Bonner Cheflobbyist Adolf Kanter als Stasi-Zuträger entlarvt wurde, sieht sich Ex-Flick-Manager Brauchitsch bestätigt: »Die Stasi war's. Ich habe es immer im Gefühl gehabt.« Komisch nur, daß die Parteimanager vor Gericht und den Untersuchungsgremien aussagten, sie hätten das viele Bargeld immer von Brauchitsch persönlich erhalten, bar im Umschlag.

Die Zeit heilt manche Wunden, mit Stasi-Hilfe oder, meist, ohne.

Bemerkenswert jedoch bleibt, wie wenig Auswirkungen die Affären auf das Renommeé der Bundesregierung oder des

Kanzlers zeitigten und wie affärenresistent die Mehrheit der Wähler offenbar ist. Zwar verhalf die Barschel-Affäre der SPD in Schleswig-Holstein für einige Jahre zur absoluten Mehrheit, doch in Bonn blieben Wörner-, Parteispenden- und Flick-Skandal ohne sichtbare Folgen für die Koalition.
Wahlentscheidend ist nach aller Erfahrung die individuelle wirtschaftliche Erwartung der Wählermehrheit, nicht aber eine einzelne, meist noch strittig erscheinende Entscheidung eines Politikers.
Und die Zahlen gaben Kohl damals recht. Ungeachtet aller Skandale entwickelten sich die Wirtschaftsdaten prächtig. Zwar verharrten die Arbeitslosenzahlen um 2,2 Millionen, doch wuchs das Sozialprodukt pünktlich zur Wahl 1987 um – real! – 1,6 Prozent, um sich in den beiden folgenden Jahren auf Werte knapp unter vier Prozent zu steigern. Die Preissteigerungen stabilisierten sich auf moderatem Niveau: 1986 sackte der Lebenshaltungskostenindex sogar um 0,1 Prozent. Das Leben wurde, selten genug, statistisch billiger, während Löhne und Gehälter im selben Jahr um 3,5 Prozent zulegten.
Alles kein Grund, den Kanzler oder seine Koalition abzuwählen. Es lief ja. Die fetten Jahre setzten sich fort, jedenfalls für jene, die Arbeit hatten.

VII.

Widersacher Biedenkopf, Geißler & Co.

Auf dem Kölner CDU-Parteitag im Mai 1983 wurde Helmut Kohl zum Lohn dafür, daß er die Partei nach 13 Jahren wieder in die angestammte Rolle eines Kanzlerwahlvereins zurückgeführt hatte, mit einem eindrucksvollen, weil nahezu einstimmigen (97,3 Prozent) Ergebnis im Amt des Parteichefs bestätigt; ein »Augenblick der Zufriedenheit«, notierte die *FAZ*. Es war auch Anerkennung dafür, daß er geduldig auf seine Zeit gewartet und währenddessen – jedenfalls in den letzten Jahren vor der Bonner Wende – die Partei von den quälenden Personaldebatten befreit hatte: Wer wird Kanzlerkandidat? Was will der Generalsekretär wirklich? Was will Strauß?
Jetzt spürten die Delegierten die Antworten: Kanzler war und blieb Kohl; die Partei wurde – seit 1977 und mit mittlerweile 735 000 Mitgliedern – von seinem damals treuen Paladin aus Mainzer Regierungstagen, Heiner Geißler, gemanagt; und Strauß war weit weg, war Landesvogt in München.
Auch die Querelen zwischen Kohl und seinem eigenwilligen Generalsekretär Kurt Biedenkopf waren lange vergessen; Biedenkopf hatte in seiner vierjährigen Amtszeit (1973 bis 1977) immer stärker als General denn als Sekretär wirken wollen. Mit scharfer Intelligenz und analytischer Begabung hatte er erst im Alleingang Kohl als Kanzlerkandidaten für 1976 (gegen Gerhard Stoltenberg, der sich Hoffnungen gemacht hatte) durchgesetzt. Vor und nach der – nur knapp verlore-

nen – Wahl hatte er versucht, die CDU als Partei der linken Mitte darzustellen, um so den Sozialliberalen Wähler abzujagen; doch geriet er mit seinem Macht- und Vordenkeranspruch auch persönlich mit Helmut Kohl aneinander, der derlei Attitüden aus dem Bauch, also mit seinem Gefühl, behandelt.
Zunehmend in Kohls Kanzlerschaft erwies sich, daß der Parteichef allenfalls dienende, hilfswillige Zuarbeiter in nächster Nähe duldet, mit eigenwilligen Denkern aber Probleme hat. Sein Selbstdarstellungsbedürfnis verpflichtete ihn, in größeren Kreisen sofort im Mittelpunkt stehen und Moderation oder Regie an sich nehmen zu müssen. In solchen Gremien oder Zirkeln vermag er nicht zuzuhören, sondern nur zu repräsentieren oder zu regieren, obwohl ihn seine schwachen rhetorischen Gaben dazu nicht prädestinieren. Doch kommt ihm unter Parteimitgliedern oder Wählern sehr wohl eine Ausstrahlung zupaß, die nicht auf Persönlichkeit – also Intellekt, Charme oder Begeisterungsfähigkeit – beruht, sondern auf schierer Körperlichkeit: Die Größe, die Korpulenz beeindrucken, und ebenso der unverhohlene Machtanspruch, die Machtdemonstration.
Sein Instinkt weiß manches besser als die politologisch-theoretischen Wahlkampfstrukturanalysen der Strategen im Konrad-Adenauer-Haus. Er weiß einfach, daß er durch fleißige Wahlkampfauftritte manche Wähler besser erreichen kann als mit irgendwelchen Kabinetts- oder Parteitagsbeschlüssen. Und die Versuche seiner Parteimanager Biedenkopf und Geißler, statt einzelner Sympathisanten ganze Wählerschichten neu zu erschließen, fanden nicht seine Unterstützung. Derlei war ihm zu akademisch.
Da, wo er steht, ist die politische Mitte – das weiß er, und oft erweist sich diese Einschätzung sogar als richtig. Läßt er sich von seinen Parteimanagern zu weit nach links zerren, vergrault er die konservativen Stammwähler, die statt seiner rechte Splitterparteien oder die Stimmenthaltung wählen. Macht er sich rechte Parolen zu eigen, erschreckt er die Wechselwähler, die gerne zwischen den Volksparteien pendeln.

Die letztere Einsicht wuchs erst aus Erfahrung. Zu Beginn seiner Kanzlerschaft fühlte er sich immer wieder genötigt, rechts anzudocken. Zuweilen schien es, als gehöre der öffentliche Protest gegen seine Maßnahmen zum Kalkül seiner Absichten: Er wollte klarmachen, daß seine Partei auch für Rechtskonservative und Deutschnationale, Vertriebenenfunktionäre und kalte Krieger ein Sammelbecken biete.
Man merkte die Absicht, als er im Januar 1984 – während in Bonn die Wörner-Affäre heißlief – den ultrarechten Publizisten Kurt Ziesel, NSDAP-Mitgliedsnummer 685644, in seiner Kanzlermaschine auf einen offiziellen Besuch ausgerechnet nach Israel mitnahm.
Ziesel, damals 72, gab damals als Geschäftsführer der von Alt- und Neufaschisten durchsetzten »Deutschland-Stiftung« das kämpferische *Deutschland-Magazin* heraus. Selbst *FAZ*-Mitherausgeber Joachim Fest war über den Reisebegleiter entsetzt: »Man faßt sich an den Kopf.« Doch als die SPD-Opposition im Bundestag den Vorfall aufgriff, konterte Kohl kühl: »Wenn einer früher Mitglied einer Organisation der NSDAP war und dann den Weg zu Ihnen gefunden hat, dann ist das in Ordnung. Ist er aber diesen Weg nicht gegangen, dann ist er ein alter Nazi. Das ist unerträglich.«
Noch klarer wurde Kohls Zielsetzung im Umgang mit den Rechten nach seiner Zusage, das Deutschlandtreffen der Schlesier 1985 zu besuchen. Ihm hatten die Vertriebenenfunktionäre das Motto beigegeben: »40 Jahre Vertreibung – Schlesien bleibt unser« – und damit war offen die Frage nach den deutschen Ostgrenzen gestellt. Schon lange standen sich in dieser – damals reichlich theoretischen – Frage Vertriebene und Realpolitiker gegenüber. Die Gruppe um Herbert Czaja hielt die »Grenzen von 1937« für das damalige und vor allem für ein künftiges Deutschland für maßgeblich. Kohl und seine Gesinnungsfreunde sahen in den 37er Grenzen zwar eine Rechtsgrundlage, aber nicht ein realistisches Ziel ihrer Politik. Wolfgang Schäuble etwa meinte, die deutsche Teilung könne mit Hilfe der Verbündeten – vielleicht – über-

wunden werden; für alles, was darüber hinausgehe, »gibt es keine Verbündeten«.

Eigentlich hatte Kohl wohl auf dem Schlesiertreffen die Vertriebenen zu Zurückhaltung und weiterer Integration mahnen wollen. Nun rächte es sich, daß er und die Union in der Grenzfrage seit Jahren taktiert, aber nicht entschieden hatten. Zwar änderten die Schlesier ihr Motto (»Schlesien bleibt unsere Heimat im Europa freier Völker«), aber bis weit ins Jahr 1990 lavierte Kohl noch um ein klares Bekenntnis zur Oder-Neiße-Grenze herum und überließ es Gesinnungsgefährten, klar Stellung zu beziehen. Volker Rühe etwa bekannte sich dazu, daß der – von den Sozialliberalen abgeschlossene – Warschauer Vertrag auch für ein vereinigtes Deutschland eine »politische Bindungswirkung« habe. Manfred Abelein machte sich zum Wortführer der rechten Kanzlerkritiker und beschuldigte Kohl, der »Sukzession Adenauers« nicht würdig zu sein: Der »Friedensvertragsvorbehalt« verbiete eine Vorabfestlegung der deutschen Grenzen.

Doch die Rechten blieben eine, allerdings lautstarke, Minderheit, ihre Positionen nicht durchsetzbar. Zuweilen gab sich Kohl väterlich, distanzierte sich von ihren Parolen, um sogleich hinzuzufügen, eine Volkspartei müsse auch solche Ideen und Forderungen ertragen.

Schwieriger für Kohl wurden die wachsenden Spannungen zu Generalsekretär Heiner Geißler, der die Parteizentrale erfolgreich von einer Papierverteilstelle in eine politische Schaltzentrale umgewandelt hatte, »technisch und logistisch auf dem neuesten Stand« – wie Geißler zum Eigenlob einen *Spiegel*-Bericht zitierte. Doch zugleich erhob er, trotz der hierarchischen Hackordnung innerhalb der CDU-Spitze und der notwendigen Rücksicht auf Koalitionsverpflichtungen, den Anspruch, der CDU »auch als Reformpartei ihre eigenständige Rolle« zu bewahren. Kohls Intimus Eduard Ackermann: »Heiner Geißler zielte auf das Selbstverständnis der CDU insgesamt.«

Schon in den letzten Oppositionsjahren war zwischen Kohl

und Geißler immer öfter intern ein Streit über die richtige Strategie auf dem Weg zu Macht und Mehrheit entbrannt. Geißler, der Stratege, wollte der Union – wie damals Biedenkopf – neue Wählerschichten und Kompetenz in neuen Sachbereichen eröffnen, gezielt etwa auf Jungwähler, Frauen oder sozial benachteiligte Randgruppen. Mit seiner Vorstellung, in Deutschland eine »multikulturelle Gesellschaft« zu schaffen, eckte er bei vielen Konservativen an. Kohl hatte sich dagegen auf einen Kurs des Abwartens verlegt, was ihm auch von rechts Vorwürfe eintrug: Er wolle wohl »im Schlafwagen zur Macht«, rügte sein Kritiker Jürgen Todenhöfer. Tatsächlich suchte er für die Opposition Geschlossenheit zu erreichen, Flügelkämpfe zu vermeiden und so den Anspruch zu untermauern, die bessere Regierungspartei vorzeigen zu können.
Nach Regierungsübernahme und Wahlsieg wurden die Meinungsverschiedenheiten zwischen Kohl und Geißler wieder deutlicher. Geißler selbst sah das als »Arbeitsteilung, die aber von Kohl nicht immer akzeptiert wurde. Er hat die Lage immer mehr aus der aktuellen Situation heraus beurteilt.« So forderte der Parteimanager den Parteivorsitzenden immer öfter offen heraus. Zwar verhalf er ihm im Januar 1987 loyal zum Erfolg über SPD-Herausforderer Johannes Rau, doch danach folgten Sympathieeinbrüche in der Öffentlichkeit, Wahlniederlagen in Ländern und Kommunen, bis Geißler seine kritische Haltung zu Kohl Mitte 1988 in dem Satz zuspitzte: »Der kann es nicht.« Er verübelte ihm, zu wenig – etwa für die Partei – zu arbeiten, zu sehr an sich und seine repräsentativen Aufgaben zu denken – und zu wenig an die Zukunft.
Geißler wurde die Nähe zu Kohl über. Er vermißte bei ihm nun Fähigkeiten, die sein Duzfreund noch nie oder nur selten gezeigt hatte – rhetorische Überzeugungskraft, konzeptionelles Denken, visionäre Darstellungskunst oder die Bereitschaft, auch linke Wähler in der Union mit eigenen Angeboten willkommen zu heißen.
Der Generalsekretär suchte seitdem nach einem Gegenkanzler und meinte, ihn in Lothar Späth, dem Stuttgarter Ministerprä-

sidenten, gefunden zu haben. Der äußerte als einziger im Parteipräsidium gelegentlich Widerworte gegen Kohl, hatte ein hohes Verständnis für Wirtschafts- und Finanzpolitik, war als Buchautor konzeptionell aufgefallen, genoß Sympathie bei Wählern wie bei Industriemanagern. Späth traute sich eine Kanzlerschaft durchaus zu; er hielt sich die folgenden Monate bereit, tat aber offen nichts, was den Konkurrenten Kohl hätte schädigen können. Er scharte einige Sympathisanten – neben Geißler Norbert Blüm, Rita Süssmuth, Eberhard Diepgen, zuweilen Ernst Albrecht – um sich und scheute dabei die öffentliche Auseinandersetzung; der offene Kampf war seine Sache nicht. Dennoch führte »Cleverle« in seinem Ländle einen erfolgreichen Wahlkampf, indem er sich von der Bonner Regierungspolitik absetzte. Inzwischen plante Geißler die offene Feldschlacht für den Bremer Parteitag im September 1989. Sein Hauptvorwurf an Kohl lautete auf Mangel an Führung; Kohl habe endlose Koalitionsstreitereien zugelassen, zu spät gehandelt und die Niederlage bei der Wahl zum Berliner Abgeordnetenhaus im Frühjahr 1989 mit verschuldet. Ein Papier seines Planungsstabes vom Februar 1989 zog nüchtern Bilanz:

- »Über die Grundlinien der Politik der Bundesregierung herrscht in großen Teilen der Bevölkerung Unklarheit.
- Der Wertebezug der Politik der Bundesregierung ist für viele Wähler nicht erkennbar.
- Die Darstellung der Politik der Bundesregierung wurde in den vergangenen Jahren nicht wesentlich verbessert.«

Im April 1989 war Kohl auf einem Tiefpunkt seines Ansehens angelangt. Nur 17 Prozent der Befragten nannten ihn »entschlußkräftig« – die Zahl betrug im Juni 1994 wieder 60 Prozent. Und nur 23 Prozent hielten den Kanzler bei jener Emnid-Umfrage für »kompetent« (1994: 55 Prozent).

Bei den Landtags- und Kommunalwahlen vor 1989 verlor die Union in den großen Ländern Hunderte von Mandaten. Mitt-

lerweile machte bei den Kohl-Kritikern ein Wort Geißlers die Runde: »Helmut Kohl hat die Union in die Macht geführt; er wird sie auch wieder hinausführen.«
Sein Vorgänger Biedenkopf pflichtete Geißler bei. In einer achtseitigen Analyse griff er Kohl direkt an. »Kohls CDU-Bilanz ist erschreckend negativ; verkrustet, verbonzt, veraltet und verschuldet ist die Partei.« Und Geißler strich seinen Wunsch nach mehr Einfluß heraus, indem er sich als »Geschäftsführenden Vorsitzenden der CDU« bezeichnete – ein Affront für den Parteichef. In dieser Eigenschaft wollte Geißler den Kanzler zunächst attackieren und ihn erst später, quasi automatisch, verdrängen. Lothar Späth, Rita Süssmuth oder Ernst Albrecht sollten sich, wenn die CDU die Europa-Wahlen im Juni 1989 nach Geißlers Erwartung verloren hatte, als Gegenkandidat für den Parteivorsitz bereithalten und erklären.
Doch am Wahltag blieb die Union, mit Mühe und Not und 0,5 Prozentpunkten Vorsprung, stärkste Partei – der Putsch wurde verschoben, Kohl Gelegenheit zur Gegenwehr gegeben. Kohl kündigte an, seinen General nicht mehr zur Wiederwahl vorzuschlagen – er hatte ihm im Frühjahr vergebens das Innenministerium angeboten –, und begann in der Parteizentrale mit Aufräumungsarbeiten. Geißlers Mitarbeiter beschimpfte er: »Ihr macht von morgens bis abends Dreck. Man meint wirklich, ihr seid alle geisteskrank. Fahrt in die Südsee, auf die Fidschi-Inseln, das wäre für die Partei einigermaßen nützlich.«
Jetzt lief der Showdown. Ernst Albrecht, den Kohl 1978 als Kanzlerkandidat, 1983 als Bundespräsidentenkandidat vorschlagen wollte, aber nicht durchsetzen konnte, erklärte sich zur Gegenkandidatur bereit. Doch Ende August, kurz vor Beginn des Bremer Konvents, zog der Niedersachse seine Zusage – nach Gesprächen mit Kohl – wieder zurück. Da traute sich auch Lothar Späth, trotz seiner »Enttäuschung« über Kohl, nicht mehr, als Kanzlerkandidat im Gespann mit Rita Süssmuth (als Kandidatin für den Parteivorsitz) anzutreten. Der Putsch fiel aus, und die Putschisten wurden für ihren

Mangel an Courage – oder für ihren Revolutionsplan? – ohne Gnade abgestraft: Geißler verlor den Generalsekretärsposten, Späth seinen Sitz im Parteipräsidium. Und Sieger Kohl konnte gönnerhaft über den Streit mit Opfer Geißler sagen: »Wie immer im Leben liegt die Schuld nicht nur auf einer Seite.«
Kohl war wieder King, wenn auch als Vorsitzender nur von 77 Prozent der Delegierten bestätigt. Und er hatte Glück: Monate später konnte er die Früchte der deutschen Einheit aufsammeln.
Doch Vergeben ist des Kanzlers Sache nicht. Kohl ist nachtragend und gnadenlos; das gehört zur Organisation seiner Herrschaft. Wer ihn verrät, kriegt keine zweite Chance. Als Forschungsminister Paul Krüger den Kohl-Widersacher Späth 1994 in einen neuen »Technologierat« berufen wollte, strich Kohl dessen Namen von der Liste; und als Geißler Chef des rheinland-pfälzischen CDU-Landesverbandes werden sollte, intervenierte Kohl und brachte seinen Anhänger Johannes Gerster durch. Über seinen Umgang mit Kritikern gab Kohl 1992 bereitwillig Selbstauskunft: »Wenn ich nachtragend wäre, müßte ich ja ein Adreßbuch in der Größenordnung vom Berliner Telefonbuch mit mir rumtragen.« Wenn er aber von jemandem in seinem »persönlichen Umfeld« den »Eindruck habe, der hat mich verraten«, dann will er tatsächlich »mit dem nichts mehr zu tun haben«.
Späth, der stets loyal Schwankende, hat es erfahren. Nun grummelt er nur noch vor sich hin: »Eine Partei, die nicht nachdenkt, sich nicht öffnet, nicht neu diskutiert, ist eine Partei, die die nächste Generation nicht gewinnen kann. Und wer die nächste Generation nicht gewinnt, der kann die Mehrheit nicht halten in einer Gesellschaft.«
Es sei denn, Späth sei's geklagt, die anderen Parteien machen's auch nicht besser.
Kohl kann sich zugute halten, alle Widersacher – mit welchen Methoden auch immer – ausgeschaltet, ausgesessen, besiegt zu haben. Das fing mit Rainer Barzel an, der sich am Ende selbst ins Abseits schoß, und setzte sich mit den Möchtegern-

Putschisten von 1989 fort, denen ja nicht nur Fortune fehlte, sondern vor allem Mut und die Fähigkeit, andere Parteifreunde vom eigenen Urteil zu überzeugen.

Daran hatte es schon jahrelang bei Franz Josef Strauß gehapert, dessen Sonthofen- oder Wienerwald-Tiraden die Schwesterparteifreunde allenfalls enger zusammenrücken ließen. Seinem Vertrauten Schalck hinterbrachte Strauß mehrfach, wie schwach Kohl als Kanzler, wie oberflächlich seine Arbeit als Regierungschef und wie wenig problemgerichtet seine Arbeit als Parteivorsitzender sei: »Wenn der Bundeskanzler nicht in kürzester Zeit – und es verbleiben ihm nur noch wenige Wochen – eine prinzipielle Wende in seinem Arbeitsstil, insbesondere in der ernsthaften Durcharbeitung von Problemen mit den sich daraus ergebenden Konsequenzen für die Arbeit der Bundesregierung, durchsetzt, wird die Fraktion nicht mehr folgen.«

Das war im Juni 1985, und Strauß behielt auch unrecht mit seiner Prophezeiung, Lothar Späth werde Helmut Kohl eines Tages beerben.

Nur Kurt Biedenkopf, inzwischen der kleine König von Sachsen, hat Kohls Nachstellungen bisher im Amt überlebt. Aber um welchen Preis! In unregelmäßigen Abständen meldet er sich seit 1979, Dolch im Gewand, mit brutusähnlichen Vorschlägen zu Wort, die eine Trennung der Spitzenpositionen, also von Partei- und Fraktions- oder Kabinettsvorsitz, fordern. Aber immer wieder bleibt Biedenkopfs zunächst spektakulär anmutender Vorstoß an einem stecken, der inzwischen als ärgster Widerpart des quirligen Querdenkers gilt – an Kurt Biedenkopf selbst. »Das ist das Problem des Politikers Kurt Biedenkopf – er ist immer brillant, seltener glaubwürdig«, schrieb sein Parteifreund Alexander Gauland.

Jüngstes Beispiel: Einigen ausgesuchten Journalisten vertraute Biedenkopf im Sommer 1993 an, er werde in der Union für eine Präsidentschaftskandidatur des SPD-Bewerbers Johannes Rau eintreten; dies mit dem strategischen Vorsatz, nach der Wahl 1994 in einer großen Koalition mit der SPD die Führungsrolle der Union – also Kanzler oder Vizekanzler je nach Wahlausgang – zu übernehmen; auf dem CDU-Parteitag im November 1994, so Biedenkopf damals, wolle er dann auch um den Parteivorsitz kämpfen. Also doch keine Ämtertrennung?

Biedenkopfs kecke Kampfansage war dem Kanzler Kohl kaum überbracht, da sprach sich Biedenkopf für Kohls Präsidentschaftskandidaten Steffen Heitmann aus und dementierte alles das, was er gerade noch erwogen und verkündet hatte.

Kohls Stoßseufzer, Parteifreund Biedenkopf betreffend, scheint erhört. »Lieber Gott, schütze mich vor meinen Freunden. Mit meinen Feinden werde ich schon selber fertig.«

VIII.

Entrüstung, Abrüstung Planlos zum Ziel

Jenseits der spektakulären oder konspirativen Begegnungen wechselten die deutsch-deutschen Beziehungen meist vom monotonen Stillstand zu dem in zähem Feilschen sichtbaren Versuch, die Erstarrung zu überwinden. Dabei standen im Osten wie im Westen immer wieder die Pragmatiker den Konservativen, die Realpolitiker jenen Großdeutschen gegenüber, die mit vermeintlich gesicherten Rechtsansprüchen auf die deutschen Grenzen von 1937 pochten.

Gegensatz auch im Großen: Die sowjetische Besetzung Afghanistans, Führungskrisen in Moskau – Andropow starb im Februar 1984, sein Nachfolger Tschernenko im März 1985 –, die sowjetische Vorrüstung und die als provokante westliche Antwort gedachte Stationierung von Pershing-2-Raketen und Cruise-Missiles ab Ende 1983 hatten die Beziehungen zwischen den Supermächten bis zur Wiederwahl des US-Präsidenten Ronald Reagan im November 1984 belastet. Doch die Gegensätze zwischen den Großen auf dem Sektor der Weltpolitik übertrugen sich keineswegs automatisch auf den Umgang zwischen den deutschen Staaten: Beide Seiten hielten immer wieder daran fest, was Honecker als »Koalition der Vernunft« und Außenminister Genscher als »Verantwortungsgemeinschaft« bezeichnet hatten. Offenbar suchte Honecker größere Freiheiten gegenüber Moskau – zuerst, um Abstand von den dortigen vergreisten kalten Kriegern zu gewinnen, später, um

Gorbatschow auf dessen Demokratisierungskurs nicht folgen zu müssen.
Am 12. Oktober 1983 wurde eine Vereinbarung zum Schutz des bayerisch-thüringischen Grenzflusses Rhöden, am 13. November ein Postabkommen unterzeichnet. Ende Dezember folgte ein Abkommen, in dem die DDR ganze Streckennetze der S-Bahn in Westberlin den (West-)Berliner Verkehrsbetrieben übertrug; bis dahin hatte die DDR-Reichsbahn den Verkehr mehr schlecht als recht verwaltet (Westberliner hatten das Nahverkehrssystem auch deswegen jahrelang boykottiert). Im ersten Halbjahr 1984 wurde dann 32 000 DDR-Bürgern die Übersiedlung in den Westen erlaubt, stellten etwa 400 000 Ostdeutsche Anträge auf Ausreise – alles günstige Vorzeichen für den ersten Besuch Erich Honeckers in der Bundesrepublik, der für September 1984 vorgesehen war.
Doch nun fand Kohl, der mit DDR-Hilfe so erfolgreich Strauß auf seine Seite hatte zerren können, im deutschnationalen Fraktionschef Alfred Dregger einen Gegner. Dregger hatte den Kanzler schon im Bundestag ziemlich offen an sein Versprechen einer geistig-moralischen Erneuerung erinnert und gefordert, die »nationale Identität in der Identität der Werte wiederherzustellen«, mit Hinweis auf die »Tugenden des Preußentums: Pflichtgefühl, Unbestechlichkeit, Verantwortungsgefühl vor Gott und den Menschen und Opferbereitschaft, das sind die Tugenden, die wir mit dem Begriff Preußen verbinden. Preußen ist äußerlich untergegangen, innerlich lebt es aber fort, solange die Wertvorstellungen leben, die Teil unseres kulturellen Erbes geworden sind.« Diese Tradition der Werte sei von der antiautoritären Bewegung, der Frankfurter Schule und der neuen Pädagogik der 68er-Generation gebrochen worden.
Nun, im August 1984, torpedierte er offen die Deutschlandpolitik seines Kanzlers, als er in einem Interview mit der *Welt* erklärte, die Zukunft der Bundesrepublik hänge nicht davon ab, »daß Herr Honecker uns die Ehre seines Besuches erweist«. Unter ausdrücklichem Bezug auf Dregger sagte die

DDR den Besuch umgehend ab. Die Absage paßte Honecker, wie er später eingestand, ins Politgeschäft: Tschernenko habe gegen den Besuch interveniert; es wäre zu früh gewesen, das Eis im Ost-West-Umgang aufzutauen.
Dennoch entwickelten sich unterhalb der hochpolitischen Ebene die deutsch-deutschen Beziehungen kontinuierlich, wenn auch zäh. Im Juli 1985 wurde der Swing, der zinslose Überziehungskredit im innerdeutschen Handel, von 600 auf 850 Millionen Verrechnungseinheiten erhöht; im November 1985 einigten sich Bonn und Ostberlin auf ein Kulturabkommen, das schon 1971 angestrebt worden war; es kam zu einer Reihe von Städtepartnerschaften; und die Beschränkungen im Reiseverkehr speziell von DDR-Bürgern in den Westen wurden erheblich gelockert: Die Zahl der West-Reisen von Rentnern stieg von 1,5 Millionen (1984) über 1,7 (1986) auf 3,8 Millionen 1987. Auch die Reisemöglichkeiten »in dringenden Familienangelegenheiten« nahmen dramatisch zu – von 61 000 (1984) über 244 000 (1986) auf 1,2 Millionen (1987), was Kanzler Kohl den »wichtigsten Erfolg unserer Deutschlandpolitik« nannte.
Im Februar 1986 lud die SPD-Fraktion den DDR-Volkskammerpräsidenten Horst Sindermann nach Bonn ein – ein Probelauf für Honeckers Bonn-Visite, zumal Bundestagspräsident Jenninger den Ostdeutschen fast protokollarisch korrekt in seiner Dienstvilla empfing. Im September 1986 sagte die DDR dem SPD-Kanzlerkandidaten zu, die Grenzen in Berlin auch für Asylanten vor allem aus Asien zu schließen; bis dahin waren Zehntausende von Asylbewerbern über den DDR-Flughafen Schönefeld nach Westberlin und von dort in die Bundesrepublik ohne Kontrollen und ohne Kontrollmöglichkeiten eingereist.
Im Verlauf des Jahres 1986 machte sich auch in der Weltpolitik das »neue Denken« Michail Gorbatschows bemerkbar. Beim Gipfel in Reykjavik offerierte der sowjetische Staatschef dem völlig überraschten US-Präsidenten Ronald Reagan den Abzug aller landgestützten Mittelstreckenraketen aus Europa

und die Vernichtung der Hälfte aller Waffen in den strategischen Arsenalen. Weil Gorbatschow fürchtete, der Westen könne seine Sowjetunion mit Reagans Weltraumrüstungsprojekt SDI kaputtrüsten, erwartete er westliche Zugeständnisse, um sich an der Entwicklung von »Sternenkriegs«-Waffen nicht beteiligen zu müssen. Das Eis zwischen Ost und West taute auf. Dem ersten Besuch eines DDR-Staatschefs auf dem Gebiet der Bundesrepublik mit offiziellem Gepräge stand nichts mehr im Wege.

Vom 7. bis 11. September 1987, zwei Jahre vor seinem Sturz und dem Ende der DDR, weilte Erich Honecker erstmals auf bundesrepublikanischem Boden. Er wurde mit allen protokollarischen Ehren empfangen, wie sie international bei Arbeitsbesuchen von Staatsoberhäuptern üblich sind – der gebürtige Saarländer konnte sich und seinen deutschen Teilstaat anerkannt und respektiert sehen. In Bonn wurden drei Abkommen über Umweltschutz, Strahlenschutz sowie über eine Kooperation in Wissenschaft und Technik unterzeichnet, und in Saarbrücken konnte er die Duzfreundschaft zu seinem langjährigen Gesprächspartner und Landsmann Oskar Lafontaine festigen.

Bei seinen Unterredungen mit dem Besucher äußerte Kohl die Erwartung, »daß die DDR ihren Einfluß im Rahmen ihres Bündnisses geltend macht«, um zu weiteren Abrüstungsschritten zu gelangen. Das war eine inhaltlich bedeutsame Aufwertung der DDR kurz vor deren Exitus: Die Bundesregierung erkannte sie als gleichberechtigten, gleichwertigen Partner bei der Friedenssicherung an – die DDR galt nicht mehr als bloßer Handlanger und eintöniges Sprachrohr Moskaus.

Der Stolz über den protokollarisch korrekten Empfang und über die direkte wie indirekte Anerkennung durch die Bonner Regierung zieht sich durch alle Zeilen einer 170 Seiten starken Nachschrift seiner Bonner Gesprächs- und Reiseerlebnisse, die Honecker hinterher als »Vorlage für das Politbüro« vermutlich persönlich diktierte und im DDR-Führungskreis zirkulieren ließ. Der Bericht, der auch kleinste Details wieder-

gibt, beruht offenbar auf Tonbandmitschnitten, die der DDR-Staatschef selbst bei Gesprächen im kleinsten Kreis anfertigen ließ; die Vorlage fand sich nach der Wende in der Hinterlassenschaft des DDR-Außenministeriums.
Bürokratisch korrekt schilderte Honecker die Unterhaltung auch bei politisch heiklen Themen, etwa dem Schießbefehl, einem Wort, bei dessen Gebrauch sich dem SED-Mann die Haare sträuben, und einem Gesprächsgegenstand, auf den er sich offenbar gut vorbereitet hatte:

> E. Honecker erwiderte, es gibt keinen Schießbefehl. Es gibt eine Anordnung zum Gebrauch von Schußwaffen, so wie es auch in der BRD eine solche Anordnung gibt. Jeder, der ein ordnungsgemäßes Visum hat, kann über einen Grenzübergang die Grenze überschreiten, ansonsten ist die Grenze militärisches Sperrgebiet.
> E. Honecker zitierte aus dem »BRD-Gesetz über den unmittelbaren Zwang bei Ausübung öffentlicher Gewalt durch Vollzugsbeamte des Bundes vom 2. März 1974«, worin es heißt: Die genannten Vollzugsbeamten können im Grenzdienst Schußwaffen auch gegen Personen gebrauchen, die sich der wiederholten Weisung, zu halten oder die Uberprüfung ihrer Person oder der etwa mitgeführten Beförderungsmittel und Gegenstände zu dulden, durch die Flucht zu entziehen versuchen. Ist anzunehmen, daß die mündliche Weisung nicht verstanden wird, so kann sie durch einen Warnschuß ersetzt werden.
> In der Allgemeinen Verwaltungsvorschrift des Bundesministers des Innern zu diesem Gesetz heißt es ausdrücklich, daß ein zweiter Warnschuß als Androhung des Schußwaffengebrauchs gilt, wobei darauf hingewiesen wird, daß die Geschosse »nach Möglichkeit« fremdes Hoheitsgebiet nicht berühren sollen. [...] Dies unterscheide sich nicht von der Anordnung bei uns. Wir seien nicht für solche Zwischenfälle. Es gebe auch weniger Zwischenfälle als Meldungen darüber. Wir wollten nicht, daß Menschen umkommen. Aber

man müsse die Regelungen im militärischen Sperrgebiet beachten.

H. Kohl erklärte, er erwarte nicht, daß sich heute oder morgen etwas verändert, aber jede Meldung über einen solchen Zwischenfall sei von Übel. Wenn man in dieser Frage etwas bewegen könne, wäre das von großer Bedeutung. Jeder dieser Vorfälle beschäftige die Öffentlichkeit.

Kohl machte mehrfach klar, daß die praktische Zusammenarbeit ohne Rücksicht auf bestehende Gegensätze in Grundsatzfragen fortgeschrieben und weiterentwickelt werden solle. Kohl laut Honeckers Niederschrift: »Wichtig sei, offen zu sagen, was gehe und was nicht. Seinerzeit im Zusammenhang mit dem Kredit hätten viele gefragt, wie zahle sich dies aus. Dies sei nicht sein Herangehen. Er gehe von der Perspektive aus und sei sich dabei einer breiten Unterstützung sicher. [...]
Helmut Kohl schlug vor, im weiteren zunächst über Fragen der Kontakte zwischen den Menschen zu sprechen. Es sei für die BRD sehr wichtig, den jetzigen Weg im Reiseverkehr weiterzugehen. Er habe bei dem Gespräch in Moskau gesagt, daß kaum DDR-Bürger in der BRD bleiben würden. Die Zahl von 0,02 Prozent bestätige dies. Die BRD sei an Kontinuität in dieser Frage interessiert.«
Und vertraulich versprach der Kanzler, er wolle sich für eine gemeinsame Festlegung der seit Jahen strittigen Elbgrenze »in kurzer Zeit« einsetzen.
Für die Öffentlichkeit in Ost und West war dann bestimmt, was Kanzler Kohl ohne Rücksicht auf protokollarische Höflichkeit beim Abendessen in der Bonner Redoute in die Fernsehkameras sagte: »Das Bewußtsein für die Einheit der Nation ist wach wie eh und je, und ungebrochen ist der Wille, sie zu bewahren. [...] Wir achten die bestehenden Grenzen, doch die Teilung wollen wir überwinden: auf dem Wege friedlicher Verständigung und in Freiheit. Die deutsche Frage bleibt offen, doch ihre Lösung steht zur Zeit nicht auf der Tagesordnung der Weltgeschichte, und wir werden dazu auch das Einver-

ständnis unserer Nachbarn brauchen. [...] Die Menschen in Deutschland leiden unter der Trennung. Sie leiden an einer Mauer, die ihnen buchstäblich im Wege steht und die sie abstößt. Wenn wir abbauen, was Menschen trennt, tragen wir dem unüberhörbaren Verlangen der Deutschen Rechnung: Sie wollen zueinander kommen können, weil sie zusammengehören.«

Das war, auf den Punkt gebracht, eine Zusammenfassung der sozialliberalen und der christliberalen Deutschlandpolitik.

Honecker vermochte nur mit den üblichen Friedensbeteuerungen (»Frieden ist das höchste Gut der Menschheit«) zu antworten.

In seiner Bilanz für das Politbüro liest sich sein Resümee ganz anders:

> Der erste offizielle Besuch des Genossen Erich Honecker in der BRD war ein bedeutender politischer Erfolg für die DDR, ein wichtiges Ergebnis ihrer Politik der Vernunft und des Realismus. [...] Das Stattfinden des Besuches und die durchgesetzte politische und protokollarische Behandlung des Genossen Erich Honecker als Staatsoberhaupt eines anderen souveränen Staates dokumentierten vor aller Welt Unabhängigkeit und Gleichberechtigung beider deutscher Staaten, unterstrichen ihre Souveränität und den völkerrechtlichen Charakter ihrer Beziehung. Damit wurde allen revanchistischen und »innerdeutschen« Bestrebungen ein schwerer Schlag versetzt. Das konnten auch Äußerungen von Kohl und anderen über »Rechtspositionen« und zur »Einheit der Nation« nicht ändern. Es ist bedeutungsvoll, daß gerade eine CDU/CSU-geführte Regierung gezwungen war, dem Besuch und seinem Ablauf in dieser Form zuzustimmen. Sie konnte nicht umhin, den Nachkriegsgegebenheiten in Europa und dem Willen der Mehrheit der BRD-Bevölkerung für Frieden, Entspannung und normale Beziehungen zur DDR Rechnung zu tragen.

Noch in Bonn hatte Honecker für einiges Rätselraten gesorgt, als er andeutete, es werde »der Tag kommen, an dem Grenzen uns nicht mehr trennen, sondern vereinen, so wie uns die Grenze zwischen der Deutschen Demokratischen Republik und der Volksrepublik Polen vereint«. Sicher ist: Er meinte es anders, als die Entwicklung zwei Jahre später ablief. Vor dem Ende seiner Amtszeit mußte er sogar noch die Grenze zu Polen – und zu weiteren östlichen Bruderländern – abdichten, um den Massenexodus seiner Bürger einzudämmen.

Die Politik der kleinen Schritte und der kleinen Mühen ging nach Honeckers Abreise weiter, obwohl sich nun unter dem Einfluß der Reformpolitik Gorbatschows für die Sowjetunion zunehmend innere Probleme der DDR manifestierten. Den DDR-Bürgern blieb die Perestroika im sozialistischen Mutterland ja nicht verborgen; sie erhofften sich vom Tauwetter zwischen den Supermächten und vom gesellschaftlichen Umbau in Gorbatschows Riesenreich eine Liberalisierung daheim. Einige wenige fanden sich in kleinen und kleinsten Zirkeln von Bürgerrechtlern, Liedermachern und Umweltschützern zusammen, um über Veränderungen in ihrem Land zu diskutieren. Andere (sehr viel mehr) hatten sich von Honeckers Westreise Erleichterungen für eigene Westreisen erhofft – vergeblich.

Manfred Stolpe, damals Kontaktmann zwischen Kirche und Staat, nannte die Enttäuschung bei seinen Landsleuten »riesengroß«: »Honecker hatte in Bonn offensichtlich noch nicht einmal den Versuch unternommen, Hilfen für eine dauerhafte und verläßliche Regelung der Übersiedlung von DDR-Deutschen zu erhalten, die es der SED erlaubten, das Gesicht zu wahren und dem Druck der ständig steigenden Zahl von Antragstellern auf Ausreise zu entkommen. Er war auch nicht von sich aus bereit, über den eigenen Schatten zu springen und dafür zu sorgen, daß die gesellschaftliche und berufliche Diskriminierung der Antragsteller aufhörte und daß durchschaubare Kriterien für Erfolg und Bearbeitungszeit solcher Anträge festgelegt wurden. Er hat damit den Untergang seines Staates befördert.«

Zwei Tage nach einem weiteren Treffen der offiziellen Unterhändler Schäuble und Schalck – dabei beklagte der DDR-Mann auch die Deviseneinbußen, die sein Land bei steigender Zahl von Westreisen verkraften müsse – startete die DDR einen harten Kurs. Am Abend des 25. November 1987 besetzte ein Stasi-Trupp die »Umweltbibliothek« in der Ostberliner Zionskirche, beschlagnahmte alle Unterlagen und nahm sieben junge Bürgerrechtler fest. Das war nur zwei Wochen vor dem lange geplanten Gipfel in Washington, wo Reagan und Gorbatschow feierlich das nach jahrelangen Mühen fertiggestellte INF-Abkommen über den Abbau atomarer Mittelstrekkenraketen unterzeichnen wollten – Ende und Ziel der von Kanzler Schmidt eingeleiteten, von Kanzler Kohl durchgesetzten Nachrüstung waren erreicht.
Doch die feierliche Zeremonie, die erstmals eine Zerstörung von Waffen, also eine echte Abrüstung zwischen den Blöcken besiegelte, hatte auf die innenpolitische Szenerie in der DDR keinerlei Auswirkungen. Fünf Wochen später, am 17. Januar 1988, zeigte sich erneut die Härte der DDR-Staatsmacht – und diesmal auch die Stärke der ostdeutschen Widerstandsbewegung. Bei dem jährlichen offiziellen Umzug zur Erinnerung an die Ermordung von Rosa Luxemburg und Karl Liebknecht demonstrierten Bürgerrechtler mit Plakaten wie dem Luxemburg-Text »Freiheit ist immer die Freiheit des Andersdenkenden«. 120 junge Leute wurden verhaftet, 54 des Landes verwiesen – die größte Staatsaktion seit der Ausbürgerung des Liedermachers Wolf Biermann im November 1976. Es war eine Demo mit Folgen:

- Erstmals schaltete sich der Kirchenjurist Stolpe öffentlich als Vermittler in die Auseinandersetzung zwischen staatlichen Instanzen und Widerständlern ein. Sein großes persönliches Engagement, etwa mit Hilfe der Anwälte Wolfgang Vogel, Wolfgang Schnur, Gregor Gysi oder Lothar de Maizière Bürgerrechtlern aus dem staatlichen Gewahrsam in die Freiheit (des Westens) zu verhelfen, wurde von einigen der Betroffenen – etwa Bärbel Bohley oder Freya Klier – als Handlangerdienst zugunsten der SED empfunden: Etliche der Ausgewiesenen wären lieber in der DDR geblieben. Bohley allerdings konnte, wieder mit Stolpes Hilfe, einige Monate später in die DDR zurückkehren.

– Das Ziel der SED, mit der Ausweisung die Unruhe aus dem Land zu verbannen, erfüllte sich nicht. Die Daheimgebliebenen solidarisierten sich in immer neuen Gruppen und Grüppchen – Keimzelle des »Neuen Forum«, das zwei Jahre später immerhin die Teilnahme am »Runden Tisch« und an der DDR-Übergangsregierung durchsetzte.
– Die westdeutsche Politprominenz tat sich schwer, auf das harte Vorgehen des Staatsapparates zu reagieren. Einige Hinterbänkler aus Bonn wurden von ihren Fraktionsspitzen beauftragt, Kontakte zu DDR-Oppositionsgruppen zu schließen und zu pflegen. Doch die Spitzen der Parteien turtelten lieber mit der DDR-Staatsspitze herum: Die DDR galt ja inzwischen auch im Westen als gesichertes Staatswesen, deren Repräsentanten mit allzu kritischen Nachfragen zur Sache der Menschenrechte nur verärgert worden wären. Das galt für die SPD, die mit der SED (1987) monatelang über ein gemeinsames Papier (»Der Streit der Ideologien und die gemeinsame Sicherheit«) verhandelt hatte, und das galt mindestens genauso für Wolfgang Schäuble, der den Protokollen zufolge in seinen häufigen Begegnungen und Gesprächen mit Schalck die Anliegen der Minderheit niemals ernsthaft vorbrachte. Auch er unterschätzte die Bedeutung der Bürgerrechtler – und noch mehr die Durchschlagskraft ihrer Argumente.

Schäuble hatte die Elbgrenze oder die Transitpauschale im Sinn, während die DDR-Opposition an Meinungsfreiheit und Reiseregelungen dachte. Dem Bonner Unterhändler ging es nicht um die Wiedervereinigung, aber um so praktische Fragen wie Transitverkehr oder Grenzübergänge, um gemeinsamen Umweltschutz und bessere Bahnverbindungen.

Das ist den Beteiligten heute nicht besserwisserisch vorzuhalten, allenfalls dann, wenn sie im politischen Meinungsstreit der jeweils anderen Partei allzu große Willfährigkeit gegenüber Honecker oder anderen SED-Gesprächspartnern vorwerfen. Niemand unter den politischen Größen in Bonn (oder sonstwo) vermochte die Entwicklung vorauszusehen.
Im Rückblick wirken die Bemühungen mancher Akteure, so zu tun, als hätten sie die friedliche Revolution – und dazu die Wiederherstellung der Einheit – vorausgeahnt, verkrampft bis komisch. Während der DDR bereits Zehntausende von Bürgern davonliefen, suchten beispielsweise führende Christdemokraten, angetrieben vom Noch-Generalsekretär und Kohl-Kritiker Heiner Geißler, für Anfang September den Aufstand gegen Partei- und Regierungschef Kohl. Das hätte, im Erfolgsfall, zwei Monate vor dem Fall der Mauer einen Kanzler Späth zur Folge gehabt.
Es hätte auch schon seit April 1989 eine veritable Regierungskrise oder eine CDU/CSU-Minderheitsregierung geben können, wenn Kohl und die Union nicht noch im letzten Moment ein Ultimatum von FDP-Außenminister Genscher erfüllt hätten. Gorbatschows neuen Vorschlag, nun nach den Atomwaffen großer und mittlerer Reichweite auch die Kurzstreckenwaffen abzurüsten, wollte der neue US-Präsident George Bush keinesfalls akzeptieren, weil diese Systeme aus seiner Sicht zur Stabilität in der Welt beitrügen. Genscher forderte – gegen die amerikanischen Vorstellungen und gegen die Mehrheitsmeinung der Union – auch für diese Waffen eine Null-Lösung und drohte für den Fall, daß die Regierung auf dem Nato-Gipfel Ende Mai anders votiere, einen Auszug aller FDP-Minister aus dem Kabinett an – was das Ende der Koalition bedeutet hätte.
Ein seltenes Bündnis in Bonn: Die Liberalen und der rechtskonservative CDU/CSU-Fraktionschef Alfred Dregger machten gemeinsam Front gegen den Bündnispartner in Washington. Dregger war von der Sorge erfüllt, daß die Abrüstung für beide deutschen Staaten zu wenig konkrete Folgen hätte,

wenn sich die Supermächte entlang der innerdeutschen Grenze weiterhin mit Kurzstreckenwaffen bedrohten. Dreggers Mahnung: »Je kürzer die Reichweite, desto toter die Deutschen.«

Um seine Regierung zu retten, gab Kohl nach; damals verharrte er auf einem Tiefpunkt seines Ansehens. Die FDP blieb an Bord; der Putsch von Albrecht, Späth und Geißler scheiterte schon im Ansatz – Kohl konnte, wie durch Zufall, Kanzler der Einheit werden. Auch er hatte keine besondere Vorstellung davon, was sich in den nächsten Wochen und Monaten ereignen würde. Die Einheit der Nation war, in den Worten des früheren Ständigen Vertreters in Ostberlin, Günter Gaus, ein »Wille ohne Vorstellung«, ein Ziel ohne Plan.

Daß er über viele kleine Schritte planlos, aber zielsicher erreicht wurde, ist – auf westlicher Seite – ein Verdienst nicht nur der sozialliberalen, sondern auch der christliberalen Koalition.

IX.

Zeit der Einigung Die DDR bröckelt und fällt

Für das, was um den 7. Oktober 1989, dem 40. und letzten Jahrestag der DDR, begann und ein Jahr später, am 3. Oktober 1990, dem Tag der Einheit, endete – sofern es überhaupt beendet und bewältigt ist –, fehlen große Worte nicht. Sie reichen vom (Bürger-)»Wort des Jahres 1989« (»Wahnsinn«) über die von Egon Krenz gelieferte Bezeichnung »Wende« bis zum weithin anerkannten Begriff der »friedlichen Revolution«. Friedlich war die Wende ohne Zweifel – aber war es auch eine Revolution?

Selten in der Weltgeschichte wurde ein diktatorisches Regime so schnell, so unblutig und so spurlos von der Macht gefegt. Wer spielt den Helden auf welcher Bastille? Es bieten sich an die ostdeutsche Jeanne d'Arc, Bärbel Bohley, der westdeutsche Marquise-Posa, Helmut Kohl, auch der sowjetische Reformator Michail Gorbatschow, den Hans Magnus Enzensberger zutreffend zu den »Helden des Rückzugs« zählte. Auch das Volk mag mithalten, das sich plötzlich seiner Macht besinnt, um sie ähnlich schnell – diesmal an demokratische Instanzen – wieder abzutreten.

Doch die Angebote haben vor der Geschichte keinen Bestand; zu verwoben und voneinander abhängig sind die Beziehungen der Akteure. Fest stehen nur das Faktum – es war ein Kampf gegen die eigene Angst; der Auslöser – Gorbatschow; der Vollstrecker – Ungarns Außenminister Gyula Horn; der

Notar, der den Weg rechtlich absicherte – Wolfgang Schäuble; der Verlierer – Honeckers Regime; der Gewinner – Freiheit fürs Volk. Schäuble, der dies durchaus begrüßte: »Es war eine unvollendete, keine richtige Revolution.«
Jens Reich hat recht: Es war eine »Revolution in den Köpfen«.
Es gab keine treibende Kraft. Nichts wurde von Anbeginn an geplant. Es hat sich halt so ereignet. Man rutschte hinein. Die Staatsmacht blutete aus, vertrocknete.
Das Siechtum der DDR begann, nachdem die Gerontokratie in Moskau als Ersatz für die frühen Todesfälle der Partei- und Staatschefs Andropow (1984) und Tschernenko (1985) von dem höchst agilen Michail Gorbatschow abgelöst worden war. Er erkannte als erster sowjetischer Staatsmann den Geist der Zeit, der sich zehn Jahre zuvor, bei der Unterzeichnung der KSZE-Schlußakte in Helsinki 1975, schon einmal kurz der Weltöffentlichkeit gezeigt hatte. Und er erkannte – wenn auch zu seiner persönlichen Tragik nur teilweise – die Grenzen der kommunistischen Ideologie und die Vorzüge der Freiheit für Wirtschafts- wie für Staatsbürger. Er paßte nicht ins Klischee. Das lag daran, daß sich dank ihm die Klischees der bipolaren Welt zur Verblüffung der anderen Akteure gerade verflüchtigten.
Er traf sich jener Präsident der »Macht des Bösen«, wie der eingefleischte Antikommunist Ronald Reagan die Sowjetunion zu nennen beliebte, im Oktober 1986 mit dem US-Präsidenten in Reykjavik und bot dem entgeisterten Gegenüber Abrüstungsschritte an unter dem Motto: »Darf's ein bißchen mehr sein?« Er holte seine – sieglosen – Truppen aus Afghanistan zurück, deren Einmarsch Ende 1979 die Beziehungen zwischen den Blöcken vereist hatte. Er gab ausdrücklich und vor aller Öffentlichkeit – nämlich vor der UNO im Dezember 1988 – den Weltbeherrscheranspruch auf, den die gleichnamige Doktrin seines Amtsvorvorgängers Leonid Breschnew zum Inhalt hatte. Statt dessen sprach er vom Prinzip der »freien Entscheidung« für souveräne und eben auch sozialistische

Staaten. Zwei Monate vorher hatte er seinem Gast Helmut Kohl in Moskau auf dessen Bemerken, die deutsche Frage sei offen, noch ausweichend unter Hinweis auf den »Fahrplan der Geschichte« geantwortet. Jetzt meldete er sich als Fahrdienstleiter zur Stelle. Schon beim Gegenbesuch in Bonn im folgenden Juni (1989) unterschrieb der sowjetische Präsident in einer gemeinsamen Erklärung ohne langes Zögern fundamentale Prinzipien des Völkerrechts, die der Westen dem Osten jahrzehntelang vergebens abverlangt hatte – so »das Recht aller Völker und Staaten, ihr Schicksal frei zu bestimmen«, so die »uneingeschränkte Achtung der Integrität und der Sicherheit jedes Staates. Jeder hat das eigene Recht, das eigene politische und soziale System frei zu wählen« – kurz: »Die uneingeschränkte Achtung des Selbstbestimmungsrechts der Völker«.

Das war, indirekt und nur wenige Wochen nach der massiv verfälschten Kommunalwahl in der DDR (7. Mai), eine Aufforderung zu freien Wahlen im westlichen Sinne und ein Tiefschlag für die SED-Genossen in Ostberlin. Der Anspruch, der Sozialismus habe die führende Rolle in der Welt, schien einfach davonzuflattern – verscheucht auch noch von der ideologischen Vormacht, dem bisherigen Garanten der Weltordnung.

Da reagierten die DDR-Sozialisten extra trotzig. Am Tag vor der Kommunalwahl etwa erschien das Zentralorgan *Neues Deutschland* mit dem – heute nur noch lächerlich klingenden – Credo: »Die Antikommunisten haben immer unrecht, wir, die Kommunisten, haben trotz mancher Fehler und Niederlagen immer recht!«

Und als die chinesischen Brüder im Geiste Anfang Juni auf dem Pekinger Platz des Himmlischen Friedens einige hundert Bürgerrechtler, das Herz einer Demokratiebewegung, abschlachten ließen, rechtfertigte Honeckers Kronprinz Egon Krenz das Massaker – es klang wie eine Drohung an die eigenen Bürgerrechtler und Widerspenstigen, die dies auch ahnungsvoll als Beispiel für eine tödliche »chinesische Lösung« in der DDR werteten.

Konkrete Gefahr für das Ostberliner Regime hatte sich schon am 2. Mai in einer wesentlich geringeren Entfernung zusammengebraut: Unter den Scheinwerfern einer erstaunten West-Öffentlichkeit hatten die Außenminister Österreichs und Ungarns, Alois Mock und Gyula Horn, an der gemeinsamen Grenze den Stacheldrahtzaun symbolisch zerschnitten und damit den Eisernen Vorhang ein Stück gelupft. Allerdings bauten die Herrscher des SED-Staats darauf, daß die Ungarn das Zusatzprotokoll zum Abkommen über den visafreien Grenzverkehr von 1969 weiter respektierten. Darin hatten sich die Bruderländer verpflichtet, »Bürger des anderen Staates nicht nach dritten Staaten, für die die Reisedokumente keine Gültigkeit haben«, ausreisen zu lassen.
Das galt bis zum 19. August. An diesem Tag veranstalteten österreichische und ungarische Europafreunde im Grenzland ein gemeinsames »Paneuropa-Picknick«. 900 DDR-Bürger, die in Ungarn Urlaub gemacht oder auf eine günstige Gelegenheit gewartet hatten, wechselten ohne Kontrolle durch ein offenes Grenztor nach Westen; schon vorher waren illegal einige tausend Landsleute im Schutz der Dunkelheit über die grüne Grenze nach Österreich marschiert. 75 Erwachsene und 29 Kinder, die Wochen zuvor in der westdeutschen Vertretung in Budapest Zuflucht gesucht hatten und denen der Fußmarsch durchs Grenzgebiet zu beschwerlich war, wurden in der folgenden Woche nach Verhandlungen zwischen Bonn und Budapest mit einer Chartermaschine nach Wien ausgeflogen. Am 25. August – mithin nur wenige Tage vor dem Bremer CDU-Parteitag, wo die einschlägig bekannten Kohl-Kritiker eine Revolte gegen den CDU-Vorsitzenden anzetteln wollten – trafen sich Ungarns Ministerpräsident Miklos Nemeth und sein Außenminister Horn heimlich mit Kohl und Genscher auf Schloß Gymnich bei Bonn. Thema: Wie können sich Deutsche und Ungarn gegenseitig helfen? Antwort: Indem Ungarn die DDR-Bürger in den Westen ziehen läßt und die Bundesrepublik Devisenkredite über eine Milliarde Mark zum Aufbau der ungarischen Wirtschaft lockermacht.

Seitdem stand Ungarns Grenze für Flüchtlinge offen. 25 000 kamen bis Ende September. Sie trafen in Westdeutschland auf jene – etwa 100 000 – legalen Übersiedler, denen die DDR-Behörden in jenem Jahr bis dahin die Ausreise erlaubt hatten. »Ein Staat auf Rädern«, befand Altkanzler Willy Brandt.
In jenem September ging es in Westdeutschland zu wie in einem Notstandsgebiet. Per Hubschrauber suchten Regierungsbeamte Quartiere. Kasernen wurden umgewidmet, Turnhallen mit Betten möbliert, leerstehende Wohnungen beschlagnahmt, Sonderzüge requiriert. Derweil füllten sich auch in Prag, Warschau und Ostberlin Bonns Vertretungen mit Bürgern, die ihrem Staat Adieu gesagt hatten. Eine Lawine schwoll an von Menschen, die sich nicht zum Gehen verabredet hatten, aber fürchteten, mit Bleiben etwas zu versäumen. Als Brandt im Bundestag zum 50. Jahrestag des Weltkrieg-II-Beginns sprach, hatte er die sich selbst verstärkende Dynamik erkannt: »Ich will offen meinem Empfinden Ausdruck geben, daß eine Zeit zu Ende geht.«
Sie raste schneller zum Ende hin als gedacht. Vom vielhundertfachen Freudenschrei der (damals 5000) Botschaftsbesetzer in Prag, denen Außenminister Genscher am 30. September vom Balkon des Palais Lobkowitz aus die Ausreise per Zug nach Westdeutschland ankündigte, bis zur Maueröffnung verblieben nur noch weniger als sechs Wochen. Und bis zum 31. Dezember verließen 343 854 DDR-Bürger ihren absterbenden Staat; das waren innert zwölf Monaten zwei Prozent aller Staatsbürger.
Kohl und seine Regierung beschränkten sich zunächst aufs Reagieren und auf die Organisation der Flüchtlingsströme. Was auch hätten sie sonst tun können? Kanzleramtschef Rudolf Seiters warnte davor, es gehe nicht an, die »DDR zu entvölkern«. Der Staatssekretär im innerdeutschen Ministerium, Walter Priesnitz, mahnte im gleichen Sinne: »Die Wiedervereinigung darf nicht in der Bundesrepublik stattfinden.« Die beiden hatten gut reden. Aber dazu gehörte auch das Wort, das das nächste Jahr beherrschte.

Zeitgleich spiegelten die Leipziger Montagsdemonstrationen, die spontan nach dem – schon seit 1981 stattfindenden – wöchentlichen Friedensgebet in der Nikolai-Kirche entstanden waren, die Stimmung unter den Bürgern wider. Überall im Lande hatten sich Basisgruppen, Bürgerrechtler, ökologisch Interessierte und Friedensinitiativen zusammengefunden – immer unbekümmerter gegenüber der Staatsmacht, die derlei nur noch registrierte, aber nicht mehr unterband. Natürlich wurde der Antrag auf Zulassung des »Neuen Forum«, des Dachverbandes aller oppositionellen Gruppen, von der Obrigkeit noch am 21. September abgelehnt; natürlich wurde die Sozialdemokratische Partei (SDP) noch geheim und illegal (am 7. Oktober) wiedergegründet; natürlich waren die beklemmenden Montagsmärsche über den Leipziger Ring nicht genehmigt und deshalb von knisternder Spannung erfüllt, ob sich der Staat Repressalien noch zutraue.
Der Staat, in Gestalt des damals 81jährigen Staatssicherheitsministers Erich Mielke, hatte inzwischen die allüberall schwelende Unruhe von seinen allgegenwärtigen Spähern, den gut 130 000 informellen Mitarbeitern der Stasi, registrieren lassen. Am 22. September schickte Mielke Kollegen aus dem Politbüro eine durchaus zutreffende Analyse der Stimmung im Lande:

> Vorliegenden Informationen zufolge äußern sich zahlreiche, vor allem langjährige Parteimitglieder sehr besorgt über die gegenwärtige allgemeine Stimmungslage unter großen Teilen der Werktätigen, besonders in den Betrieben, teilweise verbunden mit ernsten Befürchtungen hinsichtlich der weiteren Erhaltung der politischen Stabilität der DDR. Sie begründen diese Haltung insbesondere mit solchen persönlich getroffenen Feststellungen im Arbeits-, Wohn- und Freizeitbereich wie
>
> – der erheblichen Zunahme von durch Unwillen und Unzufriedenheit gekennzeichneten, in immer aggressi-

verem Ton geführten Diskusssionen im Zusammenhang mit der Versorgungslage und der Lage im Dienstleistungsbereich, der Lohn-Preis-Politik, der materiell-technischen Sicherstellung der Produktion,

- zunehmenden Erscheinungen von Passivität und Gleichgültigkeit unter Werktätigen gegenüber dem politischen und gesellschaftlichen Leben in der DDR insgesamt und im Territorium,
- dem weiteren Rückgang von Arbeitsdisziplin und Leistungsbereitschaft,
- der erheblichen Zunahme von Erscheinungen des Spekulantentums und der Korruption.

Die Praxis zeige, daß auch zahlreiche Parteimitglieder mit derartigen Auffassungen und Verhaltensweisen in Erscheinung treten und sich damit kaum noch von Parteilosen unterscheiden. In diesem Zusammenhang wiesen Mitglieder und Funktionäre der SED wiederholt darauf hin, daß Diskussionsinhalte von Werktätigen zu den vorgenannten Problemen in wachsendem Maße die Tendenz erkennen lassen, die Partei- und Staatsführung für die entstandene Lage verantwortlich zu machen, ihr, vor allem unter dem Hinweis auf die altersmäßige Zusammensetzung, die Fähigkeit abzusprechen, die vielfältigen Probleme zu lösen.
Unter Bezugnahme auf Feststellungen über die Stimmungslage unter den Werktätigen, auf den drastischen Anstieg der Ausreisebestrebungen bzw. die »Massenfluchten« von DDR-Bürgern in die BRD und nach Westberlin, aber auch unter Hinweis auf die sich häufenden Austritte bzw. angekündigten Austrittserklärungen aus der SED, schlußfolgern SED-Mitglieder und andere progressive Kräfte, es zeichne sich ein wachsender Vertrauensschwund zwischen Volk und Partei ab.

Am 25. September skandierten 5000 Leipziger Demonstranten den Protestruf »Wir wollen raus«. Eine Woche später war der

Slogan ungleich schärfer, war gegen die eigene Regierung gerichtet: »Wir bleiben hier!« Wieder eine Woche, die entscheidende Woche später, war der Strom der Protestierenden (»Wir sind das Volk«, riefen sie jetzt) auf 100 000 angewachsen – trotz und wegen der allseits hörbaren Parolen, an diesem Tag werde der sozialistische Staat seine ganze Härte zeigen.
Die Demonstranten erwarteten ein energisches Eingreifen auch deshalb, weil die SED-Herren wenige Tage zuvor in Dresden noch brutale Stärke – und zugleich ihre ganze Ratlosigkeit – demonstriert hatten. Aus unerfindlichen Gründen bestand der erst Ende September von einem längeren Genesungsurlaub in den Dienst zurückgekehrte Erich Honecker darauf, daß die Flüchtlingszüge aus Prag, statt direkt nach Bayern zu fahren, DDR-Territorium zu passieren hätten; nur seine ursprüngliche Zusage, die Bonner Minister Genscher und Seiters dürften den Zug, als Garanten für freie Fahrt, begleiten, zog Honecker kurz zuvor wieder zurück. Die Nachricht von der Durchfahrt der Transitzüge lockte in Dresden am Abend des 4. Oktober Tausende auf den Hauptbahnhof, wo etliche auf die Züge aufspringen wollten. Der Staat griff durch: Die Volkspolizei setzte Wasserwerfer und Knüppel ein; Demonstranten warfen Pflastersteine; Verletzte irrten durch die Straßen. In jener Stadt, dem damaligen »Tal der Ahnungslosen«, das westliche Fernsehsender nicht erreichen konnten, wuchs eine bürgerkriegsähnliche Stimmung. Bürgerrechtler meldeten bei SED-Oberbürgermeister Wolfgang Berghofer Protestdemonstrationen für die nächsten Tage und für, ausgerechnet, den 7. Oktober an, den 40. Jubeltag des Staates, für den sich Gäste aus aller Welt angesagt hatten. Trotz Berghofers Ablehnung zogen die Protestler durch die Prager Straße, das realsozialistische Einkaufsparadies. Wieder kam es zur Schlacht mit den Ordnungskräften – wie an diesem Tag auch anderswo, in Berlin, Leipzig, Plauen, Jena, Magdeburg, Karl-Marx-Stadt oder Potsdam.
Und während am Rande der offiziellen Jubelfeier in Berlin der Staatsbesucher Gorbatschow zu Gastgeber Honecker den jetzt

geflügelten Satz: »Wer zu spät kommt, den bestraft das Leben« sprach, nahmen beherzte Bürger erst in Dresden, tags darauf in Leipzig selbst ihr Leben und ihre Zukunft in die Hand.
In Dresden verhandelten der evangelische Superintendent Christof Ziemer und sein katholischer Kollege von der Hofkirche, Kaplan Richter, als Sprecher einer (Bürger-)»Gruppe der 20« mit Berghofer und der Polizei über ein Ende von Gewalt und Blutvergießen. Sie hatten Erfolg: Für Sonntag, den 8. Oktober, wurde offiziell eine Protestdemonstration zugelassen, ohne polizeiliche Präsenz und Übergriffe. Die Staatsmacht wich zurück.
Das gleiche Bild, von heimlich postierten TV-Kameras in den Westen gesendet, anderntags in Leipzig. Honecker behauptete später in einem Interview, er habe dem Leipziger Dirigenten Kurt Masur am Telefon persönlich einen von der Polizei unbehelligten Ablauf zugesagt; doch dann strich er die Angabe wieder aus dem Text. Tatsächlich waren an jenem Tag Betriebskampfgruppen aus dem Vogtland mit schweren Waffen in Leipziger Vororte eingerückt, wo sie auf den Einsatzbefehl warteten. Ärzte und Krankenschwestern waren zu Spät- und Nachtschichten zwangsverpflichtet, ganze Krankenhausstationen für Notaufnahmen geräumt, zusätzliche Blutkonserven beschafft. Auch Krenz brüstete sich später, er persönlich habe ein Blutbad verhindert. Dabei war es wohl eher so, daß der über die Leipziger Stadtlautsprecheranlage (»Stadtfunk«) immer wiederholte Aufruf von Masur, dem Pfarrer Peter Zimmermann und dem Kabarettisten Bernd Lutz Lange, dem sich immerhin die drei örtlichen SED-Funktionäre Kurt Meier, Jochen Pommert und Roland Wötzel angeschlossen hatten, für Frieden sorgte: »Wir alle brauchen freien Meinungsaustausch über die Weiterführung des Sozialismus in unserem Land. Deshalb versprechen die genannten Leute allen Bürgern, ihre ganze Kraft und Autorität dafür einzusetzen, daß dieser Dialog nicht nur im Bezirk Leipzig, sondern auch mit unserer Regierung geführt wird. Wir bitten Sie dringend um Besonnenheit, damit der friedliche Dialog möglich wird.« Und siehe: Kein

Verantwortlicher mochte Verantwortung für Gewalt übernehmen. Die Staatsmacht schmolz dahin.
Aber selbst das Austrocknen von Autorität braucht seine Zeit. Das Politbüro, eigentliche Zentralinstanz des Staates, das üblicherweise dienstags für einige Stunden konferiert, vertagt sich erst auf Mittwoch und dann auf die folgende Woche; eine Entscheidung scheint noch nicht reif. Während die »Gruppe der 20« in Dresden ihre Lokalbezogenheit aufgibt, »Reisefreiheit« und »freie Wahlen« fordert, verkündet das Innenministerium eine Einschränkung der Reisemöglichkeiten in die ČSSR. Vom 18. Oktober an verschwinden endlich die alten Repräsentanten des Staates: Honecker gibt seinen Rücktritt bekannt und empfiehlt Krenz als Nachfolger. Keine sieben Wochen später folgt der seinem großen Vorbild in den Ruhestand.
Eigentlich hatte sich Erich Honecker auf dem XII. Parteitag, den die SED noch im Sommer 1989 für Mai 1990 einberufen hatte, wieder in seinem Amt bestätigen lassen wollen; mit Erneuerung, Verjüngung, Liberalisierung hatten die alten Männer der SED nichts im Sinn. Auch Honecker zeigte ja bis zu seinem Tod 1994 in Chile keine Spur irgendeiner Einsicht, sondern sah sich als Opfer eines grandiosen Komplotts – zu dem die Weltgeschichte allerdings selten wirklich fähig ist: »Mein Sturz als Partei- und Staatschef war das Ergebnis eines großangelegten Manövers, deren Drahtzieher sich noch im Hintergrund halten. Diejenigen, die sich heute mit dieser Tat brüsten, sind dagegen kleine Lichter. Hier handelt es sich um große Vorgänge, die nicht von heute auf morgen eintraten, sondern um langfristig angelegte Veränderungen auf der europäischen Bühne, ja auf der Weltbühne.«
Wie sehr das Politbüro immer noch an die Gefahr durch den Klassenfeind glaubte, zeigt ja auch der Beschluß, nur Honekker, seinen so unfähigen wie kranken Wirtschaftsmanager Mittag und den Chefpropagandisten Joachim Herrmann zu entlassen, ihnen aber nicht den Stasi-Minister Erich Mielke in den Ruhestand nachzuschicken. Drei Tage nach dem Sturz

seines alten Kumpels Honecker referierte Mielke vor seinen engsten Mitarbeitern die neue Lage scharfsichtig und zutreffend: »Ohne Sowjetunion gab und gibt es keine DDR. [...] Auf der neunten Tagung des Zentralkomitees wurde von der realen Lage ausgegangen – auch wenn das nicht so klar ausgesprochen wurde –, daß die DDR sich in einer Welt entwickelt, wie sie heute ist, nicht wie wir sie uns wünschen. Alles, was wir tun und was wir vorhaben, muß sich unter Beachtung der Entwicklungen in den anderen sozialistischen Ländern, besonders in der Sowjetunion [...] vollziehen. Davon können wir uns nicht abkapseln. Und schon gar nicht können wir uns leisten, auf Distanz zur Sowjetunion zu gehen.«

Honeckers Nachfolger waren ebenso ratlos. Kanzler Kohl tauschte in einem Telefonat mit Krenz (am 26. Oktober) einige nichtssagende freundliche Floskeln aus, während Krenz die Anerkennung der DDR-Staatsbürgerschaft forderte. Das war ein Gedanke, dem Kohl noch niemals nahegetreten war; doch Krenz glaubte, daß nur so der Flüchtlingsstrom gestoppt werden könne – allerdings hätte die Bundesrepublik Flüchtlinge dann zurückschicken müssen. Kohl entsandte seinen Kanzleramtschef Seiters nach Ostberlin; aber es war allseits spürbar, daß auch Krenz zu spät kam und seine Strafe schon kannte.

Auch die Politbürokraten wußten nicht, wie sie ihren Staat ohne Rückhalt aus Moskau in desolater wirtschaftlicher und desaströser innenpolitischer Lage regieren oder retten sollten. Deshalb schafften sie sich ab; das Politbüro trat am 8. November, einen Tag nach dem DDR-Ministerrat, geschlossen zurück. Die Staatsmacht meldete sich ab, auch unter dem Eindruck der gewaltigsten Demonstration, die bis dahin und seitdem in Ostdeutschland zusammengeströmt war: Gut eine halbe Million Menschen forderten auf dem Berliner Alexanderplatz innere Reformen, aber nicht etwa die Wiedervereinigung; sie verlangten Reisefreiheit – nicht etwa den Fall der Mauer.

Der kam stiekum, wie unbeabsichtigt, fünf Tage später.

In der Zwischenzeit hatten die Massendemonstrationen auf

die gesamte DDR übergegriffen. Wer nicht demonstrierte, verließ das Land. Am 4. und 5. November kamen 15 000 Flüchtlinge allein über die ČSSR nach Bayern. In der Botschaft Bonns in Prag warteten schon wieder 4000 auf Ausreise. Übers Fernsehen behauptete Krenz (am 3. November): »Die politische Wende, die wir eingeleitet haben, erfaßt inzwischen alle Bereiche unserer Gesellschaft.« Das war glatt gelogen. Anderentags antwortete ihm die Schriftstellerin Christa Wolf auf dem Alex: »Mit dem Wort Wende habe ich meine Schwierigkeiten.« Und: »Was bisher so schwer auszusprechen war, geht auf einmal frei von den Lippen [...]: Demokratie jetzt oder nie!«
Das lauthals angekündigte neue Reisegesetz, am 6. November veröffentlicht, stellt die Bürgermehrheit nicht zufrieden. Selbst der Verfassungs- und Rechtsausschuß der Volkskammer, ein bis dahin unscheinbares Gremium, lehnt den Entwurf am 7. November ab: Zwar soll jeder Bürger Reisefreiheit erhalten, doch gibt es hohe bürokratische Hürden – Reisende brauchen Paß und Ausreisevisum für 30 Tage. Der Flüchtlingsstrom schwillt weiter an. Am 8. November verlassen 10 000 Bürger ihr Land.
Es ist die Unklarheit, die Unzufriedenheit mit dem neuen Reisegesetz, die jene merkwürdige Pressekonferenz erklärt, zu der Günter Schabowski, Mitglied des neuen, drastisch verkleinerten Politbüros, am Abend des 9. November einlädt. Es kribbelt im ganzen Land. Schabowskis seltsamer Auftritt – nach einigen belanglosen Mitteilungen – wird original im DDR-Fernsehen übertragen – und teilweise live in der »heute«-Sendung des ZDF, dessen Redaktion Schabowskis Gestammel weder sich noch den Zuschauern erklären kann:

> »Allerdings ist heute, soviel ich weiß, eine [Pause] Entscheidung getroffen worden. Es ist eine Empfehlung des Politbüros aufgegriffen worden, daß man aus dem Entwurf des Reisegesetzes den Passus herausnimmt und in Kraft treten läßt, der ständig, wie man so schön sagt, die ständige

Ausreise regelt, also das Verlassen der Republik. Weil wir es für einen unmöglichen Zustand halten, daß sich diese Bewegung vollzieht über einen befreundeten Staat, was ja auch für diesen Staat nicht ganz einfach ist. Und deshalb haben wir uns dazu entschlossen, heute eine Regelung zu treffen, die es jedem Bürger der DDR möglich macht, über Grenzübergangspunkte der DDR auszureisen.«

Verwirrung, Fragen: »Ab sofort? Nur mit Paß?«

Schabowski: »Also, Genossen, es ist mir also mitgeteilt worden, daß eine solche Mitteilung heute schon verbreitet worden ist. Sie müßte eigentlich in Ihrem Besitz sein. Also, Privatreisen nach dem Ausland können ohne Vorliegen von Voraussetzungen, Reiseanlässen und Verwandtschaftsverhältnissen beantragt werden. Die Genehmigungen werden kurzfristig erteilt. Zuständige Abteilungen Paß- und Meldewesen der VP – der Volkspolizeikreisämter in der DDR – sind angewiesen, Visa zur ständigen Ausreise unverzüglich zu erteilen, ohne daß dafür noch geltende Voraussetzungen für eine ständige Ausreise vorliegen müssen. Ständige Ausreisen können über alle Grenzübergangsstellen der DDR zur BRD erfolgen. Damit entfällt die vorübergehend ermöglichte Erteilung von entsprechenden Genehmigungen in Auslandsvertretungen.«

Frage: »Und wann?«

Schabowski: »Und die ständige Ausreise aus der DDR über Drittstaaten. Die Paßfrage kann ich jetzt nicht beantworten. Das ist auch eine technische Frage. Ich weiß ja nicht, die Pässe, Pässe müssen ja, damit jeder in den Besitz eines Passes [Pause] nun überhaupt erst mal ausgegeben werden. Wir wollten aber erst einmal ...«

Verwirrung. Frage: »Wann tritt das in Kraft?«

Schabowski: »Das tritt nach meiner Kenntnis ... ist das sofort. Unverzüglich.«

Frage: »Gilt das auch für Westberlin?«

Schabowski: »Wie die Presseabteilung des Ministeriums mitteilt, hat der Ministerrat beschlossen, daß bis zum In-

krafttreten einer entsprechenden gesetzlichen Regelung durch die Volkskammer diese Übergangsregelung in Kraft gesetzt wird.«
Frage: »Gilt das auch für Westberlin?«
Schabowski: »Also, doch. Doch. Ständige Ausreisen können über alle Grenzübergangsstellen der DDR zur BRD beziehungsweise Berlin-West erfolgen.«
Frage: »Heißt das, daß ab sofort die DDR-Bürger durch die Tschechoslowakei oder Polen nicht ausreisen dürfen?«
Schabowski: »Nein, das ist darin überhaupt nicht formuliert. Sondern wir hoffen, daß sich auf diese Weise die Bewegung selbst reguliert. In dem Sinne, wie wir das erstreben.« Verwirrung. Fragen unverständlich.
Schabowski: »Ich habe nichts Gegenteiliges gehört.«
Verwirrung. Fragen unverständlich.
Schabowski: »Ich habe nichts Gegenteiliges gehört.«
Verwirrung. Fragen unverständlich.
Schabowski: »Ich, ja, ich habe nichts Gegenteiliges gehört. Ich drücke mich nur so vorsichtig aus, weil ich nun in dieser Frage nicht, also, ständig auf dem laufenden bin. Sondern, kurz bevor ich hier rübergegangen bin, ich diese Information in die Hand gedrückt bekam.«
Frage: »Herr Schabowski, was wird mit der Berliner Mauer jetzt geschehen?«
Schabowski: »Ich werde darauf aufmerksam gemacht, daß es schon neunzehn Uhr ist. Das ist die letzte Frage, haben Sie Verständnis dafür. Was wird mit der Berliner Mauer? Es sind dazu schon Auskünfte gegeben worden im Zusammenhang mit der Reisetätigkeit. Die Frage, die Frage des Reisens, die Durchlässigkeit also der Mauer von unserer Seite beantwortet noch nicht und ausschließlich die Frage nach dem Sinn, also dieser, ich sage es mal so, befestigten Staatsgrenze der DDR. Wir haben immer gesagt, daß dafür noch einige andere Faktoren mit in Betracht gezogen werden müssen. Und die betreffen den Komplex von Fragen, den Genosse Krenz in seinem Referat in Hinsicht auf die Bezie-

hungen zwischen der DDR und der BRD geäußert hat, in Hinsicht auf die Notwendigkeit, den Friedenssicherungsprozeß mit neuen Initiativen fortzusetzen. Und sicherlich wird die Debatte über diese Fragen positiv beeinflußt werden können, wenn sich auch die BRD, wenn sich die Nato zu Abrüstungsschritten entschließt und sie durchsetzt. So oder ähnlich, wie das die DDR und andere sozialistische Staaten schon mit bestimmten Vorleistungen getan haben. Herzlichen Dank.«

So oder ähnlich. Der Wortlaut enthielt wahrlich keine Maueröffnung. Die Ratlosigkeit, die die Staatsführung zu jener Zeit erkennen ließ, übertrug sich nun auf die Bürger: Was hatte er gesagt? Was hatte er überhaupt sagen wollen?
Jedenfalls fuhren erst Dutzende, dann Hunderte, dann Tausende in Ostberlin an die Mauer, um den rätselhaften Sinn zu ergründen. Erst ließen die Grenzer niemanden durch, dann im Getümmel die ersten, schließlich alle. Und seitdem kokettieren etliche mit dem Anspruch, jeweils ihm komme das historische Verdienst zu – Schabowski etwa oder Krenz oder der diensttuende Chef der Grenztruppen oder sein Vorgesetzter im DDR-Innenministerium oder deren Stasi-Führungsoffizier.
Nichts von alldem. Hans Modrow, damals schon der designierte Ministerpräsident, hat recht: »Keiner sollte heute noch versuchen, sich als Held der Maueröffnung aufzuspielen; es gab ihn nicht.« Es gab keinen Drahtzieher, keine ordnende Hand. Es hat sich halt so ereignet. Die Angst der Bürger war ersetzt durch ein trotziges »Denen-wollen-wir's-jetzt-mal-zeigen-Gefühl«: Sie nahmen sich das ersehnte Recht auf Reisefreiheit ohne bürokratische Umstände; und die Angehörigen des Apparats, also der Grenzbehörden, waren an jenem Abend so ratlos wie die TV-Konsumenten im Land. In Bonn unterbrach der Bundestag seine spätabendliche Haushaltsdebatte, um sich Klarheit über welthistorische Unklarheiten zu verschaffen. Dann erhoben sich die Abgeordneten von den

Plätzen und sangen ergriffen das Deutschlandlied. Sie ahnten wenigstens etwas, sahen jedenfalls die Vorkommnisse im Fernsehen, das die Lage und das Gedränge an den Grenzen bis in die frühen Morgenstunden und ab sechs Uhr wieder in Sondersendungen live übertrug.
Kanzler Kohl, der an diesem Abend zu einer offiziellen Visite in Polen eingetroffen war, unterbrach seinen Aufenthalt tags darauf für einen hilflos anmutenden Abstecher vor das Schöneberger Rathaus. In seinen Worten formuliert: Dies war nicht die Stunde der Politik, nicht die Stunde der Politiker. Dies war die Zeit der Freude und des Wiedersehens. In den Worten des Berliner Regierenden Bürgermeisters Walter Momper: »Gestern nacht war das deutsche Volk das glücklichste Volk auf der Welt.« Und Willy Brandt sprach vor dem Rathaus, in dem er einst regierte, den bald geflügelten Satz: »Wir sind jetzt in der Situation, wo zusammenwächst, was zusammengehört.«
Wirklich besorgt wirkte wohl nur Michail Gorbatschow über die Entwicklung jener Stunden – weil ihm sein Botschafter in Ostberlin, Wjatscheslaw Kotschemassow, die Lage übertrieben dramatisch dargestellt hatte. Der Kreml-Chef fürchtete am Abend des 10. November, es könne – auch wegen einer SED-Demonstration in Ostberlin – ein »Chaos« entstehen, und richtete Kohl noch während der Kundgebung seinen Wunsch aus, der Kanzler möge zur Beruhigung der Lage beitragen. Wenige Stunden später erreichte Kohl schon die Mitteilung aus Washington, Gorbatschow habe US-Präsident George Bush mitgeteilt, er habe die amtierende SED-Spitze zu einem »friedlichen Übergang« in der DDR aufgefordert.
Da sich in Ostberlin keine Autorität getraute, den Irrtum vom Donnerstag einzugestehen und den Reisestrom wieder zu regulieren, gingen die amtierende Regierung und die örtlichen Behörden auf die Flucht nach vorn. Grenzsoldaten hackten Breschen in die Mauer, um Platz für neue Grenzübergänge zu brechen; Innenminister Dickel kündigte im Fernsehen schon wieder ein neues Reisegesetz an; am Brandenburger Tor

tanzten die Bürger auf der – dort besonders breiten – Mauerkrone. Die ersten Trabifahrer, die sich weiter in den Westen – etwa nach Hamburg – vorgewagt hatten, fanden hinter ihren Scheibenwischern heimlich zugesteckte Markscheine West oder ein Bananenpäckchen auf dem Kofferraum. Alle spürten: Es war ein Wunder geschehen. Aber an Wieder- oder an Vereinigung dachten nur wenige.

Hinter den öffentlichen Kulissen entfaltet Kohl eine Telefondiplomatie, spricht mit Bush, Mitterrand, Krenz und Gorbatschow. Beim Gespräch mit dem sowjetischen Partei- und Staatschef am Mittag des 11. November spürt Kohl den Mantel der Geschichte: Gorbatschow droht nicht, warnt nicht, spricht nur von »historischen Veränderungen« in einer »neuen« Welt. Nach dem Telefonat sieht der Kanzler die Dinge plötzlich ganz locker und zieht vor seinem Berater Horst Teltschik erleichtert das pfälzische Resümee: »De Bärn is g'schält.« Soll heißen: Die Birne ist geschält, die Kuh vom Eis.

Dem Innenminister Schäuble, der ihm nun die deutsche Einheit binnen Jahresfrist vorhersagt, antwortet Kohl: »Wenn es so kommt, ist es gut.« Aber um jeden Preis müsse die Bonner Regierung den Eindruck meiden, sie dränge zu einem Ziel. Kohl: »Die Menschen in der DDR müssen die Drängenden sein.«

Nach den ersten Phasen ungläubigen Staunens ergriff Kohl am 28. November vor dem Bundestag die politische Initiative. Es war eine Art Alleingang, außer mit CSU-Chef Waigel mit niemandem – und erst recht nicht mit den Regierungen der Partnerstaaten – abgesprochen. Behutsam verzichtete der Kanzler auf alle Fristen oder zeitliche Festlegungen, bot aber der DDR in zehn Punkten als »entscheidenden Schritt« die Entwicklung »konföderativer Strukturen« an »mit dem Ziel, eine Föderation, das heißt eine bundesstaatliche Ordnung, in Deutschland zu schaffen«. Dazu allerdings sei eine demokratisch legitimierte Regierung in der DDR zwingende Voraussetzung – also freie Wahlen: »Wie ein wiedervereinigtes Deutschland schließlich aussehen wird, das weiß heute niemand. Daß

aber die Einheit kommen wird, wenn die Menschen in Deutschland sie wollen, dessen bin ich sicher.«
Manche demonstrierten dafür schon – mit Rufen. Auf der Leipziger Montagsdemonstration hieß die Parole erstmals am 20. November und dann immer lauter: »Wir sind *ein* Volk.« Und manche drängten mit den Füßen: In den ersten zwei Wochen nach Grenzöffnung meldeten sich 46 000 DDR-Bürger als Übersiedler im Westen. Andere suchten noch einen dritten Weg: Schriftsteller und Bürgerrechtler wandten sich am 26. November mit dem Aufruf »Für unser Land« an die Daheimgebliebenen und warben für eine »sozialistische Alternative zur Bundesrepublik«. Auch bei westlichen Intellektuellen, etwa bei Günter Grass, war eine Vereinigung keineswegs populär. Doch die Mehrheit der DDR-Bürger, das zeigte sich ja gerade, wollte keine weiteren Experimente. Sie hatten sich bis dahin – notgedrungen – mit ihrem Staat identifiziert, aber zugleich – viel stärker als ihre Brüder und Schwestern im Westen – ein Zusammengehörigkeitsgefühl zu einer deutschen Nation erhalten.
Tatsächlich ließ die desolate Lage der DDR gar keinen anderen Ausweg zu als einen wie immer gearteten Anschluß an den Westen. Nicht nur, daß der Staat praktisch schon seit Anfang 1989 pleite war, wie etwa Günter Mittag längst wußte, nein, auch die laufende Produktion, die Grundversorgung mit Gütern und Dienstleistungen, machte immer größere Probleme, weil sich zu viele Arbeitskräfte in den Westen aufgemacht, andere ihre Reiselust zu lange ausgedehnt hatten. Der neue Ministerpräsident Hans Modrow gestand offen ein, daß »unser Wirtschaftsgefüge aus dem Gleichgewicht geraten ist«.
Die staatliche Autorität zerfiel. Die DDR-Währung, ohnehin schwach, sackte auf einen Kurs von 20 zu 1 Westmark, weil zu viele DDR-Besucher im Westen tauschten. Umgekehrt mußten die DDR-Behörden strenge Ausfuhrbeschränkungen für subventionierte Waren verhängen, um einen Tauschhandel zu unterbinden. Die Reisefreiheit – das bekamen die neuen Rei-

senden zu spüren – nutzte gar nichts, wenn sie nicht zu bezahlen war. Modrow nannte die chaotische Situation »schlimmer als vor dem Mauerbau 1961«.

Die staatliche Autorität galt spätestens dann nichts mehr, als Details über das spießig-luxuriöse Leben der SED-Prominenz bekannt wurden; deren Devisenbeschaffer, der Strauß-Freund Alexander Schalck-Golodkowski, tauchte unter und Tage später in Westberlin wieder auf. Empörte SED-Mitglieder und ein Häuflein anderer Demonstranten verlangten den Rücktritt von Zentralkomitee und Politbüro; ein hilflos lächelnder Krenz versuchte mit ihnen zu diskutieren – seine vorletzte Amtshandlung vor der Demission.

In dieser labilen Lage zeigt Kanzler Kohl Augenmaß und Besonnenheit. Bei seinem ersten Besuch in der sich wendenden DDR ergreift er in einer frei vorgetragenen kurzen Rede vor der Ruine der Dresdner Frauenkirche am Abend des 19. Dezember zwar Partei für jene Ostdeutschen, die jetzt die Vereinigung wollen, aber er warnt vor unüberlegtem Tempo. Er mahnt zu Rücksicht auf die deutschen Nachbarn.

An jenem Abend spricht Helmut Kohl wie selten zuvor und seitdem als Staatsmann. Ein falsches Wort hätte die Stimmung unter den Zehntausenden von Zuhörern aufheizen, etwa gegen Modrow wenden und in ein unkalkulierbares »Einheit-jetzt«-Geschrei münden lassen können. Statt dessen übernimmt er Modrows Angebot von einer »Vertragsgemeinschaft« mit einer »engen Zusammenarbeit auf allen Gebieten«. Und er hat dafür Sorge getragen, daß ein in der Nähe des Mikrofons postierter Kantor den Choral »Nun danket alle Gott« anstimmt, falls die Versammelten in einer patriotischen Anwandlung die dritte – oder gar die erste – Strophe des Deutschlandliedes singen sollten. Er will keinen Überschwang.

Die Zuhörer sind beeindruckt, die Sicherheitskräfte so erleichtert wie manche ausländische Regierung, die seit Wochen fasziniert und besorgt die Umwälzung in Ostdeutschland verfolgt. Da ist nichts von Größenwahn, von nationalem oder gar nationalistischem Getue.

Kohl verfolgt die Entwicklung jener Wochen hinhaltend. Was sonst als Aussitzen gilt, hier ist es besonnene Zurückhaltung. Wirklichen Aufschluß über die Stimmung der Bürger, das weiß er, können nur freie Wahlen geben. Sie in seinem Sinne zu beeinflussen, setzt sich der Kanzler zum Ziel.

Die Entscheidung reift im Januar; sie fällt Anfang Februar 1990, nachdem weiterhin Tausende ihrem Staat Adieu gesagt haben – in der ersten Januarhälfte mehr als 20 000, also 2000 pro Tag. Ein Staat verblutet. Die Bürger stimmen mit den Füßen ab; sie glauben nicht an die Reformfähigkeit des Sozialismus, wollen endlich besser leben als gewohnt. Es findet, wie Hans-Dietrich Genscher zu seinem US-Kollegen James Baker sagt, eine »Wiedervereinigung von unten« statt. Die deutsche Frage, urteilt Kohl im Gespräch mit Bush, entwickle sich »wie eine Grundwelle im Ozean«.

Modrow hat von Kohl bei dem Treffen vor Weihnachten noch eine westdeutsche Sofort- und Aufbauhilfe von 15 Milliarden Mark gefordert. Jetzt fragt sich Kohl, warum er damit Modrow und anderen SED-Relikten helfen soll. Am 31. Januar läßt er im Kabinett Arbeitsstäbe gründen, die auch das Undenkbare denken sollen, und besetzt in der Woche darauf eine Idee, die Schäuble schon zur Vorbereitung von Kohls Besuch in Dresden am 13. Dezember im Kanzleramt intern geäußert hat und die dann von den Sozialdemokraten Ingrid Matthäus-Maier und Wolfgang Roth übernommen worden ist: Eine Wirtschafts- und Währungsunion mit der DDR soll den Flüchtlingsstrom kanalisieren und stoppen. Sie wird, das wissen alle Experten, quasi automatisch zu einer Verschmelzung der beiden deutschen Staaten führen.

Es ist ja bereits die neue Freizügigkeit an der Grenze, die in der Konsequenz freie Wahlen und eine freie Wirtschaftsordnung erzwingt. Dem Staat kommen sonst die Bürger, der Planwirtschaft die (subventionierten) Güter oder die Käufer (für Produkte mit künstlich hochgehaltenen Preisen) abhanden. Eine Freiheit trägt die nächste mit.

Und während Modrow die wirtschaftliche Lage seines Landes

als »dramatisch« einschätzt, der neue Vorsitzende der Ost-CDU, Lothar de Maizière, davon spricht, »daß ein Kollaps nicht ausgeschlossen werden kann«, empfiehlt schon der Verfassungsexperte des Bundesfinanzministeriums, Bruno Schmidt-Bleibtreu, auf einer Klausurtagung in der bayerischen Landesvertretung zu Bonn als Weg zur Einheit, was eine Professorenrunde etablierter Verfassungsrechtler dem Kanzler erst vier Wochen später bestätigt – den Artikel 23 des Grundgesetzes: »(1) Dieses Grundgesetz gilt zunächst im Gebiet der Länder Baden, Bayern, Bremen, Groß-Berlin, Hamburg, Hessen, Niedersachsen, Nordrhein-Westfalen, Rheinland-Pfalz, Schleswig-Holstein, Württemberg-Baden und Württemberg-Hohenzollern. (2) In anderen Teilen Deutschlands ist es nach deren Beitritt in Kraft zu setzen.«
Schmidt-Bleibtreu plädiert zugleich gegen eine Anwendung des Artikels 146: »Dieses Grundgesetz verliert seine Gültigkeit an dem Tage, an dem eine Verfassung in Kraft tritt, die von dem deutschen Volke in freier Entscheidung beschlossen worden ist.« Ein Arbeitsausschuß des Kabinetts macht sich (am 5. Februar) die Bewertung des Kollegen aus dem Finanzressort zu eigen: Artikel 23 sei klar der »Königsweg« zur Einheit, weil sich ein Teil dem anderen anschließt und unterwirft. Artikel 146 jedoch berge »gravierende Risiken« für das westdeutsche Verfassungsgefüge – weil plötzlich zuviel zur Disposition stünde. Es wäre, so argumentiert Schäuble später, eine »Stunde Null« für ganz Deutschland mit unübersehbaren Gefahren während der verfassunggebenden Vorarbeiten vor diesem Neuanfang. Es würde »viel zu lange dauern und Unsicherheit und Instabilität in beide Teile Deutschlands, aber auch zumindest in das europäische Umland hineintragen«.
Im kleinen Kreis sagte Schäuble es drastischer: Es hätte die Bundesrepublik in schwieriger Zeit »unregierbar« gemacht, weil eine bewährte Verfassung den Veränderungswünschen vieler Gruppen anheimgestellt worden wäre.
In jenen ersten Februartagen sind und werden die Weichen gestellt – in Richtung Anschluß der DDR, so wie sich das Saar-

land 1957 dem restlichen Bundesgebiet angeschlossen hatte; und auch international wird zur gleichen Zeit – die Außenminister von Nato und Warschauer Pakt treffen sich am 13. Februar in Ottawa – der Fahrplan geschrieben. Es graust den Regierenden in Bonn vor einer Übernahme dessen, was auch DDR-kritische Bürgerrechtler ganz ernsthaft als »sozialistische Errungenschaft« anpreisen. Sie meinen damit nicht nur, wie westliche Spötter saldieren, den »grünen Abbiegepfeil« an Ampelkreuzungen oder die recht liberale Abtreibungsregelung für ungewollt Schwangere; sie meinen nicht nur ein »Recht auf Wohnung«, die es oft gar nicht gab, auf Plätze im Kindergarten oder Kinderhort, die es gab, oder das »Recht auf Arbeit«, das volkswirtschaftlich keinen Sinn machte, nicht das Sozialprodukt mehrte, den Bürgern aber soziale Sicherheit spendete – sie meinen die Solidarität der Bürger zueinander, nicht zur Obrigkeit; sie meinen ein hochentwickeltes Zusammengehörigkeitsgefühl, das sich natürlich aus dem gemeinsamen Empfinden von Entrechtung, gelegentlicher Unterdrückung, fortwährender Bespitzelung und allgemeiner Machtlosigkeit nährte – das aber als positiver Gegensatz zur kalten Leistungs- und Ellenbogengesellschaft westlicher Prägung in der Erinnerung bleibt. Davon den ostdeutschen Bürgern etwas erhalten zu können, dafür hatten die Handelnden in Bonn kein Gespür. Selbst wenn sie es als »sentimentale Reminiszenz« (Schäuble) abtaten – sie unternahmen noch nicht einmal den Versuch, den Ostdeutschen den Eindruck zu vermitteln, als gebe es etwas, das zu bewahren 40 Jahre DDR-Existenz überlebbar gemacht habe.

Von den ersten Februartagen an werden die Bonner Regenten doch zu Drängenden. Sie wollen die Ernte der unfertigen Revolution einfahren. Sie wollen gar nicht, daß die sich vollendet. Sie denken an ihre Wahlen, an ihre Parteien, an ihre Erfolge, an sich – an die braven Ostdeutschen jedoch zuletzt.

X.

Auf dem Weg zur Einheit Bonn übernimmt die Regie

Die drei Monate lang geübte Besonnenheit fällt von Kohl ab wie eine reife Frucht. Der routinierte Wahlkämpfer tritt hervor. Am Abend des 5. Februar 1990 schmiedet der CDU-Chef in Westberlin gegen den Rat seines Generalsekretärs Volker Rühe, der die ostdeutschen Christdemokraten für unverbesserliche Blockflöten hält, das konservative Parteienbündnis »Allianz für Deutschland«, das seiner Politik bei den – vom 6. Mai auf den 18. März vorgezogenen – Volkskammerwahlen eine Mehrheit sichern soll. Zwar kann er den Parteivorsitzenden, den Anwalt Lothar de Maizière, persönlich nicht ausstehen; die beiden harmonieren weder im äußeren Erscheinungsbild noch im politischen Denken. Der Kanzler nimmt ihm auch übel, daß de Maizière unter dem SED/PDS-Premier Hans Modrow so lange als stellvertretender Ministerpräsident diente und dabei als »zuständig für Kirchenfragen« für Modrow den bürgerlichen Libero spielte. Aber Kohl braucht dringend einen erfolgversprechenden Partner in Ostdeutschland. Die meisten Demoskopen sehen die SPD schon seit Wochen vorn.

So schweißt Kohl die Ost-CDU der untereinander höchst zerstrittenen Kirchenmänner de Maizière und Martin Kirchner, die Bürgerrechtler vom »Demokratischen Aufbruch«, etwa Wolfgang Schnur und Rainer Eppelmann, sowie den östlichen CSU-Ableger DSU des Leipziger Pfarrers Hans-Wilhelm Ebeling zum Bündnis zusammen – gegen das Versprechen, er und die West-CDU würden in den DDR-Wahlkampf massiv eingreifen. Viele seiner Bündnispartner geraten in den nächsten Wochen und Monaten in den Verdacht zu großer Stasi-Nähe; Eppelmann, der davon frei ist, hätte sich damals lieber der SPD angeschlossen, weil ihm die Blockpartei CDU zuwider war.

Am nächsten Tag greift der Wahlkampf auf Bonn über. Mittags trifft sich Kohl mit den Kollegen der Koalitionsparteien, Waigel und Lambsdorff. Waigel empfiehlt, noch recht vage, »Abschied zu nehmen von den Stufenplänen«, die doch nur »als Planspiele« angesehen würden. Eine Stunde später kündigt Kohl vor der CDU/CSU-Fraktion in Bonn ziemlich unvermittelt an, »mit der DDR unverzüglich in Verhandlungen über eine Währungsunion und Wirtschaftsreform einzutreten«. Das tat er auch deshalb, weil er seinem alten Parteifeind Lothar Späth zuvorkommen wollte, der einen ähnlichen Vorschlag Mitte der Woche zu unterbreiten gedachte. Und er tat es ohne Rücksicht auf die Deutsche Bundesbank, deren Präsident Karl-Otto Pöhl gerade in Ostberlin mit dem Präsidenten der DDR-Notenbank konferierte und von den kühnen Plänen der Politiker nichts ahnte und schon gar nichts wußte.

An diesen Tagen, an denen die ersten konkreten Gedanken an Einheit auftauchten, begannen – so wissen die Rechthaber heute – die Fehler im Einigungsprozeß. Die Politik und die Politiker bemächtigten sich des Themas, die Aktivität verlagerte sich von Ostdeutschland nach Bonn. Die Akteure wechselten, und daß sie irrten, wäre angesichts der historischen Einmaligkeit und Beispiellosigkeit verständlich und verzeihlich – wenn nicht einige lange fortwirkende fatale Fehler dabeigewesen wären, die zu spät oder gar nicht korrigiert wurden. Auch Jahre nach der Tat etwa scheint es immer noch unglaublich, einem anderen Staat die eigene Währung als Zahlungsmittel anzubieten, ohne die rechtlich selbständige Hüterin dieser Währung, die Bundesbank und, als deren Autorität, den Zentralbankrat zu informieren und zu befragen.

Waigel rechtfertigt sich matt, er habe keine Möglichkeit gehabt, Pöhl zu unterrichten: »Die Telefonverbindungen waren desolat.« Dabei hatte er schon einige Tage zuvor intern von seinen Experten zwei Modelle untersuchen lassen: Ein Stufenplan enthielt marktwirtschaftliche Reformen für die DDR, an deren Ende in beiden Teilen die gleiche Mark gelten würde. Die andere Variante, eine schnelle Einführung der Westmark im Osten, liefere den Ostdeutschen eine bessere Zukunftsperspektive auf einem allerdings »mutigen Weg«.
Auch wenn Pöhl seinen Ärger niemals öffentlich artikulierte – damals begann das Zerwürfnis zwischen ihm und der Bundesregierung, das ihn zum vorzeitigen Abschied trieb. Er sah sehr viel realistischer als andere die großen wirtschafts- und finanzpolitischen Gefahren, die mit der Währungsunion – und erst recht mit der später festgesetzten Umtauschrelation – auf den Bundeshaushalt und damit auf die Stabilität der Mark zukommen würden, auch wenn er den Primat der Politik, also der Akteure in Bonn, anerkannte. Er hielt schon damals, in der Kabinettssitzung am folgenden Tag (7. Februar), »riesige Transferzahlungen« von West nach Ost für erforderlich. Doch er gab sich diplomatisch: »Am Ende« – er sagte nicht, wann – werde »Deutschland wohlhabender sein als heute«.
Es waren politische Preise, die damals in Bonn fixiert wurden. Das Angebot der Währungsunion half den Koalitionspartnern bei der Volkskammerwahl am 18. März. Der Umtauschkurs, der am 1. Mai, fünf Tage vor der DDR-Kommunalwahl, verkündet wurde, betrug zwei Ostmark für eine Westmark. Wichtiger war: Der Ausnahmekurs von 1 : 1 galt für die Barbestände und Sparguthaben von natürlichen Personen, also von Wählern.
Pöhl und die Bundesbank hatten auch dafür ein Verhältnis von 2 : 1 vorgeschlagen. Waigel in einer seltsam überschlägigen Faustrechnung (im Jahre 1994): »Das hat sicherlich in einer Größenordnung von 30 bis 80 Milliarden Mark mehr gekostet, als es nach rein ökonomischen Verhältnissen vertretbar gewesen ist.«
Es ging um ein präzises Ziel, nicht um exakte Zahlen. Wäh-

rungstechnisch gesehen »wäre ein Umtauschkurs von vier zu eins oder fünf zu eins gerechtfertigt gewesen«, meint Waigel heute. »Ein Rentner mit 600 Mark Ost hätte dann 125 Mark West bekommen. Er hätte seine Habseligkeiten gepackt und wäre in den Westen gewechselt.« Damals schätzte die DDR ihr industrielles Vermögen noch auf 1,4 Billionen Ostmark. Selbst bei Waigels heutigem Kurs wäre eine Umrechnung zu 300 Milliarden Westmark eine spürbare Überbewertung.

Es war die Zeit der Versprechen, nicht der Vernunft. Politische Ratio hätte dafür gesprochen, Wahlen und Einzelheiten der Vereinigung strikt voneinander zu trennen. Tatsächlich aber blieb auch dafür wenig Zeit. Die Volkskammerwahl wurde zu einer Abstimmung über »Westmark jetzt«, die Kommunalwahl zu einem Votum über den Umtauschkurs.

Kanzlerhelfer Teltschik in schönster Offenheit: »Ich bin immer wieder beeindruckt, wie sorgfältig Kohl politische Entscheidungen der Regierung mit solchen wahlpolitischen Überlegungen verknüpft, und das oft zu einem Zeitpunkt, an dem noch niemand über Wahltermine nachdenkt. Hier beweist sich immer wieder das taktische Geschick des Parteivorsitzenden und Bundeskanzlers in einer Person.«

Dafür kriegten Nörgler, Mäkler und Warner ihr Fett. Wer die überstürzte Hinwendung zur Währungsunion kritisierte, den schalt Helmut Kohl als »Krämerseele« – so der Kanzler in seiner Lagebesprechung. Wer es zulasse, daß »unser Land in dieser Schicksalsstunde aus finanziellen Ängsten vor der Einheit zurückweicht«, der danke »vor der Geschichte ab« – so Kohl vor dem CDU-Bundesvorstand. Wer, wie die Fünf Weisen, der Sachverständigenrat zur Begutachtung der wirtschaftlichen Entwicklung, in einem Sondergutachten die Währungsunion als »voreilig«, als »ungeeigneten Weg« und »falsches Mittel« bezeichnete, wurde nicht gehört.

Wer nicht für 1 : 1 plädierte, wurde des »Wortbruchs« schuldig gesprochen. Wer, wie der persönliche Unterhändler Kohls, der spätere Bundesbankpräsident Hans Tietmeyer, die von der Regierungskoalition für die DDR versprochene »Währungs-,

Wirtschafts- und Sozialunion« als »dreidimensional« verspottete und kritisierte, daß damit zu schnell zu viele westliche Eigenheiten – denen dort aber Produktivität gegenüberstand – einem maroden System aufgepfropft würden, hatte keine Chance – »aus politischen Gründen«, wie sich Tietmeyer erinnert. Denn inzwischen wurde in Ostdeutschland so gerufen: »Kommt die D-Mark, bleiben wir; kommt sie nicht, gehn wir zu ihr!«

Jetzt drängte Bonn, um so mehr, als Kohl sich inzwischen von Gorbatschow persönlich in Moskau am 11. Februar die Zusage geholt hatte, es gebe gar »keine Meinungsverschiedenheiten über die Einheit und über das Recht der Menschen, sie anzustreben«. Das war, um mit Kohl zu sprechen, der Rest der Birne. Teltschik nannte es den »Durchbruch«; der Kanzler habe den »Schlüssel zur Einheit« im Kreml abgeholt; der liege nun in Bonn. Das war ein »Triumph für Helmut Kohl«, jubelte sein Berater, zumal Gorbatschow keine Neutralisierung des vereinten Deutschland forderte, sondern den künftigen Status ausdrücklich offenließ.

Seinen Reserveplan, Gorbatschow ein »Moratorium« anzubieten, brauchte Kohl gar nicht mehr hervorzuholen. Das Angebot einer solchen Stillhaltevereinbarung, so hatte Kohl spekuliert, könne Gorbatschow in Moskau vielleicht längerfristig ein vernünftiges Arrangement mit Bonn durchsetzen helfen, etwa wenn die Bedenken der sowjetischen Militärs gegen einen Rückzug vom DDR-Territorium noch zu stark gewesen wären. Statt dessen offerierte der Kanzler den Sowjets in den folgenden Wochen ein umfangreiches Kooperationsabkommen, das Perspektiven einer langjährigen wirtschaftlichen Aufbauhilfe enthielt und den Sowjets ein Zukunftsmodell im Austausch für die Beseitigung der Vergangenheitslasten anbot – eine Idee Teltschiks, die ursprünglich von dem Politologen Boris Meißner stammt.

Einige Tage vor der Volkskammerwahl zeigt sich, so berichtet Teltschik, der Kanzler in der Morgenlage »fast depressiv. Am liebsten würde er wieder nach Hause gehen.« Das liegt nicht

nur an den schlechten Wahlprognosen der Demoskopen, die der CDU-Allianz gerade mal 20 Prozent der Stimmen vorhersagen. Es liegt auch an einer schon seit vielen Wochen schwelenden Auseinandersetzung um die, womöglich, künftige gesamtdeutsche Ost- und polnische Westgrenze an Oder und Neiße. Selbst Kohl-Adlatus Teltschik hält das Thema für »überflüssig«, die Debatte darüber für »einen ungeheuren Energieverschleiß«.
Dabei ist es nur natürlich, daß Polen angesichts der wachsenden Einheitsstimmung westlich seines jetzigen Staatsgebiets Klarheit über den künftigen Grenzverlauf wünscht – zumal Kohl darüber in seinen zehn Punkten kein Wort verloren hatte. Der Kanzler – weiterer Fehler im Einigungsprozeß – ist seltsam abwehrend. Schon seit Dezember ärgert er sich über Vorstöße von Mitterrand und dem französischen Außenminister Roland Dumas, die offen für »die Unantastbarkeit der polnischen Westgrenze« plädieren.
Kohl fürchtet offensichtlich, ein feierlicher Verzicht auf die ehemals deutschen Gebiete jenseits von Oder und Neiße vor einer Vereinigung mit der DDR könne den rechten Republikanern viele oder zumindest wahlentscheidende Stimmen aus dem Lager der Flüchtlinge und Vertriebenen eintragen – eine Sorge, die selbst Berater des Kanzlers nicht teilen. Kohl sperrt sich wochenlang gegen alle Anregungen, auch aus der eigenen Unionsfraktion, der Bundestag solle sich per Resolution endgültig zur Grenzfrage äußern, und wehrt sich gegen Polens Wunsch, noch vor der Einheit vertraglich Sicherheit über den Grenzverlauf zu erhalten.
Ein, vor allem im Rückblick, absonderliches Verhalten. Offenbar ließ sich der Kanzler von einer völlig überholten Vorstellung von Stärke und Einfluß der Vertriebenenfunktionäre leiten; der Streit um »Schlesien ist unser« schien fortzuwirken. In jedem Fall stand der innen-, partei- oder wahlpolitische Nutzen, den Kohl mit seiner Taktiererei verfolgt haben mag, in keinem vernünftigen Verhältnis zu dem Schaden, den er in den Monaten vor der Einheit im Umgang mit dem FDP-Koali-

tionspartner, mit Polen oder mit Frankreich anrichtete, das sich traditionell als dessen Schutzmacht fühlt. Und es dauerte noch weitere vier Jahre, bis zum 1. August 1994, bis ein christdemokratischer deutscher Bundespräsident zu Polen Sätze sprach, die schon Kohl 1990 gut angestanden hätten. Roman Herzog: »Ich bitte um Vergebung für das, was Ihnen von Deutschen angetan worden ist.«

Am Wahlabend des 18. März war Kohls Kurzdepression schnell verflogen. Kohls Allianz errang sensationelle 48,1 Prozent. Nur acht Mandate fehlen an der absoluten Mehrheit in der Volkskammer. Die SPD mußte sich mit 21,9 Prozent begnügen – ein Debakel für die Demoskopen, ein rauschender Erfolg für Kohl.

Wie leicht inzwischen in Westdeutschland schon die Stimmung umschlagen kann, erweist sich keine 24 Stunden später. Da hätte der Kanzler um ein Haar seinen wichtigsten Mitarbeiter, den Innenminister Schäuble, durch Rücktritt verloren.

Im CDU-Präsidium – so berichtet Schäuble – hatte sich eine massive Stimmung gegen den Zustrom immer neuer DDR-Übersiedler aufgebaut. Die CDU-Spitzen gaben den Druck ihrer Basis wieder und forderten ultimativ, das Notaufnahmeverfahren für zureisende DDR-Bürger müsse sofort beseitigt werden. Schäuble, der meinte, zunächst müßten die Ursachen für eine Flucht aus der DDR und erst danach die Aufnahmegarantien im Westen entfallen, blieb auf verlorenem Posten: »Es war Kohl zu verdanken, daß es nicht zu einer Abstimmung kam. Ich hätte an diesem Tag verloren.« Denn »als verantwortlicher Innenminister hätte ich keinen gegen seinen Willen nach Hause schicken können«.

Den Streit in der Union schlichtet Kohl mit der Entscheidung, das Notaufnahmeverfahren erst zeitgleich zum Beginn der Wirtschafts- und Währungsunion am 1. Juli zu beenden.

Einige Tage später (28. März) sucht Kohl ein weiteres Mal den ungeliebten Parteifreund und Wahlsieger de Maizière im Kanzlerbungalow zur Disposition zu stellen. Eppelmann schlägt der Runde als DDR-Regierungschef den Sozialdemokraten Manfred Stolpe vor, auch weil er eine große Koalition für unausweichlich hält. Doch de Maizière, der – wie sich später herausstellt – als »IM Czerny« einige Male die Staatssicherheit über ziemlich belanglose kirchliche Sitzungen informiert hatte, wendet sich gegen Stolpe, der – wie sich später herausstellt – jahrelang zwischen Kirche und Staat, Bürgern und Stasi vermitteln wollte und der Stasi als »IM Sekretär« zahllose Berichte zukommen ließ. Weil de Maizière sich wider Erwarten zur Kandidatur bereiterklärt, gibt Kohl nach.

De Maizière erwies sich in den folgenden Monaten, während sein Vertrauter Günther Krause und Kohls Unterhändler Schäuble den Einigungsvertrag vorbereiten, als zäher, ehrlicher, hartnäckiger Sachwalter ostdeutscher Interessen, die den Bonner Partnern nicht immer einleuchteten. Zu de Maizières Persönlichkeit rechnete Schäuble »das Sich-Abfinden mit dem Leben im real existierenden Sozialismus«, ergänzt »durch eine sehr mangelhafte Kenntnis dessen, was im kapitalistischen Westen entgegen aller sozialistischen Propaganda Wirklichkeit war«. Er war spürbar kein Politiker westlichen Zuschnitts wie etwa Günther Krause, sondern ein spröder Rechtsanwalt ostdeutscher Prägung, der sich zum Kummer der Bonner Verhandlungspartner in vielen Themen erst spät eine Meinung bildete, von der er dann aber kaum wieder abrücken mochte.

Bis Anfang August 1990 focht de Maizière für eine möglichst späte Vereinigung nicht vor 1992 oder 1993 zu möglichst fairen, ausgefeilten Konditionen – deshalb die mühevollen Arbeiten am Einigungsvertrag; genausogut hätte die DDR-Volkskammer ohne ein solches Vertragswerk den Beitritt beschließen können. Tatsächlich lag dem Ostberliner Parlament ein solcher Antrag des CSU-Partners DSU seit dem 17. Juni vor. De Maizière versuchte zuerst, die Beratung des DSU-Papiers und die Entscheidung über den Beitrittstermin zu verzögern; deshalb verließen die Ost-Liberalen unter Protest seine Regierungskoalition. Das Durcheinander wuchs, als auch die Sozialdemokraten – die bisher vehement vor einer überstürzten Vereinigung gewarnt hatten – umfielen und für ein möglichst frühes Datum eintraten. Und das Durcheinander schien unentwirrbar, als de Maizière plötzlich am Abend des 1. August in Kohls Urlaubsort St. Gilgen am Wolfgangsee auftauchte und ihm seinen einsamen Entschluß mitteilte, er werde der Volkskammer unverzüglich den Beitritt schon zum 14. Oktober 1990 vorschlagen. An diesem Tag, meinte der Ost-Regierungschef, sollte dann auch gleich der erste gesamtdeutsche Bundestag gewählt werden. De Maizière begründete dem Kanzler seinen Sinneswandel mit der Furcht, sein Land werde sonst zusammenbrechen und »im allgemeinen Chaos versinken«.

Es waren die Tage der kleinen Gauner und der großen Geschäftemacher. Seit vier Wochen galt in Ostdeutschland die sehnsüchtig erwartete Westmark; da wollten manche ihren goldenen Schnitt machen. Noch Jahre später untersucht ein Team von Staatsanwälten diese »Vereinigungskriminalität«. Aber auch die Banken, die ihre Niederlassungen ja erst wenige Tage zuvor eröffnet hatten, und die Behörden kamen mit der Umstellung nur mühsam klar. DDR-Chefunterhändler Krause brachte persönlich in Koffern Westgeld zu den landwirtschaftlichen Produktionsgenossenschaften in seinem CDU-Landesverband Mecklenburg-Vorpommern, um ihnen ein Überleben zu sichern.

Am 20. Juli fiel auf, daß zwei Milliarden Westmark abgängig waren, mit denen die ostdeutschen Renten zum Monatsanfang gezahlt werden sollten. Sie fanden sich Wochen später fehlgeleitet auf den Konten ostdeutscher Finanzämter. Im Ostberliner Kabinett drohten Krause und de Maizières Büroleiter Reichenbach, sie hätten »die Taschen gepackt« und seien bereit, »in den Westen zu gehen«, wenn die Schwierigkeiten nicht behoben werden könnten. De Maizière sorgte sich, die im Staatsvertrag zur Währungsunion vorgesehene Hilfe von 14 Milliarden Mark aus Bonn werde nicht annähernd reichen.

Am Tag nach seiner Rückkehr vom Wolfgangsee ging de Maizière mit seinen Terminvorschlägen, die »mit Kohl abgestimmt« seien, an die Öffentlichkeit – und mußte sie kurz darauf zurückziehen: Eine Wahl am 14. Oktober hätte schon wieder der komplizierten Prozedur einer Parlamentsauflösung, also einer manipulierten Vertrauensabstimmung des Kanzlers bedurft, die das Bundesverfassungsgericht sieben Jahre zuvor zur besonderen Ausnahme erklärt hatte. Kohl, der den 14. Oktober dem eigentlichen Wahltermin des 2. Dezember vorzog, mußte sich von seinem Verfassungsminister Schäuble belehren lassen, eine solche Vorverlegung des Wahltermins sei mit Sicherheit verfassungswidrig – zumal sich die SPD scharf dagegen wandte.

Den Sozialdemokraten und ihrem Kanzlerkandidaten Lafontaine war der ganze Einigungsprozeß nicht geheuer. Einerseits warnten sie vor übereilten Maßnahmen, mußten aber andererseits in de Maizières großer Koalition ebenso wie im Bundestag, wo der Einigungsvertrag eine Zweidrittelmehrheit brauchte, den Regierungskurs mitsteuern. Ihr Spagat war schon bei der Abstimmung über die Währungsunion deutlich geworden. Damals hatte Lafontaine seiner Partei empfohlen, den Staatsvertrag im Bundestag – risikolos – abzulehnen, im Bundesrat mit seiner SPD-Mehrheit jedoch passieren zu lassen.

Auch beim Wahlvertrag für gesamtdeutsche Wahlen sahen sich die Sozialdemokraten durch Tricksereien der Union über den Tisch gezogen: Bei der ersten gesamtdeutschen Wahl sollte zwar die Fünf-Prozent-Hürde gelten, die Möglichkeit von Listenverbindungen es aber kleineren Gruppen – also etwa der DSU – erlauben, huckepack ins Parlament zu kommen. Immerhin sollte so, gemeinsames Anliegen des Parteiestablishments, die SED-Nachfolgerin PDS aus dem Bundestag ferngehalten werden; sie hätte, bei gesamtdeutsch gültiger Sperrklausel, 23 Prozent der Stimmen (oder drei Direktmandate) in Ostdeutschland erringen müssen, um die Hürde zu nehmen. Das Bundesverfassungsgericht entschied am 29. September auf getrennte Sperrklauseln, ein Urteil, das neben der PDS auch dem Bündnis 90 das parlamentarische Überleben möglich machte und die Rechtsansicht des von

Staatssekretär Klaus Kinkel geführten Bonner Justizministeriums widerlegte. Kinkels FDP hatte, da sie gleich über drei Partner im Osten verfügte, von der Klausel ausnahmsweise nichts zu befürchten.

Längst standen die Bundestagswahlen im Zentrum der politstrategischen Überlegungen in Bonn; die Einheit schien schon abgehakt. Jede Partei suchte sich die taktisch günstigste Ausgangslage. Daß bei allem Taktieren und Finassieren dennoch der Einigungsvertrag im Parlament breit abgesichert werden konnte, mutet erstaunlich an. Die Einigung umfaßte die Grundzüge eines Zusammengehens; zu Einzelfragen gab es durchaus unterschiedliche Parteikonstellationen, die eine bessere Lösung verhinderten oder – etwa bei der fälligen Verfassungsreform oder der Festlegung des Regierungssitzes – dem nächsten Gesetzgeber im neuen Bundestag zuschoben.

Natürlich drängte die Zeit, natürlich hatten spezifische Wünsche nach Beibehaltung angeblicher DDR-Errungenschaften keine Chance. Aber im Termindruck blieb auch Wichtiges auf der Strecke.

Rechtsanwalt de Maizière und mit ihm die Volkskammer bestanden darauf, daß mit dem Untergang der DDR nicht auch deren durchaus zweifelhaftes Recht unterzugehen habe. Rechtsakte, Gesetze und Verfassung seien durch die friedliche Revolution nicht automatisch ungültig, sondern bloß zur historischen Episode geworden. So kam es, daß der Einigungsvertrag akribisch festhält, welches Recht für welchen Tatbestand – und gegebenenfalls wie lange noch – zu gelten habe. So kam es aber auch, daß Teile der bis dato geltenden Rechtsordnung der DDR und vor allem der Rechtsgeber, das nicht aus demokratischen Wahlen hervorgegangene DDR-Parlament, nachträglich legitimiert wurden – eine Ursache für die Schwierigkeiten, Mitgliedern des Politbüros oder Mitarbeitern der Stasi den Prozeß zu machen. Und so kam es andererseits, daß ein großer Teil des hochentwickelten Rechts- und Verordnungssystems vom Westen sogleich auf den Osten übertragen wurde – gegen Unterhändler Schäubles Widerstand, der darin ein Hemmnis für das erträumte Wirtschaftswunder Ost erblickte.

Schäuble kämpfte auch vergeblich und ziemlich allein für eine Amnestie jener Spione, die bis zur Einigung als »Kundschafter« des SED-Systems im Westen tätig gewesen waren. Da westliche Agenten, die den Osten ausspähten, zu Hause straffrei blieben, empfand es der Innenminister »der Logik entsprechend«, alle Spione per Amnestie von Strafverfolgung freizustellen. Er wollte dabei »eher großzügig als selbstgerecht« sein, sich auf die »schweren Fälle von wirklicher Schuld« konzentrieren und so damit beginnen, die Stasi-Vergangenheit zu bewältigen. Denn es war durchaus erwogen worden, auch jene Stasi-Spitzel in eine (spätere) Amnestie einzubeziehen, die im Innern der DDR Dienste für Mielkes Repressionssystem geleistet hatten.

Die Sache scheiterte schon ganz zu Anfang am öffentlichen Aufschrei. Im allgemeinen Sprachgebrauch gelten Stasi-Spione im Ausland den Stasi-Spitzeln im Inland gleich. Auch die DDR-Bürgerrechtler waren weniger an einer Bewältigung als vielmehr an Akteninhalten der DDR-Vergangenheit interessiert. Zwar legte das Bonner Justizministerium noch einen Gesetzentwurf über »Straffreiheit von Straftaten des Landesverrats« vor, aber der gute Vorsatz blieb im Wahlkampf stekken, wurde überlagert von der öffentlichen Empörung über die Stasi-Machenschaften. Die SPD mochte nur zustimmen, wenn ihre, etwa bei Sitzblockaden gegen die Nachrüstung, bestraften Sympathisanten ebenfalls amnestiert worden wären; das mochte wiederum die Union nicht konzedieren.

Schäuble ahnte schon damals, daß die Deutschen die »politisch-moralischen Folgen« der Stasi-Vergangenheit noch lange zu tragen hätten – als »Erblast«, wie er es nannte. Viele ostdeutsche Politiker wollten sich wegen eigener Verstrickung an der damaligen Debatte nicht beteiligen; dabei waren doch, staunte Schäuble, »sehr viele Opfer und Täter zugleich«.

Es war der Ruf nach Aufklärung und Vergeltung, der lauter erscholl als der Wunsch nach Versöhnung. Und dennoch war allen Wissenden klar, daß Vergeltung, also Strafe, die meisten der mehr als 100 000 Stasi-Spitzel gar nicht treffen kann. Sie waren bloß Handlanger eines Systems, das der Einigungsvertrag nicht als Unrecht benannte. Folgerichtig, wenn auch empörend, war es denn auch, daß der Bundesgerichtshof im Sommer 1994 eine junge Frau freisprach, die 1988 die geplante Republikflucht dreier DDR-Bürger an die Stasi verraten hatte. Die drei kamen monatelang in Haft. Die Denunziantin muß nichts mehr fürchten, weder Vergeltung noch Schadenersatz. Es darf ja nicht Unrecht sein, was damals Recht war.

Bärbel Bohley brachte das Problem auf den Punkt: »Wir haben Gerechtigkeit erwartet und den Rechtsstaat bekommen.«

Das zeigte sich auch bei der Regelung der Eigentumsfrage, die bei den Ostdeutschen Bitterkeit und bei den Westdeutschen Begehrlichkeiten weckte. Es lag am Beharrungsvermögen de Maizières, daß die Sache höchst widersprüchlich geregelt wurde.

In der Koalition hatten Justizstaatssekretär Kinkel und die Liberalen das Prinzip durchgesetzt, den früheren Eigentümern möglichst wieder zu ihrem alten Recht zu verhelfen. De Maizière kämpfte mit Modrows Unterstützung ultimativ dafür, daß der Grundsatz nicht für die meist von den Sowjets veranlaßten Enteignungen großen Grundvermögens aus den Jahren 1945 bis 1949 galt. Bonner Experten vermuten sogar, daß de Maizière Urheber eines Memorandums war, mit dem die sowjetische Regierung Ende April die Deutschen warnte, die »Rechtmäßigkeit« der alten Entscheidungen »vor allem in Besitz- und Bodenfragen« in Zweifel zu ziehen. Bonn und Ostberlin bestätigten jedenfalls der sowjetischen Regierung am 12. September in Moskau per Brief die Unantastbarkeit jener Enteignungen, die – so der DDR-Jargon – vor allem die Junker und Großgrundbesitzer getroffen hatte. Schäuble war das Thema ziemlich egal: »Ich weiß nicht, ob die Einheit am Widerstand der Alliierten gescheitert wäre, wenn wir diesen Brief nicht geschrieben hätten.«

Doch de Maizière und die DDR, soviel ist sicher, hätten dem

Einigungsvertrag dann nicht zugestimmt. Mehr als 60 Abgeordnete der Union in Bonn wandten sich zunächst dagegen und gaben ihren Widerspruch, weil auch sie die Einheit daran nicht scheitern lassen wollten, schließlich zu Protokoll. Der SPD wiederum paßte die ganze Richtung nicht, allen Alteigentümern im Osten zu Grundstücken zu verhelfen, die sie oft längst vergessen hatten. Sie wollte weg vom Grundsatz der Koalition, die Rückgabe von Eigentum habe Vorrang vor einer Entschädigung. Das Bundesverfassungsgericht bekräftigte im April 1991 die Rechtmäßigkeit der Abreden. Inzwischen war es für Korrekturen ja auch zu spät; nun war die Regelung Teil einer völkerrechtlich verbindlichen Vereinbarung, auch wenn Gorbatschow vier Jahre später davon abrückte.

Parallel zu den Verhandlungen über Einheit und Währungsunion hatten Diplomaten der alliierten Siegermächte, aus Bonn und aus Berlin damit begonnen, in einer Serie von »Zwei-plus-Vier«-Konferenzen die Einheit außenpolitisch und völkerrechtlich abzusichern und die volle Souveränität Gesamtdeutschlands festzuschreiben. Es ging um die Ablösung von Vorbehaltsrechten der früheren Besatzungsmächte in Ost und West, um die Präsenz sowjetischer, aber auch westlicher Truppen in Gesamtdeutschland, um den Status Berlins, also um eine Skizze für den Standort Deutschlands in einer neuen europäischen Ordnung nach dem Ende der Nachkriegszeit und dem Zerfall der Blöcke.

Schon im Frühjahr 1990 meinte Genscher, diese Aufgaben könnten bis zum Jahresende erledigt und die Ergebnisse dann von einer Gipfelkonferenz der KSZE-Staaten im Dezember besiegelt werden. Genschers Prognose bewahrheitete sich.

Auch im Rückblick bleibt erstaunlich, wie sich die komplizierten Verhandlungen zu Staatsvertrag eins (Währungsunion), zwei (Einigungsvertrag) und zur völkerrechtlichen Absicherung zeitgerecht und paßgenau zusammenfügten. Und alles, weil ein Fenster offenstand, durch das hindurch Gorbatschow die Ablösung seiner Siegerprivilegien und damit die Einheit möglich machte?

Das Bild vom historischen »Fenster der Gelegenheit« benutzen Diplomaten und Konservative gern, um den Zeitdruck zu erklären, mit dem auf den verschiedenen Ebenen die Einigung vorangetrieben wurde. Es ist, natürlich, eine willkommene Ausrede; ein paar Monate mehr Verhandlungszeit hätten vielleicht ein paar Probleme minimiert, das Endergebnis aber nicht verhindert. Doch es ist auch als gute Entschuldigung zu gebrauchen: Gorbatschow mußte sich Anfang Juli einem schweren, dem letzten, Parteitag der KPdSU stellen; seine eigene Politik machten ihn und die ganze Sowjetunion wenig später überflüssig. Da war es allemal besser, das »Wunder vom Kaukasus« erleben zu dürfen, als Verhandlungen womöglich mit allen Nachfolgestaaten der Sowjetunion führen zu müssen.
Genscher sieht es wie ein meteorologisches Märchen: »Eine geschlossene, dichte Wolkendecke hatte sich jahrelang vor den Stern der deutschen Einheit geschoben. Dann tat sich für kurze Zeit die Wolkendecke auf, ließ den Stern sichtbar werden, und wir griffen nach ihm.«
Ein Wunder fand im Kaukasus allerdings nicht statt. Der so heimatbewegte Kohl hatte sich von Gorbatschow schon Monate vorher einen Abstecher in dessen Geburtsgegend gewünscht – auch weil er wußte, daß sich in heimischer Atmosphäre besser miteinander sprechen läßt als in der kalten Pracht von Kreml-Palästen. Die eigentlichen Verhandlungen aber hatten längst ihren Durchbruch hinter sich, als Kohl und Genscher am 14. Juli erst nach Moskau und von dort nach Archys reisten: Die Zugehörigkeit Gesamtdeutschlands zur Nato war seit Februar zugestanden; jetzt ging es nur noch um die Stärke der künftigen deutschen Armee – und um den Preis, den Deutschland für die Einheit und den Abzug ihrer Truppen an die Sowjetunion zu zahlen hatte. Es waren 20,2 Milliarden Mark, darunter 8,3 Milliarden für den Bau von Unterkünften für die heimkehrenden Sowjetsoldaten.
Das Wunder vom Kaukasus taugte vor allem für Wahlkampfzwecke. Es betraf mehr die Notifizierung als den Inhalt der Vereinbarung, mehr das Klima als den Ertrag der Gespräche.

Damals wurde einer noch immer ungläubig staunenden Öffentlichkeit erst deutlich, wie weit Ost und West in der Neudefinition ihrer Beziehungen schon vorangekommen waren.
Schon ein Jahr zuvor hatten sich die USA in ihrer Deutschlandpolitik umorientiert, hatte Präsident George Bush zu Besuch in Mainz den Deutschen eine neue Rolle – »Partners in leadership« – angeboten. Den Streit um die Modernisierung der Kurzstreckenraketen gab's nur noch in den Archiven. Die Amerikaner, deren Bonner Botschafter Richard Burt den deutschen Außenminister eben noch einen »slippery man« geheißen hatte, gaben ihr Mißtrauen gegen alle auf, die Gorbatschows Friedensbeteuerungen beim Wort nehmen wollten und deswegen in Washington als »Genscheristen« beschimpft worden waren. Seitdem herrschte ein enges Zusammenwirken zwischen der US-Administration und der Bonner Regierung, zwischen Kohl und Bush wie zwischen Genscher und Baker. Einen empfindlichen Temperatursturz gab es allerdings mitten im Sommer, als Kohl vergaß, den US-Präsidenten direkt über die Gespräche im Kaukasus zu informieren; der ehemalige CIA-Direktor argwöhnte, »daß Kohl und Gorbatschow letztlich die Sache unter sich ausgemacht hatten«.
Die Sache: Die beiden handelten in den kaukasischen Bergen tatsächlich die Obergrenze der deutschen Truppenstärke aus, über die Kohl und Genscher noch beim Hinflug nach Moskau in heftigen Streit geraten waren. Kohl bestand auf 400 000 Mann, Genscher wollte sich mit 350 000 begnügen. Der Bonner Regierungssprecher Hans Klein hielt die Basarszene fest:

> Und jetzt sagt Gorbatschow: »Also, 350 000 Mann.« Kohl wird hart: »Das lehne ich ab. Wir haben 370 000 Mann gesagt. Ich will keine Reichswehrlösung. Und die Verminderung der Bundeswehr und der Nationalen Volksarmee auf ganze 370 000 Mann ist der größte konventionelle Abrüstungsschritt, den je ein moderner Staat in den letzten Jahren unternommen hat.« Betretenes Schweigen. Jetzt ist der

tote Punkt erreicht, denke ich. Doch mit drei Worten und einem fast spitzbübischen Lächeln löst Gorbatschow den Knoten: »Na gut, 370 000!« Und etwas surrealistisch fügt er an: »Die Differenz von 20 000 übernehmen wir.«

Im Sommer 1994 verständigten sich die Bonner Koalitionspartner freiwillig neben einer weiteren Verkürzung der Wehrpflicht auf Gorbatschows damals vorgeschlagene Obergrenze.
»Das große historische Werk ist der Schlußstrich unter den Zweiten Weltkrieg«, sagte Gorbatschows Außenminister Eduard Schewardnadse am 12. September in Moskau, als die Zwei-plus-Vier-Außenminister den »Vertrag über die abschließende Regelung in bezug auf Deutschland« unterschrieben. Die *Washington Post* sprach von »einem der größten Ereignisse dieses Jahrhunderts«.
Die Bonner Regierung hätte bei den internationalen Verhandlungen, die so schnell zur Einheit führten, Fehler begehen oder sich Fehleinschätzungen hingeben können. Sie hätte zu hohe Forderungen stellen oder zu nachgiebig sein können, hätte so bescheiden auftreten können wie die moralgesteuerten, gutmeinenden Amateure des DDR-Außenministers Markus Meckel oder so tolpatschig wie der britische Außenminister Douglas Hurd, dem andere schon die Absicht nachsagten, er wolle die Einheit verhindern. Genscher, der ihn mit nächtlichen Sondereinsätzen umstimmte, möchte gerne sich und seinen Diplomaten jene Umsicht gutschreiben, die diesen Teil der Einigungsarbeit auszeichnet – einen, so der Politologe Karl Kaiser, »der größten Triumphe der professionellen Diplomatie in der Neuzeit«, der einen Epochenwechsel verifizierte. Und ganz beiläufig ließ sich die Bonner Koalition bei dieser Gelegenheit auch auf eine von der SPD-Opposition immer wieder geforderte Kursänderung in der deutschen Außenpolitik ein, die ihr konservativer Teil jahrelang attackiert hatte: Auf einmal war der Begriff der »Sicherheitspartnerschaft« akzeptiert – und, was Deutschland betraf, sogar verwirklicht.

XI.

Blühende Landschaften Fehler und Irrtümer

Der zentrale, entscheidende, noch Jahre fortwährende und eigentlich unverzeihliche Fehler reifte Ende April 1990 heran, nachdem Kohls Unterhändler Tietmeyer einen ersten Einblick in die desolate Wirtschaftslage der DDR genommen hatte und dem Kanzler darüber (am 22. April) berichtete. Da befindet Kohl, erst tags zuvor aus dem jährlichen Abspeckurlaub zurückgekehrt, er habe den festen Willen, zur Finanzierung der Einheit die Steuern nicht zu erhöhen. Und von nun an steht Kohl so tapfer wie uneinsichtig zu seiner Fehlentscheidung, um gar keinen Preis Steueranhebungen zuzulassen. Auch besondere Sparanstrengungen im eigentlichen Etat seien nicht nötig. Dafür gebe es »überhaupt keinen Anlaß«, versichert der Kanzler überall, etwa zur Eröffnung der Hannover-Messe vier Tage vor der DDR-Kommunalwahl. Die Staatsfinanzen ruhten »auf solidem Fundament«. Zwar werde es auch nach der Währungsunion einige »schmerzhafte Anpassungen« geben müssen, doch schaffe die Einheit zusätzlichen Wachstumsschub, während Steuererhöhungen das nötige wirtschaftliche Engagement und die erforderlichen Investitionen nur gefährden könnten.

Als ob die Fusion zweier höchst unterschiedlicher Staatswesen mit gegensätzlicher Wirtschaftsordnung und stark differierender Wirtschaftsleistung aus der Trinkgeldkasse zu bestreiten wäre! Als ob eine historische Chance von den davon Betroffenen nicht auch ehrlich bezahlt werden könnte!

Kohl will es allen recht machen: den Vertriebenen und den Steuerzahlern, den West- wie den Ostbürgern, den kleinen DDR-Sparern, den Ost-Rentnern, der westdeutschen Industrie – und der eigenen Partei, die natürlich die Wahlen gewinnen soll. Viel auf einmal. Zu viel. Und viel Beweismaterial für diejenigen, die – wie Kohls Herausforderer im Bundestagswahlkampf 1990, Oskar Lafontaine – immer alles besser zu wissen schienen:

- Daß die *Kosten der Einheit* nicht exakt zu beziffern waren, ist klar. Kohl und die Koalition trauten sich aber nicht, den Bürgern im Westen klarzumachen, daß sie die Einheit überhaupt etwas kosten werde.
- Wie Kohl und Genscher die Einheit außenpolitisch absicherten, verdient Anerkennung. Daß aber Kohl viel zu lange mit einer *Anerkennung der deutschen Ostgrenze* wartete, bleibt auch im Rückblick kaum erklärlich.
- Daß die Bonner, angeführt von Verfassungsminister Schäuble, sich mit der Einheit keine neue *Verfassung* geben wollten, scheint schon wegen der Langwierigkeit einer solchen Prozedur verständlich. Aber daß sie die Ostdeutschen zwangen, per Anschluß alle Details einer 40jährigen Vergangenheit aufzugeben und sich dem Westen quasi bedingungslos auszuliefern, wirkt noch heute nach und machte die PDS stark.
- Wie Schäuble die *Stasi-Wunden* heilen wollte, ist auch Jahre später noch umstritten. Daß aber er und die Regierungskoalition die Idee einer Amnestie vorschnell und fast kampflos aufgaben, führte zu einem nutzlosen andauernden Stochern in höchst individuellen Aspekten (und Akten) der DDR-Vergangenheit, die den Opfern nicht gerecht wird und die Täter dennoch von Rechenschaft freistellt.
- Daß sich die Unterhändler der Einigung und danach die Parlamente dazu entschieden, das *DDR-Unrechtssystem*

bis zum Untergang als fiktiv rechtsstaatlich anzuerkennen, rührte daher, daß die friedliche Revolution unvollendet in die Hände von Juristen geriet. Aber daß sich deswegen menschenverachtende Vollstrecker dieses Systems, wie Mielke, Mittag, Stoph und Honecker, nicht wegen ihrer Führungsrolle in diesem System, sondern wegen anderer läppischer, umstrittener oder längst vergessener Taten verantworten mußten, war den meisten Bürgern in West wie Ost nicht zu vermitteln.

– Wie die *Eigentumsfrage* für in Ostdeutschland liegende Grundvermögen geregelt wurde, steht dazu in krassem Gegensatz. Für Immobilien galt plötzlich nicht die Fiktion, DDR-Rechtsakte seien Rechtens gewesen, sondern die Eigentumsgarantie des Grundgesetzes, geschmälert nur durch die Anerkennung der sowjetisch induzierten Bodenreform von 1949. Aber vor 1949 hatte es kein Grundgesetz gegeben, schon gar keine Eigentumsgarantie in Ostdeutschland.

Manche dieser Fehlentscheidungen hätten allenfalls durch andere ersetzt werden können. Jede Fixierung eines Stichtags, etwa in der Eigentumsfrage, bringt Ungerechtigkeiten; wirtschaftspolitisch wäre natürlich der Grundsatz »Entschädigung statt Rückgabe« viel vernünftiger gewesen. Doch auch ein solcher Vorschlag – wie ihn Schäuble ja in die Diskussion gebracht, aber gegen den damaligen Justiz-Unterhändler Kinkel nicht durchgesetzt hatte – wäre mit Kohls Veto kollidiert: Die Einheit, so der Kardinalfehler der Kanzlerlogik, durfte nichts kosten, schon gar nicht den Wähler des Jahres 1990. Also durfte es bessere Lösungen nicht geben.

Völlig sicher scheint heute wie damals, daß Kohl mit einem Appell zu nationaler Solidarität Gehör gefunden hätte. Mit dem ehrlichen Hinweis, die Verwandlung Ostdeutschlands in eine »blühende Landschaft« (Kohl) sei zum Nulltarif nicht zu haben, hätte der Kanzler den Vereinigungsprozeß nicht gestoppt, die Wahl nicht verloren, sondern zusätzlichen

Schub für seine Politik mobilisiert. Nur: Er traute dem Wähler nichts zu.
Sage niemand, die gigantischen Kosten der Vereinigung seien damals hinreichend nicht zu erahnen gewesen. Natürlich waren sie nicht auf die Milliarde genau zu schätzen. Natürlich war der von DDR-Seite genannte Wert des Volks- bzw. Industrievermögens Ost gigantisch überzogen. Aber die Ausrede für alle folgenden Fehleinschätzungen, niemand habe wissen können, daß die osteuropäischen Exportmärkte Ostdeutschlands so schnell wegbrechen würden, weil niemand den Umbruch in Osteuropa habe voraussehen können, ist falsch: Eine D-Mark-Währungsunion mit der DDR bedeutete ja auch, daß aus Ostdeutschland exportierte Produkte von den Empfängern zu Westmark-Konditionen zu zahlen gewesen wären. Und außerdem: Der Zerfall des Ostblocks war ja längst im Gange, als sich die DDR aus der Geschichte stahl – wie sollten da seine besonderen Märkte fortbestehen?
Schäuble: »Es war Lothar de Maizière genauso klar wie Tietmeyer und mir, daß mit Einführung der Westwährung die DDR-Betriebe schlagartig nicht mehr konkurrenzfähig sein würden.«
Aber Kohl fürchtete wohl einen Vertrauensverlust, aufgeschreckt durch übertrieben dargestellte Sorgen im CDU-Präsidium, den Bürgern werde die Einheit zu teuer. Er fürchtete, sein Herausforderer Lafontaine – der die Einheit so nicht und so schnell nicht wollte – könne triumphieren, wenn Kohl sich dessen Argumenten nur ein wenig annähern und Steuererhöhungen als unabdingbar erklären würde. Er dachte in Schablonen des Wahlkampfs, nicht in Kategorien der Vernunft. Der Pfälzer entschied sich für die falsche Variante, die noch Jahre später Folgen zeugte. Weil er Steueranhebungen kategorisch ausschloß, Sparmaßnahmen oder Subventionskürzungen aber auch nicht anpackte, mußten immer neue, teils abenteuerliche Hilfskonstruktionen, Umwegfinanzierungen, Schattenhaushalte, Wortverdrehungen her – etwa eine Steuererhöhung für die Kosten des Golfkriegs (die bei der Endabrech-

nung mit Washington nur mit 14,8 Milliarden Mark zu Buche schlugen); etwa eine (Mineralöl-)Steuererhöhung für die Bahnreform, die zu vollziehen verdienstvoll, die so zu begründen unlauter ist; etwa die Verpflichtung der westdeutschen Rentenkassen, auch für die Ostrentner aufzukommen; etwa die Alimentierung ostdeutscher Arbeitsloser durch die westdeutsche Bundesanstalt für Arbeit – auf Kosten nur der westdeutschen Arbeitnehmer, nicht aber der Selbständigen, der Beamten oder der Staatskasse.
Selbst die Fünf Weisen widersprachen in ihrem Jahresgutachten 1992/93 der Annahme, es habe sich dabei um eine »systematisch saubere Lösung« gehandelt.
Und dann, Jahre später, jedenfalls zu spät, kamen doch noch echte, ehrlich angekündigte Erhöhungen der Mineralölsteuer (1991 und 1994) oder der Mehrwertsteuer (zum 1. Januar 1993 von 14 auf 15 Prozent) oder der Lohn- und Einkommensteuer über einen unbefristeten Solidaritätszuschlag (zum 1. Januar 1995 7,5 Prozent auf die Steuerschuld). Zuvor hatte es sich bei Anhebungen der Versicherungs- und der Tabaksteuer allenfalls um Peanuts gehandelt. Diese Kursänderung war schon die Notbremsung einer katastrophalen Haushalts- und Finanzpolitik, die Kohls Unionsfreund Theo Waigel über die erste Legislaturperiode des ersten gesamtdeutschen Bundestages unerschrocken durchhielt.
Nach Kohls Beschluß, aus Einheitsgründen die Steuern nicht zu erhöhen, hatte Waigel die Wahl, zur Finanzierung der Einheitskosten entweder drastische Einsparungen bei den Ausgaben für Westdeutschland vorzunehmen oder das Mehr für Aufgaben auf Pump zu finanzieren. Er wählte die schlechte Variante – die Schulden.
Das wäre für das Haushaltsjahr 1990 gerade noch vertretbar gewesen, weil zu diesem Zeitpunkt das Ausmaß der industriellen Misere in Ostdeutschland noch nicht exakt zu ermitteln war. Noch im September 1990 sagte das Institut der Deutschen Wirtschaft voraus, daß sich die Einheit schon nach kurzer Anschubfinanzierung von 1992 an für die öffentlichen

Haushalte rechnen, also positiv auswirken würde. Noch im Einigungsvertrag (Artikel 25) ist die Rede von »Erlösen« aus dem Treuhandvermögen, mit denen zunächst die alten Staatsschulden der DDR bezahlt und dann den DDR-Bürgern Vermögensbeteiligungspapiere über Staatstitel oder einen Fonds angeboten werden sollten.

Dann kam das Erwachen – statt eines Gewinns verbucht die Treuhand bis zur Auflösung einen Verlust von 270 Milliarden Mark, so Treuhand-Vorstand Heinrich Hornef. Und dann kam die Kreditaufnahme, die zudem zum unpassenden Zeitpunkt ausuferte. Während sich das Sozialprodukt zwischen 1970 und 1991 von 676 auf 2659 Milliarden Mark nahezu vervierfachte, stieg die Staatsverschuldung zur gleichen Zeit um das Zehnfache, und zwar von 126 auf 1234 Milliarden Mark. Entsprechend schwollen die Zinslasten – von 6,6 auf 77,4 Milliarden Mark, zwölfmal mehr als 1970.

Daß der Zins- und Schuldensockel schon so hoch war, daran traf Kohls Koalition noch die geringste Schuld. Die meisten Kredite waren in der sozialliberalen Ära beim Kampf gegen ölpreisbedingte Rezession und Arbeitslosigkeit aufgenommen worden. Seit 1983 hatten die Christliberalen zwar das jährliche Finanzierungsdefizit zügig abbauen, nicht jedoch die Altschulden spürbar tilgen können. Die öffentlichen Kassen von Bund, Ländern und Gemeinden hatten 1989 sogar einen Überschuß von 5,4 Milliarden Mark erwirtschaftet, dank einer Wachstumsrate von 6,5 Prozent und überproportional sprudelnden Steuereingängen.

Danach kam's knüppeldick. Der eben noch positive Finanzierungssaldo raste binnen drei Jahren über 69,4 und 94,4 auf 101,5 Milliarden Mark ins Minus. Und das auch nur, weil der Bonner Finanzminister mauschelte und wesentliche einigungsbedingte Schulden in Schattenhaushalte versteckte – im Fonds »Deutsche Einheit« (1992: 75 Milliarden Mark); im Kreditabwicklungsfonds mit den Verbindlichkeiten der ehemaligen DDR (90 Milliarden); im »Sektor staatliche Wohnungswirtschaft« der Ex-DDR-Wohnungen, deren Schulden

(46 Milliarden Mark) zunächst nicht getilgt wurden; für die Treuhand (144 Milliarden Mark).
Von 1990 bis 1994 nahmen so die öffentlichen Schulden von 1,094 auf 1,8 Billionen Mark, also um 65 Prozent zu. Diese 1800 Milliarden Mark müssen verzinst und getilgt werden – eine ungeheuere Zahl. Bei einem Schuldendienst von angenommen neun Prozent müssen die öffentlichen Kassen Jahr für Jahr also allein 162 Milliarden Mark für ihre Altschulden aufwenden; das ist, zum Vergleich, genau ein Drittel des Bundesetats für 1995 (484 Milliarden Mark). Der Anteil der Zinsen an den gesamten Steuereinnahmen des Bundes steigt bis 1997 von 11,5 auf 15,8 Prozent – im offiziellen Budget, ohne Schattenhaushalte. Für zusätzliche Staatsausgaben anderer Art bleibt gar kein Platz – im Gegenteil: Die immensen Zinsverpflichtungen erzwingen neue Kredite. Schulden werden kumuliert.
In der Finanzwissenschaft wie beim Sachverständigenrat gilt nur eine Neuverschuldung, die sich am Wachstum des Sozialprodukts orientiert, als stabilitätspolitisch unbedenklich. Wenn aber die neuen Schulden keine Investitionen schaffen, sondern nur zur Bezahlung der alten herhalten, stößt ein solches Vorgehen sogar an die Grenzen der Verfassung. Grundgesetzartikel 115 bestimmt, daß in normalen Konjunkturzeiten Kredite nur bis zur Höhe der jährlich geplanten öffentlichen Investitionen aufgenommen werden dürfen. Diese Grenze ist nur im wirtschaftlichen Notfall, zu dem kurzfristig sicherlich eine Wiedervereinigung gehören mag, zu dehnen – oder mit einer neuen Definition, die den Begrif der »Investition« etwa auch auf kurzlebige Wirtschaftsgüter erweitert. Seit 1994 ist die Grenze bereits überschritten. Nach Zahlen des Bundesfinanzministeriums beliefen sich die Sachinvestitionen auf 97 Milliarden Mark, die Zinsausgaben erreichten jedoch schon 123,5 Milliarden Mark.
Schon 1991 und 1993 tadelte der Bundesrechnungshof, »daß die Schulden des Bundes bei wirtschaftlicher Betrachtungsweise letztlich nicht getilgt werden«. Diese Praxis hält der Hamburger Rechnungsprüfer Jan Meyer-Abich für einen

»Raubbau an den Ressourcen der künftigen Generationen«, die immer noch Zinsen zahlen müssen für Anschaffungen, deren materieller Gegenwert kaum oder nicht mehr vorhanden ist. Rechnungshofpräsident Hermann Granzow: »Solche Geschäfte kann sich nur der Staat leisten, und selbst er nicht auf Dauer.« In der Sprache der Wissenschaft: »Die Hoffnung, durch Staatsverschuldung zusätzliche Haushaltsspielräume gewinnen zu können, trügt. In einer Wirtschaft, in der der Zinssatz höher ist als die Wachstumsrate des Sozialprodukts, sind kreditfinanzierte Ausgabenzuwächse auf Dauer nicht realisierbar, es sei denn für erhöhte Zinszahlungen« – so der Kieler Professor Wolfgang Kitterer.

Es ist merkwürdig, daß diese Alarmzahlen die politische Diskussion in Deutschland so wenig bestimmen. Die fetten Jahre sind vorbei – und keiner merkt's. Doch da der Preis der Einheit nicht rechtzeitig entrichtet wurde, muß jetzt nachgelöst werden. Es ist unabdingbar, daß sich die Finanzpolitiker den einheitsbedingten Herausforderungen stellen. Der Bonner Haushaltsminister muß konsolidieren – und vor allem dafür sorgen, daß im Westen zugunsten des Ostens gespart wird. Sonst bleibt der Wettlauf zwischen Ost und West um ein Mehr an Lebensstandard eine Aufholjagd ohne Ende.

Wahljahre taugen nicht zur Konsolidierung öffentlicher Finanzen, weil das beim Bürger Verzicht erfordert. Waigel freilich hätte das Steuer spätestens 1993 wenden müssen und können, als klargeworden war, welchen finanziellen Fehleinschätzungen die Einheitsmacher zuvor zum Opfer gefallen waren. Die Traumrechnung der westdeutschen Akteure zur Entwicklung blühender Landschaften im Osten hatte ja so gelautet: Die Marktwirtschaft im Osten faßt Fuß und nimmt Fahrt auf; hohe Produktivitätsfortschritte und steigende Einkommen schaffen auch im Osten Vermögensbildung und hohe Steuereinnahmen; daraus können private und öffentliche Investitionen ohne längerfristige Probleme und Kredite bezahlt werden; Altschulden und Volksvermögen der DDR gleichen sich zumindest aus. Aus der Traum.

Er zerbrach nicht nur an der düsteren Realität der DDR-Wirtschaft, er kollidierte auch mit einem hausgemachten Problem – der Eigentumsfrage und der Tatsache, daß es für Investitionswillige darauf zu lange keine Antwort – und keine Grundstücke – gab.
Eine kraftvolle Politik hätte die Auswirkungen jener Fehler minimiert. Sie hätte vor allem die Erwartungen dämpfen müssen, die freilich von den gleichen Politikern geweckt worden waren und die sich etwa in den exorbitanten Lohnsteigerungen zwischen 1990 und 1993 im Osten wiederfanden. Sozialpolitisch mögen die Sprünge erklärlich und verständlich gewesen sein; wirtschaftspolitisch wurde damit der letzte Standortvorteil der ostdeutschen Unternehmen verspielt.
So machtvoll und zielsicher Kanzler Kohl in den Einigungsmonaten 1989/90 agiert hatte, so kraftlos wirkte er danach. Es war, als habe ihn die Anstrengung ausgezehrt, als warte er erschöpft darauf, daß die ostdeutschen Landschaften von allein erblühten, ohne Zutun.
Dabei wäre es durchaus möglich gewesen, die Ostdeutschen vor ihrer selbstgebrauten Ostalgie und vor ihrer Bitterkeit gegenüber allen Besserwessis in Schutz zu nehmen. Aufgabe wäre gewesen, der ostdeutschen Sehnsucht nach einer sich verklärenden Vergangenheit in der DDR-Nischengesellschaft die Aufforderung entgegenzustellen, nun wenigstens gemeinsam und gleichberechtigt Gegenwart und Zukunft der Deutschen anzupacken, etwa bei der fälligen Revision des Grundgesetzes.
Doch weil die Bonner Verfassung für die in Bonn regierende Christenunion sakrosankt war, verschleppte sie die Beratungen der Parlamentskommission bis in den Wahlkampf am Ende der Legislaturperiode und bügelte fast alle Änderungswünsche von ostdeutschen Bürgerrechtlern und Reformwilligen mit ihrer Mehrheit ab. Sie fürchtete an der Hintertür eine ganz neue Verfassung und sah nicht die Chance einer moderaten Modernisierung 45 Jahre nach Drucklegung der alten. In einem überparteilichen Kraftakt wurden lediglich das Staats-

ziel Umweltschutz (Artikel 20 a), die Gleichberechtigung von Frau und Mann (Artikel 3,2) und ein Diskriminierungsverbot für Behinderte (Artikel 3,3) eingefügt. Die *Süddeutsche Zeitung* urteilte bissig: »Zwei schöne Blumenkästen wurden vor ein sanierungsbedürftiges Haus gehängt.«

Gleich nach der Einheit verlegte sich Kanzler Kohl wieder auf seine Alltagsgeschäfte, als sei nichts gewesen, sonnte sich im Ruhm der Geschichte, telefonierte mit den Mächtigen der Erde und ließ seine Minister in ihren zuständigen, von ihm als minder bedeutend verachteten Bereichen weiterwursteln, etwa den Finanzminister. Entgegen den Warnungen aller Experten blieben Waigel und die Koalition dabei, den 7,5prozentigen Solidarzuschlag auf die Einkommen- und Körperschaftsteuer nach zwölf Monaten zum 30. Juni 1992 auslaufen zu lassen – er galt ja angeblich nur den Kosten des Golfkriegs. Dabei waren die Wirkungen des Zuschlags unbestritten gerechter und gleichmäßiger, weil er alle Einkommensschichten zur Kasse zwingt, als die Erhöhung der Beiträge zur Arbeitslosenversicherung, die eben nur Arbeitnehmer trifft und wegen der Beitragsbemessungsgrenze die Besserverdienenden schont.

Wissenschaftler und SPD-Opposition erblickten in dieser Praxis eine »Gerechtigkeitslücke« zugunsten jener Einkommensbezieher, die noch der geringsten sozialen Fürsorge bedürfen, und zu Lasten des unteren Drittels der Verdienstskala. Ebendies kam der Union, deren soziales Gewissen, etwa in der Person von Heiner Geißler, vernehmlich nicht mehr schlug, und vor allem dem liberalen Koalitionspartner durchaus zupaß. FDP-Generalsekretär Werner Hoyer adressierte seine Wahlkampagne 1994 dann auch an jene »Besserverdiener«, bis ein Parteitag ihn zwang, diese Liebeserklärung zurückzunehmen.

Doch zu Mitte der neunziger Jahre wurde immer deutlicher, daß die Politik von Kohls Koalition auf die »Leistungselite« zielte, einen Begriff, den der Kanzler im Sommer 1994 vor dem Wirtschaftsbeirat der Union – wo sonst? – öffentlich verwandte. Er meinte damit exakt die »Besserverdienenden« seines Koalitionspartners, meinte das obere Drittel der Gesellschaft. Die Selbständigen wurden mit dem Angebot eines Fortfalls der Gewerbesteuer geködert, Haus- und Grundbesitzern der Wegfall der – ohnehin skandalös niedrigen – Einheitswerte in Aussicht gestellt. Die Sozialhilfe, so das CDU-Wahlprogramm 1994 ziemlich unverfroren, soll dagegen gekürzt werden. Um deren Empfänger zu verlocken, in niedrigen Lohngruppen (oder darunter) Arbeit zu verrichten, muß eben der Abstand zwischen Lohn und Sozialhilfe vergrößert, jene also gesenkt werden. Im CDU-Parteideutsch: Niedrig bezahlte Arbeit müsse sich »auch dann lohnen, wenn der Anspruch des Beschäftigten auf Sozialhilfe das eigene Einkommen übersteigt«.

Deutschland auf dem Weg in die Drittelgesellschaft – das Schlagwort, das die SPD nach dem Machtverlust 1982 erfand, um die Einkommensverteilung unter Kohl anzuprangern: es gewinnt zwölf Jahre später an Berechtigung. Das obere Drittel der privaten Haushalte bezieht zu Anfang der neunziger Jahre 57 Prozent des insgesamt verfügbaren Haushaltseinkommens, das untere Drittel aber nur 16 Prozent – die Hälfte dessen, was ihm theoretisch-statistisch zustünde. Deutschland entwickelt sich zu einer gespaltenen Gesellschaft: Eine Mehrheit der Bürger lebt in immer größerem Wohlstand, eine wachsende Minderheit wird vom Reichtum ausgeschlossen. Fakt ist: Seit Beginn der Regierungszeit Helmut Kohls verdoppelte sich die Zahl der Sozialhilfeempfänger auf 4,6 Millionen, Ostdeutschland einbezogen.

In einem »Gemeinsamen Wort« kritisierten die beiden großen Kirchen 1994, es sei wohl inzwischen der »Sinn für das Wohl *aller* Menschen verlorengegangen«. Nötig sei, so forderte Bundespräsident Richard von Weizsäcker kurz vor Ende seiner Amtszeit, ein »neuer Lastenausgleich« zwischen Arm und Reich, zwischen Ost und West.

Doch seltsamerweise, als ob bewiesen werden müsse, wie richtig solche Thesen und die daraus abgeleiteten Konsequenzen sind, bleiben alle derartigen Rufe ohne Widerhall in einer Gesellschaft, die sich offenbar zusehends entsolidarisiert und deren Gruppen nur noch den eigenen Vorteil im Auge haben. Fünf Jahre nach der Einheit lassen sich Opferwillige kaum finden. Aber das Opfer nicht versucht zu haben aus Angst vor dem Machtverlust – das bleibt der häßliche Schatten auf dem Bild vom Einheitskanzler Helmut Kohl.

XII.

Sündenfälle (2) Affären in der Überkommunikation

Bei Zeitgenossen mit dürrem Gedächtnis gilt die zweite Hälfte von Kohls dritter Legislaturperiode, also die Spanne 1992/94, als Zeit der Skandale und Affären. Zwei Ministerpräsidenten, drei Bundesminister, eine ganze Landesregierung, eine CSU-Hoffnung und ein mächtiger Gewerkschaftschef mußten zurücktreten. Eine beachtliche Strecke. Mancher hätte es gerne gesehen, wenn mit Manfred Stolpe und Oskar Lafontaine zwei weitere Länderregierungschefs um Entlassung eingekommen wären und damit ihre Partei, die SPD, ein Stück affärenträchtiger gemacht hätten. Denn die meisten zutage getretenen Durchstechereien oder Anrüchigkeiten betrafen die in Bonn nun schon so lange regierende Christenunion.

Dabei handelte es sich bei allen aufgedeckten Pikanterien gar nicht um Skandale, schon gar nicht um solche, die das Gemeinwesen und mithin die öffentliche Moral betrafen. In den neunziger Jahren ging es meist um private Affärchen, um die alltägliche kleine Bereicherung sowie um die Aufdeckung dieser Fälle, für die – nach Wörner, erst recht nach Barschel – das Wort Skandal, also »skandalon« (griechisch: der Fallstrick) nicht mehr taugt. Sicher, zugrunde lag jeweils menschliches Fehlverhalten, das für Träger demokratischer Ämter nicht akzeptabel, aber erklärbar ist: hier eine Einladung aufs Land, dort eine zum Essen (Späth/Streibl) – und plötzlich heißt das Land Brasilien, auch schon mal Indonesien, und das

Essen soll die Kontakte zwischen Politik und Wirtschaft schmieren, wobei Spesenbelege und solche für »Speisen und Getränke« anfallen, was dann wiederum auf Kosten der Allgemeinheit geht, jedoch dem Nutzen einer Firma dient. Die Fälle wurden mit Anstand, wenn auch zuweilen langwierig oder ohne die nötige Einsicht der Betroffenen geahndet. Allen Affären war ein griffiges Schlagwort (in alphabetischer Reihenfolge) gemein:

- Aktien-Affäre: IG-Metall-Chef Franz Steinkühler spekulierte gewinnträchtig mit Aktien von Mercedes, zu dessen Aufsichtsrat er gehörte.
- Amigo-Affäre: Bayerns Ministerpräsident Max Streibl ließ sich bei zwei Urlaubsreisen nach Brasilien erwischen, die ihm der Industrielle Burkhart Grob spendierte.
- Chip-Affäre: Bundeswirtschaftsminister Jürgen Möllemann warb in einem Empfehlungsschreiben für das Produkt eines Schwippschwagers.
- Gehälter-Affäre: Die Landesregierung von Sachsen-Anhalt zahlte ihren aus dem Westen stammenden Kabinettsmitgliedern weit überhöhte Gehälter.
- Kanzlei-Affäre: Bayerns CSU-Hoffnung Peter Gauweiler kassierte für die Verpachtung seines angeblichen Mandantenstamms nach seiner Anwaltszeit monatlich 10 000 Mark.
- Panzer-Affäre: Bundesverteidigungsminister Gerhard Stoltenberg mußte gehen, weil sein Ressort trotz eindeutigen Verbots durch den Haushaltsausschuß des Bundestages Leopard-Panzer in die Türkei lieferte.
- Putzfrauen-Affäre: Bundesverkehrsminister Günther Krause alimentierte seine Putzhilfe mit staatlichen Zuschüssen für Dauerarbeitslose.
- Rotlicht-Affäre: SPD-Vize Oskar Lafontaine gerät in Kritik, weil er Kontakte ins Rotlicht- und Ganovenmilieu unterhalten hatte.
- Schubladen-Affäre: Der schleswig-holsteinische SPD-Poli-

tiker Günter Jansen zahlte dem Ex-Barschel-Helfer Reiner Pfeiffer 25 000 Mark bar aus einer Küchenlade; im folgenden Untersuchungsausschuß mußte SPD-Chef Björn Engholm einräumen, vor dem ersten Untersuchungsgremium 1987 die Unwahrheit über das Datum der Kenntnisnahme von Barschels und Pfeiffers Mauscheleien gesagt zu haben.
- Traumschiff-Affäre: Der baden-württembergische Ministerpräsident Lothar Späth ließ sich von Firmenchefs oft zu exklusiven Ferientrips einladen.

Eine genauere Betrachtung all dieser Affären zeigt, daß die Schwelle für öffentliche Empörung weit gesunken ist. Die demokratischen Wachmannschaften sind auf der Hut, nur fragt sich oft, vor welchem Feind. Wörner, der die Reputation eines langjährigen Mitarbeiters erbarmungslos zerstörte, durfte noch beruflich reüssieren. Späth mußte zurücktreten, weil ihn ein früherer enger Freund, der damalige Chef der Elektronikfirma SEL, Helmut Lohr, als korruptionsverdächtig verpfeifen ließ. Dabei war's nur eine Retourkutsche: Lohr selber war wegen merkwürdiger Abrechnungsmodalitäten mit den Finanz- und Strafbehörden in Konflikt geraten.
Rachsüchtige Intimkenner sind für den Fortgang von Affären hilfreich, nicht selten unverzichtbar. Fehlen sie, fehlt auch der Schuldspruch. Als Premier Pieter Wilhelm Botha aus dem international geächteten Südafrika im Juni 1984 nach Bonn kommt, bietet ihm Kanzler Kohl vor den Fotografen zwar keinen Platz an – das Begrüßungssofa war eigens für diesen Tag entfernt worden –, aber er verspricht ihm Prüfung des südafrikanischen Wunsches, deutsche Unterseeboote oder zumindest deren Baupläne zu kaufen. Auch Franz Josef Strauß setzt sich für das Geschäft ein, das trotz eines bindenden Waffenembargos des Weltsicherheitsrates wundersamerweise zustande kommt. Zum Jahreswechsel 1984/85 liefern die im wesentlichen bundeseigene Firma HDW und das befreundete Unternehmen IKL zwei Zentner Baupläne für 60 Millionen

Mark ans Kap. Kohl behauptet, vom Geschäft erst im nachhinein, im Sommer 1985, und nicht schon vorher im Gespräch mit Strauß – ein Brief erwähnt den August 1984 – erfahren zu haben. Die Aktenlage ist seltsamerweise schlecht; ein Kanzlerberater soll ein aufschlußreiches Dokument vernichtet haben. Und alle Kundigen, auch in einem Untersuchungsausschuß des Bundestages, ahnen: Natürlich haben die Politiker das Geschäft rechtzeitig gekannt und gedeckt, womöglich eingefädelt, jedenfalls gefördert. Es mangelt nur an Beweisen.
Daß Wolfgang Schäuble später seinen Schalck deckt, weil der etwas weiß, was er öffentlich nicht sagen will, ahnt jeder Kundige. Aber es mangelt an Beweisen.
Oft reicht es ja aus, wenn die Beweise nicht den Anlaß, sondern den Fortgang des Falles betreffen. Möllemann, Streibl, Engholm gerieten nur deshalb in Mißkredit, weil sie in ihren Verteidigungsreden Widersprüche übersahen. Sie taten an sich nichts (bedeutsam) Unrechtes, schoben aber als Folge und zur Erklärung ihres Tuns Behauptungen hinterher, die sich als falsch erwiesen. Für den affärengewandten Strauß, der Journalisten schon mal gerne mit »Schmeißfliegen« verwechselte, wäre das eine Petitesse gewesen. Für den SPD-Vize Lafontaine weniger, auch wenn er sich ebenfalls einer Anlehnung aus dem Tierreich bediente; er sprach von »Schweinejournalismus«, als er an seine Bekanntschaft mit einem polizeilich gesuchten Bordellbetreiber erinnert wurde. Auf schneller Flucht nach vorn forderte Lafontaine, daß Journalisten vor einer Indiskretion auch mal stillhalten sollten: »Die Politik muß zu verhindern suchen, daß aus Politikverdrossenheit Demokratieverdrossenheit wird. Nach wem wird man rufen, wenn der letzte demokratische Politiker als korrupte Witzfigur enthüllt worden ist?«
Bevor der Kampf um Marktanteile der Beliebigkeit zwischen Print- oder Fernsehmagazinen entbrannte, gab es durchaus eine Scheu vor allzu intimen Indiskretionen, die oft genug nur dazu dienen sollen, daß ein Politiker im Kampf um die Macht den anderen besiegen will. Unzählige Male verbreitete sich

etwa Strauß über das Intimleben seines Lieblingsfeindes Kohl. Doch die Medien machten nicht mit; sie durchschauten das Spiel und die Absicht. Sollten sie Lügen verbreiten, um Lügner präsentieren zu können? Und auf diesem Wege die Unwahrheit druckfähig machen?

Viele Journalisten und Landespolitiker wußten seit Jahren von Theo Waigels Distanz zu Ehefrau Karin und seiner Liaison mit dem Ex-Skistar Irene Epple. Und sie behielten das für sich – bis zu dem Tag, als im Machtkampf zwischen Theo Waigel und Edmund Stoiber um die Nachfolge des Amigo Max Streibl und dessen Amt als Ministerpräsident Hilfstruppen des einen die Frage durch die Münchner Landtagsflure wisperten, mit welcher First Lady sich der Waigel Theo als Premier wohl bei der Fronleichnamsprozession zeigen wolle.

Da war die love-affair zur Staatsaffäre geronnen – und verkam zur Schnulze, als sich Waigel plötzlich wagemutig mit Irene zum offenen Outing auf Thomas Gottschalks RTL-Sofa setzte, während sich Karin und Margarethe Schreinemakers auf SAT.1 mit gemeinsamen Tränen von Zorn und Verzweiflung benetzten.

Ohne Medien sind Politiker nichts; und wenn sie gut sein wollen, wissen sie das. Sie versuchen, die Betrachter der Szene ins Geschehen einzubinden. Sie locken mit Informationen und drohen mit Freundschaftsentzug. Ihr Lieblingsjournalist gleicht einem Automaten, der nach Münzeinwurf die gewünschte Ware auswirft. Die meisten ihrer Lieblingsjournalisten machen bei öffentlich-rechtlichen Rundfunk- und Fernsehanstalten Karriere, in Anstalten eben, in die sie sich zuvor von Politikern pferchen ließen.

Andere schlagen die Nachricht unter dem Vorbehalt der eigenen Urteilsfähigkeit um; sie prüfen den Wert. Und sie steigern ihre politische Unabhängigkeit, wenn sie die Nachricht nicht als gottgegebenes Gebot (des Pressereferenten/der Parteizentrale/des Ministers) ins Land tragen, sondern selbst recherchieren oder einordnen. Da kommt Angst auf bei denen, die dazu Grund spüren, und Hoffnung beim parteipolitischen Gegner – auch dies gehört zum Spiel wie zur Demokratie.

Der Publizistik-Professor Siegfried Weischenberg hat einmal einen Lehrsatz geprägt: »Demokratie ist Regierung durch öffentliche Meinung.« Und wie entsteht öffentliche Meinung? Kohls Regierungsjahre haben gezeigt, daß dazu der Vorsatz nicht reicht, mit Mitteln und der Propaganda der Regierung eine »geistig-moralische Erneuerung« betreiben zu wollen. Es gehört dazu der Wille und die Fähigkeit, ein Thema öffentlich besetzen und ein Problem über einen bestimmten Lösungsansatz bewältigen zu können.

Helmut Kohl regiert allerdings nicht über die Presse; er hat Scheu vor den Journalisten – und er verachtet sie zugleich. Der Pfälzer antwortet am liebsten auf Fragen, die keiner gestellt hat, mit Antworten in verschwenderischem Wortschwall, die keiner so hören mag. Nach Kohls Verständnis haben die Medien Verlautbarungen weiterzugeben, die später den Wahlerfolg sicherstellen. Das deckt sich nur selten mit dem Informationsauftrag der Medien. Information ist für Kohl nicht die Antwort auf die Frage nach den Hintergründen, sondern das Vermakeln der Ware Nachricht, die pure Weitergabe. Seine Lieblingsreporter sind deshalb bei Hofe zugelassen, weil sie zuhören können, ohne lange zu fragen. Ihre Ware wird über SAT.1 auf die Sofas gestrahlt und über *Bild* auf die Boulevards gestreut.

Es ist dies die deutsche Variante eines in den USA grassierenden epidemischen Schwachsinns. »Political correctness« verlangt dort, um keinen Preis Stellung zu beziehen, niemals Euphemismen als solche, Phrasen als hohl und Unwahrheiten als falsch bezeichnen zu dürfen. In einer solchen Welt, steril und antiseptisch, sind Ministerrücktritte ziemlich ausgeschlossen – und ist die Medienfunktion zum Mikrofon verkommen.

Medien, so lehrt die Ethymologie, vermitteln – zwischen Politikern und Bürgern. Sie sollen dabei, so verlangen es viele Konservative, die Welt schöner machen, als sie ist – und können doch nur die triste Realität bieten.

In der Person von Peter Boenisch, Ex-Chefredakteur *Bild, Welt* und Ex-Regierungssprecher Helmut Kohls, ist das Problem in nuce versammelt. Boenisch in der *Welt am Sonntag:* »In den Medien ist schon seit langer Zeit jeder Tag Karfreitag. Jeden Tag schlagen wir einen ans Kreuz. Von Stolpe bis Krause, von Späth bis Streibl, von de Maizière bis Lafontaine. Die politische Konfession spielt keine Rolle. Hauptsache: Kreuzigung. Die Medien sind die Henker.«

Er hat ja recht. Aber er vergaß in seinem Besinnungsaufsatz, so wie damals beim Finanzamt, auf jenen schönen Millionenvertrag mit Daimler-Benz hinzuweisen, der ihm Engagement gegen eine »autofeindliche Verkehrspolitik« abverlangte und damit die Unabhängigkeit des Journalisten wie des Regierungssprechers in ernste Gefahr gebracht hatte.

Politikverdrossenheit kommt von den Politikern, die verdrießlich machen, über die Presse, die den Verdruß teilt, an den Bürger, der oft auf beide Seiten sauer ist. Als der *Spiegel* Anfang Mai 1993 berichtete, daß und warum Björn Engholm vom SPD-Vorsitz zurücktrete, bestellten spontan mehr als 200 Abonnenten das Magazin ab – vorgeblich aus Frust über die Nachricht, tatsächlich aus Ärger über die SPD. Sie wollten die Wirklichkeit schöner haben.

Als Jürgen Möllemann Anfang 1993 vom Amt des Wirtschaftsministers zurücktrat – nicht wegen des Empfehlungsschreibens für seinen Schwippschwager, sondern weil er öffentlich einen Irrtum eingestehen mußte –, schickte ihm Daimler-Benz-Chef Edzard Reuter einen Trostbrief: »Wir alle wissen inzwischen, wie gefährlich die normale Wächterfunktion der Medien umgeschlagen ist in eine bedenkenlose Vernichtungsmaschinerie zwecks Pflege des eigenen wirtschaftlichen Erfolges.«

Immer noch ist der Bote schuld an der schlechten Nachricht. Er soll am liebsten schweigen. Zumindest soll er sich, so klagen die Angeklagten an, seiner Rolle als »vierter Macht im Staate« bewußt sein, keine Vorverurteilungen begehen und am liebsten Positives melden. Also: Statt der Zeile: »Jetzt vier

Millionen Arbeitslose« lautet die positive Nachricht: »Mehr Freizeit für mehr Bürger.«
Die Bundesregierung ist da nicht tatenlos. Schon seit einigen Jahren werden die Arbeitslosenzahlen systematisch geschönt. Sie enthalten nicht mehr die Ziffern der Kurzarbeiter, die auf Null gesetzt wurden, nicht mehr die der Teilnehmer an Arbeitsbeschaffungsmaßnahmen, nicht mehr die Umschüler. Und sie sollen, so wollte es die Kohl-Koalition im Sommer 1994, nicht mehr die Zahl jener Langzeitarbeitsloser umfassen, die länger als zwei Jahre Arbeitslosenhilfe bezogen haben. Die würden dann, so etwas nannte Kohls Regierung eine »Entlastung« des Arbeitsmarktes, nicht mehr der Bundesanstalt für Arbeit, sondern der Sozialhilfe anheimfallen – und vor allem nicht mehr der Arbeitslosenstatistik. Ein positiver Trend.
Wahrheiten, nüchterne Fakten lassen sich in kleinen Mengen manipulieren – ein Trend ist nicht zu biegen. Ein Unglück bleibt ein Unglück und mancher Minister eine Fehlbesetzung. Was bleibt da schönzureden? Im zynischen Slang amerikanischer Zeitungsmacher: »Bad news are good news.« Nicht nur, weil sie Auflage erhöhen, aber auch, weil sie Leser fesseln. »Schlechte Nachrichten haben Flügel«, weiß ein französisches Sprichwort. Das galt schon zu Zeiten des Sprüchesammlers Freidank, der im frühen Mittelalter lebte. Das gilt für immer und ewig, auch wenn die Konservativen es besser hätten.
Waldsterben, Klimakatastrophe, Umweltgifte sind natürlich als Medienereignis jüngeren Datums. Daß sie von den Medien erfunden worden wären zwecks negativer Weltsicht, das hätten manche Christdemokraten gern, die von der heilen Welt ihrer Großmütter träumen.
Natürlich hat sich die früher feste Bindung mancher Medien an ideologische Fundamente gelockert, doch gewachsen ist die Beliebigkeit der Argumente, schon immer Berufsausweis des – schlechten – Journalismus. Etwa: Zuerst wird eine Erhöhung der Mineralölsteuer gefordert; ist sie da, werden die

Pendler als Leidtragende bedauert. Viele Medien sind strikt gegen deutsche Waffenexporte; anderntags beklagen sie das Los der Arbeitnehmer in der Rüstungsindustrie. Andere werben für ein bestimmtes Wahlergebnis; hinterher machen sie gegen die gleiche Konstellation Front.

Ulrich von Alemann, Politikprofessor in Hagen, nennt diese Erscheinung »mediale Volatilität – ein Fliegen und Flüchten von einem Trend zum anderen«.

In der Informationsgesellschaft, die Linie durch Entertainment ersetzt und Standpunkte durch Nachrichtenkrümel, bemerken die schnellen Konsumenten solche Widersprüche nicht. »In einem Meer von Belanglosigkeiten«, so prophezeite Aldous Huxley schon 1932 in der *Schönen neuen Welt,* »ertrinkt die Wahrheit.« Kohl und seine Koalition haben mit ihrer Medienpolitik zur Überschwemmung beigetragen.

Hat die Presse Macht? Oder das Fernsehen? Sie konnten *(Bild)* eine Sondersitzung des Bundestages wegen höherer Telefontarife herbeischreiben. Sie konnten ein paar Minister stürzen, zur Lauterkeit beitragen. Aber Macht?

Es gibt keine vierte Gewalt in Staat oder Gesellschaft, schon gar nicht eine zügellose. Die Vertreter der Medien, die neben Legislative, Exekutive und Judikative so stark sein sollen, hörten gerne von ihrer Macht. Aber ihre Macht unterliegt der Kontrolle – stärker noch als die der Regierung. Die Medien sind nämlich der Konkurrenz ausgesetzt.

Kein Chefredakteur, kein Verleger hat die Kraft, ohne Grund einen mißliebigen Politiker abzuschießen. Vielmehr muß die öffentliche Kritik der Öffentlichkeit auch plausibel erscheinen. Deshalb konnte Stolpe im Amt bleiben, der *FAZ* zum Trotz.

Allen Affären liegt, Binsenweisheit, ein Fehlverhalten zugrunde, das die Medien bloß aufdecken, aber nicht ahnden können. Und, nicht zu vergessen: Die Medien brauchen dazu Informanten, Tipgeber, meist Feinde der Betroffenen, zuweilen Denunzianten genannt. Medienforscher Hans-Matthias Kepplinger: »Entscheidend für den Ausgang eines Skandals

ist das Verhalten der eigenen Seite« – also der Parteifreunde und Weggefährten. Wenn überhaupt, sind diese Pfeiffers von der Waterkant, diese Deep-throats von Watergate die vierte Gewalt – oft genug namenlos, aber informiert genug, um den Übeltäter der dritten Gewalt ausliefern zu können.
Die Presse hat ein Wächteramt – und nimmt es oft genug nicht wahr, weil die Zwänge hemmen: die Anzeigenkundschaft, die Überzeugung des Verlegers, die Rücksicht auf die eigene Karriere, der Mangel an Beweisen, die Sympathie für einen Angeschuldigten.
Der Wächter ist der Definition zufolge nicht Opfer und nicht Täter. Er soll wach und achtsam sein, aber selbst keine Kämpfe ausfechten. Er soll den Intimbereich vom Reich der Intrigen und politischen Positionskämpfe unterscheiden und die Politik, als öffentliche Aufgabe, vom Klatsch trennen. Er soll Regelverletzungen vermeiden, wie die Politiker, und er soll das Unwichtige, Menschelnde vom Skandal trennen.
Daß der um die deutsche Einheit verdiente de Maizière alias IM Czerny nach Aufdecken seiner Vergangenheit zurücktrat, statt um Verständnis zu kämpfen, zeigt die Ungleichheit. Czerny ist ein Opfer jener Volatilität. Als Synodaler der evangelischen Kirche und Stasi-Informant tat er ersichtlich nichts, was irgendeinem Menschen geschadet hätte, lieferte bloß Berichte, deren Inhalt die Stasi von anderen Zuträgern genauso bezog. Sein einziger Fehler: Er hatte bestritten, Czerny gewesen zu sein. Als Verstrickter war er denkbar ungeeignet, weiter für sein Ziel zu werben, einen wie immer zu formulierenden Frieden zwischen Stasi-Opfern und -Tätern zu finden.
IM Sekretär, alias Manfred Stolpe, stand tapfer und fest zu seiner Vergangenheit als Verbindungsmann zwischen Kirche, Staat und Staatssicherheit. Er hatte nicht nur Freunde unter den früheren DDR-Bürgerrechtlern, denen er – etwa nach der Liebknecht-Luxemburg-Demonstration im Januar 1988 – geholfen hatte, in den Westen ausreisen zu können. Er machte sich manche, etwa Bärbel Bohley und Freya Klier, zum Gegner, weil er ihre Ausreise gegen deren Willen betrieb. War

er Handlanger der Stasi, weil er keine Märtyrer wollte? Oder sollte er nur deshalb zurücktreten, weil er einen Stasi-Orden an einem Ort entgegengenommen haben sollte, an den er sich zweifelsfrei nicht mehr erinnern konnte?

Der öffentliche Unmut gegen mediale Vorverurteilungen früherer Stasi-Zuträger rührt daher, daß die Vor-Urteile unterschiedslos jeden trafen – einmal Stasi, immer schlecht. Als ob ausnahmslos alle Mitglieder der damals mit der SED verbandelten Blockparteien gut gewesen wären.

Die Unterschiede werden von allzeit jagdbereiten Medien verkleistert. Der so unglaubliche wie traurige Fall des Ost-SPD-Chefs Ibrahim/Manfred Böhme, der seine Freunde jahrelang unter verschiedensten IM-Spitzelnamen ausforschte, galt de Maizières Fall als gleich. Im öffentlichen Bemerken wirkten die Beweggründe oder Vergangenheiten von Stolpe und Wolfgang Schnur, kurzzeitig Chef des CDU-nahen »Demokratischen Aufbruchs«, so gleich und austauschbar wie die von Alexander Schalck-Golodkowski, (Stasi-)»Offizier im besonderen Einsatz«, und von Käte Waltemath, der Traditions-Sozialdemokratin aus Rostock. Die Medien brachten sie alle, Stolpe und Schalck ausgenommen, mangels nachprüfbarer Unterscheidungskriterien zur Strecke. Macht nichts, die Stasi wird verbrannt – von *Bild* oder *Spiegel, FAZ, taz* oder *Super-Illu.*

Richtig ist ja – und kein Verdienst des Kohl-Regiments, sondern ein Produkt der Zeit, wenn auch von Kohl und seinem Medienmanager Christian Schwarz-Schilling tatkräftig gefördert –, daß sich die Möglichkeiten für »Schweinejournalismus« mehren. 24 Fernsehkanäle, unzählige Zeitungen und neue Zeitschriften sorgen beim ehedem geneigten Konsumenten für Reizüberflutung. Bilder und Berichte etwa von Bürgerkriegen werden nicht mehr nach politischen Kriterien – zum Beispiel der Konfliktbewältigung – ausgesucht, sondern nach dem Maßstab exotischer oder singulärer Grausamkeiten. Der Konsument stumpft ab. Im Reality-TV oder im Film sucht die Gewalt zwecks Aufmerksamkeit nach immer neuen Steigerungsformen. Nicht von ungefähr berief Bundespräsident Richard von Weizsäcker mit seiner letzten Amtshandlung im Mai 1994 einen »Medienrat«, der eine freiwillige Selbstkontrolle bei Gewaltszenen durchsetzen soll.

Wahr ist auch, daß sich die Überfülle an Kommunikationssignalen zum Überdruß steigern kann – Zappen in Fernsehen oder Zeitschriften nicht aus Lust und Laune, sondern aus Gründen der Selbstverteidigung, weil der Konsument sich fremdbestimmt fühlt statt zur Info-Elite gehörig. Er schwimmt im Meer der Signale und der Reize. In einer Demokratie gilt er als reif genug, sich selbst ans Ufer zu retten. Ob sich auch der affärenbelastete Politiker zu retten vermag, hängt von der öffentlichen Meinung ab. Und die ist – Helmut Kohl, aufgepaßt! – nicht nur Sache von *Bild* oder SAT.1.

XIII.

Macht und Ohnmacht Die fetten Jahre sind vorbei

Von Kanzler Helmut Schmidt ist glaubhaft, weil von einem seiner engsten Mitarbeiter überliefert, wie oft er sich vor den Grenzen seiner Macht sah und wie er darauf reagierte – mit Schlafstörungen und mit Depressionen (»Ich möchte sterben«). Er fürchtete, die Republik werde schon bald nicht mehr regierungsfähig sein – wegen der Macht der Verbände, der Fraktionen, der Parteicliquen, des Bundestages, des Bundesrates, der Länder, der Rechtslage, der Verbündeten, der leeren Kassen, kurz: der Zwänge, in die er sich nicht fügen mochte, doch mußte. Als leitender Angestellter der Bundesrepublik Deutschland hielt er seinen Spielraum für zu klein, seine Macht für zu gering.

Von Helmut Kohl gibt es derartige Klagen nicht. Wahlkampf, die immer neue Bewerbung um die laut Schmidt doch so geschmälerte Macht, ist ihm Jungbrunnen und Ansporn: »Das Ziel ist Sieg und nicht Platz.« Warum er siegen will, läßt er lieber unklar; er war – außer in Hölderlin – gut im Fach Machterhalt, und der, so hat der Christdemokrat Alexander Gauland beobachtet, »ist das Ziel selbst. Mit Helmut Kohl ist die politische Klasse zur Funktionselite geworden, die ihre Legitimation allein aus dem täglichen Erfolg gewinnt, aus dem, ›was hinten rauskommt‹.«

Das wäre aber ein enger Machtgenuß, wenn es Kohl wirklich so ausschließlich um die Herrschaft per se ginge und gar nicht um Inhalte. Wohl wahr, Visionen gehören nicht in sein Repertoire, und hätte er sie plötzlich, er wäre nicht mehr Kohl. Aber der pfälzische Heimatverpflichtete hat auch nach der Einheit, die ihm mit seiner Hilfe in den Schoß fiel, durchaus Willen und Vorstellung von einem übergeordneten Ziel: Er will Deutschland einbetten in ein Europa, dem auf Dauer ein eigener Nationalcharakter zuwächst und dessen nationale Charaktere ineinander verschmelzen. Dafür tut er, was in seiner Macht steht. Aus Kohls Regierungserklärung vom 11. November 1993 vor dem Bundestag:

> Was wir bisher wirtschaftlich in der Europäischen Gemeinschaft gemeinsam erreicht haben, läßt sich auf Dauer nur dann bewahren, wenn wir es auch politisch absichern. Eine Art gehobene Freihandelszone reicht dafür nicht. Wir brauchen die politische Union. Dies ist nach meiner festen Überzeugung auf lange Sicht auch eine Frage von Krieg und Frieden. Denn die bösen Geister der Vergangenheit, die zur Zeit auf dem Balkan wüten, sind nicht ein für allemal gebannt. Manche wollen dies nicht wahrhaben. Sie glauben, Frieden sei etwas Selbstverständliches. [...] Heute leben wir bereits achtundvierzig Jahre in Frieden. Wir werden nur dann absolute Gewißheit haben, daß dies auch weiterhin so bleibt, wenn wir in unseren Anstrengungen für die Einigung Europas nicht nachlassen. Wie die politische Union Europas schließlich in allen Einzelheiten aussehen wird, wissen wir heute nicht. Niemand will einen europäischen Einheitsstaat, es darf aber auch kein Zurück in das nationalstaatliche Denken des neunzehnten Jahrhunderts und der ersten Hälfte dieses Jahrhunderts geben. Die machtpolitischen Rivalitäten früherer Zeiten auf unserem Kontinent müssen ein für allemal der Vergangenheit angehören.

Das ist Kohls Credo seit der Schülerzeit, als er in der Pfalz gegen Schlagbäume an der Grenze zu Frankreich demonstrierte – und ein glaubhaftes dazu: Mit dessen Hilfe hat er von Gorbatschow, der immerzu von einem »europäischen Haus« schwärmte, in das er selber gern eingezogen wäre, von Mitterrand und – widerstrebend – von Margaret Thatcher das Plazet zur deutschen Einheit erhalten. Wer seinen Staat vergrößert und volle Souveränität anstrebt, danach aber die Verfügung über diesen Staat sogleich an supranationale Institutionen abtreten will, dem kann an Großmachtallüren nicht gelegen sein. Kleinmut steckt allerdings auch nicht dahinter. Kohl hat nichts gegen das amerikanische Angebot einer »Partnership in leadership«, weil auch damit die deutsch-französische Führungsrolle in Europa vortrefflich betont wird. Aber es soll keine Dominanz gegenüber den kleineren Staaten sein. Ausnahmen von der Regel – etwa der mit Mitterrand gestartete Versuch, den Belgier Dehaene zum EU-Kommissionspräsidenten zu machen – fallen sogleich auf.

Es ist so etwas wie eine neue Heimat, an deren Verwirklichung Helmut Kohl arbeitet: Er, der aus dem Herzen Mitteleuropas stammt, will dieses Zentraleuropa so eng aneinanderschmieden, daß ein Zerfall und auch ein nationaler Alleingang nicht mehr möglich erscheinen. Deshalb ist er bereit, notfalls auch ein »Europa der drei Geschwindigkeiten« zu akzeptieren, wie es Frankreichs Premier Edouard Balladur und nach ihm Wolfgang Schäuble 1994 skizziert haben: ein Kern aus Deutschland, Frankreich und Benelux, umgeben von EU-Staaten mit geringerer Integrationsgeschwindigkeit, die je nach Entwicklung durchaus zum Kern vorstoßen dürfen. Den dritten Ring bilden die Länder Osteuropas, die zunächst mit Assoziierungsabkommen an die Europäische Union gewöhnt werden sollen. Deshalb auch Kohls Kampf für die Währungsunion in Maastricht, deshalb seine Kompromißbereitschaft auf dem Weg zu einer europäischen Währung. Er weiß ja seit dem 1. Juli 1990, daß eine Währungsunion die Vorstufe zur Einheit ist – ob in Bundesstaat oder im Staatenbund. Der Probelauf war erfolgreich – wenn auch, laut Waigel, um bis zu 80 Milliarden Mark zu teuer.

Seit der deutschen Einheit ist in Kreisen, die sich neuerdings ungeniert national gebärden, die Mode ausgebrochen, gegen ein allzu mächtiges Europa anstreiten zu wollen, das seine Stärke dann angeblich auf Kosten Deutschlands beziehe. Nicht allen Kritikern geht es um eine Rückkehr zu nationaler Größe oder um die Rückwendung zu einer deutschen Normalität im internationalen Konzert, 50 Jahre nach der Weltkriegs-II-Katastrophe. Der Kampf gilt speziell dem Verlust der Mark und der geplanten gemeinsamen Währung, die mit der dritten Stufe der europäischen Wirtschafts- und Währungsunion zwischen 1997 und 1999 realisiert werden soll.
In einer Zeit, da die Beitrittswilligen aus Osteuropa in Brüssel Schlangen bilden und da die Erweiterung der Gemeinschaft von 12 auf 15 Mitglieder gerade vollzogen wird, wirkt die Kampagne besonders seltsam; und der Kreis derer, die sich dafür im Geiste zusammengefunden haben – vom früheren EU-Kabinettschef und Parteigründer Manfred Brunner über den CSU-Rechtsaußen Peter Gauweiler, Münchens Premier Edmund Stoiber bis hin zu *Spiegel*-Herausgeber Rudolf Augstein –, ist nicht minder auffällig. Sie wollen Helmut Kohl hindern, sein einziges konkretes außenpolitisches Ziel zu erreichen, an dem er all die Jahre seiner Kanzlerschaft gearbeitet hat; und es ist Kohl anzurechnen, daß er sich in seiner Zielrichtung, Deutschland in einem größeren Europa fest einzubinden, auch nicht durch nationales Gedusel in seiner eigenen Partei wie anderswo beirren läßt.
Der Kampf ist auch deshalb bemerkenswert, weil er von nationalen Grundbedingungen in der Konjunktur- und Finanzpolitik ausgeht, die Deutschland derzeit gar nicht erreicht, die zu besitzen aber auch die deutsche Volkswirtschaft durchaus schmücken würde. Denn in die dritte Stufe der Währungsunion darf nach den Maastrichter Beschlüssen nur ein Land eintreten, das

– mit seiner Inflationsrate den Durchschnitt der drei besten Länder um höchstens 1,5 Prozent übertrifft; den EU-Refe-

renzwert von 3,4 erreichte Deutschland mit 4,0 (Ende 1993 nicht);
- für langfristige öffentliche Anleihen eine Rendite präsentiert, die jene der drei günstigsten Länder um höchstens drei Prozentpunkte übersteigt; EU-Wert: 9,2; deutscher Wert: 6,5;
- in seinem jährlichen Staatshaushalt ein Defizit von nicht mehr als 3 Prozent vom Bruttoinlandsprodukt ausweist; Deutschland: 3,3 Prozent;
- mit dem Gesamtstand der öffentlichen Schulden höchstens 60 Prozent des Bruttoinlandsprodukts erreicht;
- sich mit seiner Währung zwei Jahre lang spannungsfrei in den Bandbreiten des europäischen Währungssystems bewegt hat.

Zwei dieser »Konvergenzkriterien« hätte Deutschland zum Jahresende 1993 nicht erfüllt. Statt irrational gegen eine europäische Währung anzugehen, wären Bemühungen für eine bessere deutsche Haushaltspolitik verdienstvoll. Damit wäre mehr der Sache und weniger dem nationalen Pathos gedient. Der Mißerfolg der Antieuropäer bei der Europawahl 1994 – Brunners »Bund freier Bürger« errang ganze 1,1 Prozent, die Republikaner flogen mit 3,9 Prozent aus dem Europaparlament – hat gezeigt, daß die Deutschen für solche Parolen gar nicht empfänglich sind: Sie wissen mit ihrem in Urlaubsreisen gewachsenen Internationalismus, welche Vorteile Grenzenlosigkeit hat; und sie ahnen, daß es eine reine Markwirtschaft, eine Insel der Stabilität für eine Exportnation vom Volumen Deutschlands nicht geben kann. Entgegen manchen abgehoben-weltfremden Leitartikeln, die der Mehrheit in Deutschland Europamüdigkeit nachsagen, sind die Deutschen auch 50 Jahre nach der traumatischen Weltkriegserfahrung noch supranational gepolt. Union und FDP, SPD, Grüne und sogar PDS hängen einer im wesentlichen gleichen Europapolitik an – Grund genug für Helmut Kohl, auf seinem Wege weiterzugehen.

Hat ein Kanzler Macht? Hätte er, hypothetisch gefragt, das Gegenteil in der Europapolitik durchsetzen können, also etwa nach dem Muster Charles de Gaulles oder Margaret Thatchers Brems- oder Aussteigemanöver aus dem Europazug? Nicht nur die deutsche Außenwirtschaft hätte getobt. International hätte sich sogleich, mit Recht, die alte Frage nach Deutschlands Rolle in der Welt gestellt – allein, eingekreist, in bedrohlicher Mittellage.

Hat ein Kanzler Macht? Er kann durchsetzen, was für richtig erkannt wurde und der öffentlichen Meinung nicht diametral zuwiderläuft. Er kann, wie Helmut Schmidt, der damals doch so oft seine Ohnmacht beklagte, ein europäisches Währungssystem gegen den Rat der meisten Experten und der Anhänger der reinen Lehre installieren – und trotzdem recht behalten. Mitte der siebziger Jahre, als alle Ökonomen aufs freie Floaten der Währungen setzten, preßte Schmidt deutsche Mark und französischen Franc in ein gemeinsames Korsett aus außenpolitischen Gründen, um die Partnerschaft und den wirtschaftlichen Zusammenhalt zwischen Deutschland und Frankreich zu stärken. Er hatte mit seiner Ansicht, im Gegensatz zu den meist frei schwankenden Ökonomen, Erfolg: Der deutsche Außenhandel florierte, die Währungsschlange Mark/Franc wurde zur Keimzelle der Europäischen Union.

Helmut Schmidt hat gegen Widerstände der Experten etwas bewirkt, das sich erst später als sinnvoll erwies. Er ließ in dieser Frage seine Macht spielen und bestätigen. Bei Helmut Kohls Europapolitik ist das Verhältnis eher umgekehrt: Die Widerstände sind gering, der Konsens ist breit. Dazu bedarf es eigentlich keiner Macht. Hier genügt die Vokabel Einfluß: Der Kanzler setzt durch und erreicht problemlos, was er und die Mehrheit der deutschen Wähler für richtig halten.

Der Soziologe Niklas Luhmann, ein Theoretiker der Macht, nennt das »Führung« – eine wechselseitige Bereitschaft, Einfluß anzunehmen. Wenn daraus Macht entstehen soll, müssen Autorität und Reputation hinzukommen – Autorität als Nachweis bisheriger Leistungen, Reputation als deren inhaltlich begründete Anerkennung. Je höher die Reputation, desto kürzer der Schritt vom bloßen Amtsinhaber zum Staatsmann. Wenn umgekehrt die Reputation nicht stimmt, ist der Weg zum Demagogen kurz. Ein Demagoge, darin sind sich selbst alle Kohl-Kritiker einig, ist Kanzler Kohl niemals gewesen, allenfalls manchmal ein Populist. Er verspielte Reputation durch unnötige Anpassung an vermeintliche Wählerempfindungen und durch manch peinlich wirkende Gesten. Auf Führung verzichtete er oft selber und bereitwillig, um einen Konsens abzuwarten. Insofern vergibt jeder, der aussitzt, ein Stück Macht, weil er zunächst die Widerstände leerlaufen läßt und erst dann seinen Einfluß, hier: die Autorität des Amtsinhabers, nutzt.

Ein Kanzler kann Entscheidungen durchsetzen, deren erwartete Vorteile die möglichen Nachteile auf anderen Sektoren aufwiegen. Er kann Trends verstärken, beschleunigen oder günstige Gelegenheiten erkennen. Kanzler Kohl etwa, gewiß nicht Baumeister der Einheit, zögerte nicht, die Chance zu ergreifen. Und er wackelte nicht, als es darum ging, ob auch das vereinte Deutschland dem westlichen Bündnis zugehörig bleiben solle. Die Alternative einer wie immer gearteten Neutralität stellte sich ihm gar nicht, trotz sowjetischer Offerten.

Hätte er sie denn, wieder als Hypothese, durchsetzen können? Ein geeintes Deutschland außerhalb des Atlantischen Bündnisses wäre von den drei westlichen Siegermächten kaum akzeptiert worden, und die hatten in Berlin ihr Faustpfand. Was nicht vom Konsens getragen wird, kann ein demokratischer Herrscher zum Glück nicht durchpeitschen. Er kann allenfalls versuchen, den Konsens zu manipulieren.

Macht ist das nicht, eher Feinsteuerung eines von der Geschichte, der Gesellschaft, der Wählermehrheit oder – im kleineren Karo – der Koalition vorgegebenen Kurses. Ohnehin wird die Macht eines Koalitionskanzlers definiert von der Stärke seines Koalitionspartners; insofern hat Kohl seit dem Amtsantritt des schwächlichen FDP-Chefs Klaus Kinkel

leichtes Spiel. Doch genau dessen Nominierung als Außenminister in Genschers Nachfolge zeigte dem Kanzler die Grenzen.
Die FDP-Oberen hatten nach Genschers überraschendem Rückzug (aus Gesundheitsgründen) als dessen Nachfolgerin eigentlich Irmgard Schwaetzer ausgeguckt, ein Votum, das von der Bundestagsfraktion zugunsten des damaligen Justizministers Kinkel umgestoßen wurde. Helmut Kohl konnte das Ergebnis nicht beeinflussen – nur akzeptieren. In den Worten von Günter Rexrodt, der am 8. Januar 1993 zum Nachfolger des (wegen einer Lappalie zurückgetretenen) Wirtschaftsministers Jürgen Möllemann nominiert worden war: »Der Bundeskanzler hat das zur Kenntnis zu nehmen und zu bestätigen.« Der designierte Wirtschaftsminister kannte nicht die Verfassung (»Der Bundeskanzler beruft die Mitglieder seines Kabinetts«), er kannte nur die Praxis einer Koalitionsdemokratie, die unter Helmut Kohl den Charakter einer heimlichtuerischen Hinterzimmerrunde angenommen hat.
Nicht in Parteigremien, nicht im Kabinett und auch nicht im Amtszimmer des Bundeskanzlers werden die Richtlinien seiner Politik festgelegt, sondern in jenem Koalitionszirkel, der sich meist einmal wöchentlich zur Frühstückszeit im Kanzleramt trifft – CDU-Kanzler und FDP-Vize, CSU-Chef und, bei Bedarf, die Fraktions- (und Landesgruppen-)Chefs oder die für ein Thema zuständigen Experten. Am Bundeskabinett, wo der Kanzler eigentlich seine Richtlinienkompetenz entfalten soll, gehen die wirklich wichtigen Entscheidungen meist spurlos vorbei. Die Ministerrunde darf später formal die juristisch ausformulierten Verordnungs- oder Gesetzentwürfe absegnen. »Das von Kohl geliebte Mauscheln«, schrieb der *Spiegel,* »läßt sich im Küchenkabinett und im Zirkel der Partei- und Fraktionschefs am besten durchsetzen. Wie die Partei die Quelle, so ist die Koalitionsrunde die Schleuse der Bonner Macht.« Das Kabinett, so der FDP-Ehrenvorsitzende Lambsdorff, der jahrelang am Kabinettstisch und in der Koalitionskungelrunde Kohls gesessen hatte, sei »eine eher notarielle

Veranstaltung. Die Entscheidungen sind fertig.« Und er meinte, dieser Arbeitsstil sei »entmündigend für die Ressortminister«.
Historie sind nun die endlosen Streitereien in der Regierungsrunde, etwa zwischen Schmidt und Karl Schiller oder Erhard Eppler. Das christliberale Kabinett ist unter Kohl zum Vollzugsorgan von den Ressorts vorbereiteter Entscheidungen geworden, auf die in seltenen Einzelfällen der Kanzler, niemals aber ein Ministerkollege Einfluß zu nehmen sucht – ein »Marsch aus den Institutionen«, erkannte die *Zeit,* aus dem Kollegialgefüge, aus dem Konsens, hin zur Oligarchie der Koalitionsspitzen.
So wurde über die von Genscher betriebene diplomatische Anerkennung der früheren jugoslawischen Teilrepubliken Slowenien, Kroatien und Bosnien im Kabinett nicht diskutiert, sondern nur in der Koalitionsrunde, was Postminister Christian Schwarz-Schilling zur Demission trieb. Der ungewöhnliche deutsche Vorstoß, der die anderen EU-Mitglieder zum Mitmachen zwang, zielte dabei gar nicht auf eine neue deutsche Außenpolitik, auf eine Vormachtrolle auf dem Balkan, sondern einzig auf die Anerkennung der Realitäten und auf einen Selbstbestimmungsanspruch der Betroffenen. Es war bloß ein Fehler, keine andere Politik. Es war nicht der Beweis dafür, daß etwa ein Außenminister oder ein in der Außenpolitik immer erfahrenerer Kanzler Macht hätten. Sie haben allenfalls die Macht, voreilig und damit falsch zu handeln.
Die Koalitions-Oligarchie hat mit der Koalitions-Arithmetik nichts mehr gemein. Sie folgt der Fiktion, das christliberale Bündnis bestehe aus drei gleich starken Partnern. Das stärkt den Eindruck der Jahre seit 1983, die kleine FDP führe immer wieder die große Union vor; und die einst Liberalen genießen das. Kohl verstärkte das oft merkwürdige Ungleichgewicht durch übertriebene Hinwendung oder Anpassung an die Freidemokraten; er verdankt ihnen ja die Kanzlerschaft. In Relation zur Mandatsverteilung im Bundestag waren die Freide-

mokraten jahrelang stärkste Kraft in der Regierung. Und seit sich die Liberalen nach der Wahl 1994 zur Selbstzerstörung entschlossen haben – auf dem im Dezember stattgefundenen Parteitag in Gera hätten sie um ein Haar Parteichef Kinkel und sich selbst entmachtet –, läuft auch die Ära Kohl aus.

Die Macht eines demokratisch legitimierten Staatsmanns zeigt sich an den Folgen falscher Entscheidungen – keine Steuererhöhung, keine Zwangsanleihe zur rechten Zeit, dafür vermeintlich beifallsträchtige Wahlversprechen zum falschen Termin. Kohl unternahm und unternimmt keinen Versuch, angesichts ungewöhnlicher Herausforderungen zu nationaler Solidarität aufzurufen. Ihm fehlt dabei jeder Ansatz einer Erkenntnis, daß die Umwelt ein Umsteuern verlangt, das mit den Interessen der Automobil- wie der chemischen Industrie nicht identisch sein kann. Es fehlt eine Strategie, wie beim Bürger und Wähler eine neue Revolution in den Köpfen einzupflanzen wäre, daß Wohlstand geteilt werden muß – wenn schon nicht mit der Dritten oder der Zweiten Welt, wie die Moralisten und Skeptiker fordern, wenn schon nicht mit den Outcasts oder den Minderbemittelten der Gesellschaft, wie die Linken meinen, dann aber mit den Lebensumständen der künftigen Generationen, denen nach heutigem Stand hauptsächlich Risiken, Kreditverbindlichkeiten und Umweltlasten vererbt werden.

Dazu ist Helmut Kohl aus Überzeugung und Mentalität nicht befähigt. Wer das »Weiter so!« zum Motor seines Handelns macht, wer den Wahlslogan Konrad Adenauers – »Keine Experimente!« – 40 Jahre später für den seinen hält, obwohl sich die Zeiten und mit ihnen das Bewußtsein dramatisch verändert haben, der taugt nicht als Steuermann für die ökologische Umsteuerung, die selbst manche Christdemokraten wie Klaus Töpfer gerne beginnen würden, wenn sie nur dürften. Und weil Töpfer nicht durfte, darf er sich nach der Wahl 1994 nun Bauminister nennen.

Der Anfang wäre so einfach, etwa im Energiesektor: Neue – oder die Erneuerung alter – Kraftwerke werden nur geneh-

migt, wenn an diesem Standort eine umweltfreundlichere Variante sich selbst erneuernder Energieproduktion (Wind-, Wasser-, Sonnenkraft, mindestens aber Nutzung der Abwärme) nicht möglich scheint. Merksatz: Nur ein Drittel der eingesetzten Primärenergie wurde zu Beginn der neunziger Jahre tatsächlich genutzt. Zwei Drittel der Energieerzeugung dienten also dazu, mit dem Rest etwas Sinnvolles anzufangen.
Nach Berechnungen des Deutschen Instituts für Wirtschaftsforschung (DIW) wird sich der Güterfernverkehr in den Jahren bis 2010 verdoppeln, wird die Zahl der zugelassenen Personenwagen um 11 auf 50 Millionen wachsen. Der Expertenrat zum Umsteuern ist einstimmig: Der Benzinpreis wird schrittweise auf ein Niveau geschraubt, von dessen Aufkommen umweltfördernde Maßnahmen finanziert werden, das aber vor allem prohibitiv wirkt; überflüssige Fahrten werden unwirtschaftlich. Eine Steuerpauschale für die Fahrt zum Arbeitsplatz erhält nur noch, wer öffentliche Verkehrsmittel benutzt.
Kurz: Die Priorität wird geändert. Nicht Energieverbrauch, sondern Energiesparsamkeit wird staatlich gefördert. Der Umweltsachverständigenrat: »Die tatsächliche Knappheit der natürlichen Lebensgrundlagen muß sich künftig in den Transportpreisen widerspiegeln.«
Das gleiche Ziel muß für die Abfallwirtschaft gelten: Oberste Priorität hat Müllvermeidung. Die 1994 vorhandenen und bis dahin genehmigten Deponien sind nach Berechnungen des Umweltbundesamtes schon im Jahre 2000 zu mehr als 75 Prozent gefüllt – und dann? Dagegen hilft jedenfalls nicht das Aufkommen aus – seit 1994 möglichen – kommunalen Verpackungssteuern; es sei denn, sie wären so hoch, daß sie mithelfen, überflüssige Verpackungen gar nicht auf den Markt zu lassen.
Niemals mehr seit Februar 1983 hat sich Helmut Kohl substantiell zu Umweltfragen geäußert. In seiner Welt behindert Ökologie die Wirtschaft, mithin den Wohlstand. Als Ausnahme gilt ihm nur, wenn Wirtschaft und Export von Umwelt-

schutz und Umwelttechnologie profitieren. Das wird, wie die Experten warnen, nicht reichen.
Selbst die katholischen Bischöfe, Umsturz- und Planwirtschaftsneigungen generell unverdächtig, riefen im Sommer 1994 zur Umkehr auf: »Ohne ein verändertes Wohlstandsmodell ist ökologisch gar nichts mehr zu machen« – so der sächsische Bischof Reinelt. Nötig seien »steuernde Ideen« statt »erschreckter Irrationalität«, also eine »Strukturveränderung« über die Ordnungs- und Steuerpolitik zugunsten der Umwelt.
In einem Anfall von Einsicht erblickte selbst der sonst so treue Kohl-Gefolgsmann Jürgen Rüttgers, neuer »Zukunftsminister« einer Koalition ohne Zukunft und zuvor Parlamentarischer Geschäftsführer der CDU/CSU-Bundestagsfraktion, in der Umweltpolitik nur »ein Reagieren auf ökologische Notstände«. Ihm fehlt »ein gesamtpolitisches Konzept«. Doch als sein Parteifreund Töpfer zu Recht andeutete, ein Benzinliterpreis von 5 Mark sei angemessen, kam sogleich aus dem Kanzleramt und aus Kanzlermund ein Dementi. Kohl hat mit Umsteuern nichts im Sinn. Weiter so. Dabei wäre Umsteuern Führung.
Im Auftrag von Greenpeace haben die DIW-Wissenschaftler ermittelt, daß eine ökologische Steuerreform sogar im nationalen Alleingang möglich wäre und eine Gefährdung der wirtschaftlichen Wettbewerbsfähigkeit nicht wahrscheinlich sei. Ähnlich dem Konzept einiger Grüner und sozialdemokratischer Umweltschützer plädieren die DIW-Experten für eine stetig steigende Energiesteuer, aus deren Aufkommen andere Steuern oder Abgaben mitfinanziert werden sollten, um die Abgabenquote insgesamt nicht zu erhöhen: Der Staat soll umschichten, nicht kassieren.
Die Regierung Kohl/Waigel gab freilich niemals zu erkennen, daß sie dazu willens oder imstande wäre. Sie brachte noch nicht einmal eine Reform der Einkommensteuer zuwege, obwohl sie dazu nach einem Entscheid des Bundesverfassungsgerichts zwingend verpflichtet ist: Als verfassungswid-

rig gilt, daß Teile des Existenzminimums besteuert werden. Allenfalls Steuerberater können noch mit Steuererklärungen umgehen; in einer seiner ersten öffentlichen Äußerungen nach dem Amtsantritt tadelte Bundespräsident Roman Herzog das Steuerrecht als absolut unverständlich.
Hier wäre ein weites Betätigungsfeld für Reformer: Es gilt, das Steuersystem radikal zu vereinfachen und ebenso radikal an (vermeintliche) Besitzstände zu gehen. Kein Sozial- oder Familienpolitiker etwa vermag die Berechtigung des dualen Systems beim Familienlastenausgleich einzusehen, also die Doppelbegünstigung über Kindergeld und Kinderfreibeträge, von der Höchstverdiener am meisten profitieren. Niemand glaubt noch ernsthaft an die ethisch-moralische Rechtfertigung des Ehegattensplittings (bei dem das Eheeinkommen auf beide Partner aufgeteilt wird, die Steuerlast sich bei nur einem Einkommensbezieher deshalb mindert). Und umgekehrt kämpfen wohl nur noch hartgesottene Linksideologen gegen eine Wiedereinführung des Dienstmädchenprivilegs, das keines ist, sondern die Beschäftigung von Haushaltshilfen oder Kinderbetreuern steuerlich berücksichtigen würde: Ein riesiger schwarzer Arbeitsmarkt würde legitimiert, und die dort Beschäftigten wären versicherungsrechtlich abgesichert.
Jeder weiß, daß die steuerliche Behandlung von Grundvermögen in einem skandalösen Mißverhältnis zur Besteuerung von Kapitalvermögen steht – doch grundlegende Änderungsvorschläge sind von den Verantwortlichen nicht vorgelegt worden: Die Regierenden warten auf ein Urteil des Bundesverfassungsgerichts; eine Bankrotterklärung der Politik. Im Steuersystem, so die zuständige Deutsche Steuergewerkschaft, herrscht »ein alarmierendes Chaos«; es sei »zu einem Monstrum pervertiert«.
Steuerexperten wissen, wie was zu ändern wäre. Franz Klein, bis 1994 Präsident des Bundesfinanzhofs in München: »Alle Schlupflöcher schließen und den Steuersatz um die Hälfte senken.« Der CDU-Finanzfachmann Gunnar Uldall folgte die-

ser Anregung; alle Sonderregeln – Werbungskosten, Sonderausgaben, Freibeträge – sollten beseitigt, dafür die Besteuerung nur noch in drei Stufen mit 8, 18 und maximal 28 Prozent erfolgen.

Die Reform ist überfällig. Was fehlt, ist der Mut der Regierenden, das Protestgeschrei einzelner Gruppen zu ertragen. Was fehlt, ist das Bemühen der Verantwortlichen, die Öffentlichkeit vom Reformdruck zu überzeugen. Dabei wären Ökosteuern und Steuerreform Themen, die zur öffentlichen Mobilisierung taugen. Kohls Kronprinz Wolfgang Schäuble hat schon resigniert: Wenn man in diesem Lande etwas ändern wolle, sei das »ungeheuer schwierig« und verursache »ungeheure politische Kosten«; also sei es wohl am besten, nichts zu ändern. Keine Experimente. Was fehlt, ist Führung.

Die Macht eines deutschen Kanzlers an der Schwelle des dritten Jahrtausends, das hat Kohl richtig erkannt, erweist sich nicht mehr an einer machtvollen Regierungserklärung im Parlament oder an einer kunstvollen Regie bei der Beratung einer umstrittenen Gesetzesvorlage in einer widerstrebenden Bundestagsfraktion. Kohls wahrer Einfluß rührt aus Zirkeln und Hinterzimmern. Dort entfaltet er, was Macht in einer Demokratie unabdingbar voraussetzt – Überzeugungswillen und Überzeugungskraft. Die Fähigkeit zeigt er nur selten bei der Erörterung von Sachthemen; meistens und am liebsten geht es um Personalfragen. Nicht in den dafür zuständigen Gremien – das wären Partei- oder Fraktionsvorstand oder die kompetenten (Parlaments-)Ausschüsse – wurden und werden ja in der Ära Kohl die Kandidaten für öffentliche Ämter benannt; sie stammten und stammen immer aus Kungelrunden. Ganz diskret traf sich Kohl etwa mit SPD-Chef Rudolf Scharping; aus dem Gespräch gingen neue Richter, Gerichtspräsidenten und Behördenchefs im privaten Proporz hervor. Und wenn die FDP nicht, wie meist, beleidigt ist, daß sie im Proporzgerangel angeblich zu wenig bedacht worden wäre, dann mag Kohl sich vorstellen, er habe Macht über Menschen, die er hierhin und dorthin zu versetzen vermag. Bei Beamten aller-

dings muß immer auch der Personalrat gehört werden. Die Zwänge.
Nur bei Bundespräsidenten scheint Kohl übermächtig. Weil er Karl Carstens aus der Konkurrenz um Fraktionsvorsitz und Kanzleramt entfernen mußte, machte er ihn 1979 zum Bundespräsidenten. Weil er fünf Jahre später beweisen wollte, daß die Union auch über überparteilich angesehene Repräsentanten verfügte, schickte er den ihm unbotmäßigen Richard von Weizsäcker in die Wahl – und bereute seine Wahl zehn Jahre lang. Und weil er danach partout einen Ostdeutschen vorzeigen wollte, sollte der erzkonservative, politikunerfahrene sächsische Justizminister Steffen Heitmann ran – eine der empfindlichsten Niederlagen in Kohls personellen Machtspielereien.
Doch er fing sich noch im Fall. Kaum hatte Kronprinz Schäuble es gewagt, vorlaut einen eigenen Kandidaten zu erörtern, den Ost-Sozialdemokraten Richard Schröder, da setzte ihm Kohl seinen neuen Mann Roman Herzog entgegen.
Macht hat, wer Bundespräsidenten macht.
Einmal, ein einziges Mal nur in seiner Kanzlerschaft hat sich Kohl auch gesellschaftspolitisch und innovativ engagiert. Sein alter Wunsch, die Republik »geistig-moralisch« zu erneuern, gerann gerade zur Phrase; da geriet ihm sein Vorhaben überaus erfolgreich, die öffentliche Meinung dadurch zu beeinflussen, daß er den von ihm als links oder »Linkskartell« geschmähten öffentlich-rechtlichen TV-Sendern das Monopol entzog und über komplizierte Konstruktionen alias »Kabelpilotprojekte« konkurrierende Systeme schuf. Seine Interessen deckten sich mit denen von Medienunternehmen, Verlagen und Filmhändlern. Man mag einwenden, die Kommerzialisierung, Privatisierung und Trivialisierung der elektronischen Medien hätte es auch ohne Kohl und seinen Vorreiter Schwarz-Schilling gegeben – aber dann sicherlich nicht so schnell und nicht mit dem gleichen Milliardenaufwand, der die Post dank der Verkabelungskosten in eine ziemlich sinnlose 50-Milliarden-Mark-Verschuldung trieb; inzwischen kön-

nen die meisten Sender auch ohne Kabel empfangen werden.
Mit Hilfe der Zeitungsverleger, die um ihre Werbeeinnahmen fürchteten, und ihm ergebener Mitarbeiter in der damaligen rheinland-pfälzischen Staatskanzlei, seiner alten Wirkungsstätte, ließ er das private Fernsehen in Deutschland Einzug halten. Zehn Jahre später sind die (meisten) Zeitungsverleger ausgebootet – und über die privaten TV-Stationen bahnt sich eine Machtzusammenballung, ein Oligopol einflußstarker Print- und TV-Medienunternehmer an, das den Kanzler Kohl nur deswegen nicht stört, weil es ihm ideologisch nahekommt. Er hatte die Macht, durch Druck auf den Knopf die Entwicklung zu starten. Er hat nicht die Macht, die Geister, die er rief und auf die Gesellschaft losließ, zu bändigen.
Kanzlermacht ist das nicht, aber wechselseitige Einflußnahme zu gegenseitigem Nutzen. Eine kristallinreine Demokratie ist darin allerdings auch nicht zu entdecken; zu schwach und undurchsichtig wird in einem solch verfilzten Geflecht die Frage nach öffentlicher Verantwortung, nach Kontrolle, kurz: nach Moral, gestellt.
Wer Kohl durchschaut, kann ihn beeinflussen, um ihn zu benutzen – etwa für die Zulassung privater Brief-(»Info-«) Post. Kohl gab dem Versandhausunternehmen Otto die Zusage; da mochte sich der verantwortliche Postminister Wolfgang Bötsch noch so winden. Kohls Wille geschehe, wenigstens in solchen, eher kleingelagerten Fällen, bei denen der Kanzler sich, warum auch immer, im Wort sieht.
Die Pflegeversicherung seines einstigen Vorzeige-Linken, des Arbeitsministers Norbert Blüm, war dem Kanzler während des monatelangen Geplänkels zwischen Union und FDP um die Kosten ziemlich egal; er hätte sogar seinen amtsmüden Blüm mehrere Male fast ziehen lassen. Herz und Wille des Kanzlers hingen nur an einem Detail der Kompensationsregelung, wonach ein bis zwei Feiertage zu streichen waren, um die Arbeitgeber von ihren Beiträgen zur Pflegeversicherungskasse zu entlasten: Das durfte um keinen Preis der einzige Fei-

ertag sein, für den der Bund die Gesetzgebungskompetenz hat, der Tag der Einheit am 3. Oktober. Eher hätte Kohl seinen Blüm entlassen und das Reformwerk verschoben, als diesen seinen Feiertag zu opfern.

Über Petitessen mag ein Kanzler also verfügen. Er kann nur nicht, wie einst Willy Brandt oder, schwer vergleichlich, die US-Präsidentenbewerber John F. Kennedy oder Bill Clinton, erfolgreich um einen nationalen Aufbruch kämpfen, etwa für mehr Gerechtigkeit in der Gesellschaft, mehr Rücksicht auf natürliche Ressourcen oder auf kommende Generationen. Eine intellektuelle, aber auch emotionale Stagnation – kein Reformer weit und breit, nur Praktiker der Machtverwaltung.

Mit einer Stimme mehr als nötig – und drei Stimmen unter der Koalitionsmehrheit – wurde Helmut Kohl am 15. November 1994 zum fünften Mal zum Kanzler der Bundesrepublik Deutschland gewählt. Die hauchdünne Mehrheit zeigt die Abnutzung. Kohl wäre wohl nicht mehr Kanzler, hätte eine Merkwürdigkeit des Wahlgesetzes seiner Union im Bundestag nicht zwölf Überhangmandate und seiner Koalition statt der rechnerischen Zwei-Stimmen-Mehrheit einen Vorsprung von zehn Sitzen vor der Opposition (SPD; Bündnis 90/Grüne; PDS) beschert. Seine »strategische Mehrheit«, der er sich die Jahre zuvor so stolz gerühmt hatte, war nun dahin; im alten Bundestag wäre eine bürgerliche Koalition ohne und gegen die Union nicht möglich gewesen.

Es war, daran gibt es keinen vernünftigen Zweifel, die letzte Kanzlerwahl des Helmut Kohl. Er selber versprach, etwas wolkig, die Wahlperiode bis 1998 durchstehen zu wollen – doch das liegt nicht mehr in seiner Macht. Seine Koalition stützt sich auf eine brüchige FDP (6,9 Prozent), der in fast allen Bundesländern die Wähler und damit die Politiker der Basis entschwinden und die ihre eigene Führung – Kinkel, Möllemann, Schwaetzer – nach Herzenslust demontiert. Kohls Regierungskunst, wenn er sie denn präsentieren will, stößt im Bundesrat bei fast allen wichtigen Vorhaben auf eine

SPD-Mehrheit, die mit Veto drohen oder mit Bündnisangeboten locken wird.
Am Ende seiner Ära ist auch er ein König ohne Land, leicht erpreßbar von Abweichlern der eigenen Koalition, verpflichtet zur Verträglichkeit mit den »Sozen« (Kohl), vor denen es doch schon seinem Vorbild Adenauer so grauste. Seine Regierungserklärung zum Auftakt der XIII. Legislaturperiode war ein Zurückweichen vor Verantwortung, ein Saldo der eigenen Versäumnisse, ein – so die *Süddeutsche Zeitung* – »getarntes Schuldbekenntnis«, auch wenn Kohl selber das Ganze euphemistisch eine »Vision von der Zukunft« nannte: Kohl trug all das vor, was er als Kanzler seit 1982 nicht hatte bewältigen können, und behauptete, nun komme ein »gemeinsamer Aufbruch in die Zukunft«.
Den hat er versäumt, als seine parlamentarische Mehrheit noch komfortabel war; nun ist sie nahezu dahin.
Wenn Macht in der Demokratie mehr ist als die Autorität des Amtsinhabers, dann besäße Kohl wenig davon. Wenn sie sich als Einfluß definiert, dann wäre Kanzler Kohl, weil einflußreich, mächtig. Tatsächlich zeigen die Instrumente der Macht unter Kohl höchst unterschiedliche Schärfe: Als Kanzler ist Kohl so gut wie ohne Macht, als Teilnehmer der Koalitionsrunde zur – geteilten – Machtausübung befugt und als Vorsitzender der Christlich-Demokratischen Union Deutschlands eigentlich allmächtig. Kohls Parteifreund Gauland über die Abgrenzung der Funktionen: »Kohls Machtbewußtsein räumt der Macht der Partei und seiner Macht über sie unbedingte Priorität ein. Nichts besitzt einen größeren Wert, und nichts ist wert, über die Partei und ihr Wohlergehen gestellt zu werden.«
Allerdings ist die Partei, als moderne Massenorganisation wie als lebendige Pressure-group zur Gestaltung der Gesellschaft, kaum mehr vorhanden. In einem funktionierenden Gemeinwesen müssen die Parteien ihren Spitzenleuten die Aufgaben wie über einen Seismographen melden und einen allfälligen Wandel anzeigen oder, seltener, umgekehrt der Führungsmann

der Partei. Jedenfalls bedarf es eines Wechselspiels von Hören und Zuhören, Geben und Nehmen, notfalls – sehr undeutsch – im Streit. Das Prinzip ist im Fall Kohl und im Fall CDU außer Kraft gesetzt. »Kohl ist die Partei« – dieser bloß stolz gemeinte Aus- und Anspruch von Kohls Adlatus Andreas Fritzenkötter zeigt das Problem und beweist die Schwäche der Union, die nur dann eine Streitkultur mit gegenläufigen Ansichten an den Tag zu legen wagt, wenn ihr Vorsitzender sich noch nicht entschieden hat.

Warnfried Dettling, einer der letzten, wenn auch einflußlosen parteiinternen Kohl-Kritiker, fordert von Kohl wie von der CDU eine »Renaissance der Politik, die ihre alten Aufgaben nicht vergessen hat, sich aber vor allem mutig einläßt auf die veränderte Welt und dabei die Hoffnung nicht aufgegeben hat, daß das Versprechen von Demokratie und Marktwirtschaft, von Freiheit und Wohlstand nicht im moralischen Zynismus enden muß«.

Von solcher Hoffnung kann in der CDU, in der Kohl eine Generation zuvor als Reformer begann, wirklich nicht die Rede sein. Als Beförderungsmittel für gesellschaftspolitische Themen ist sie abgewrackt, als Zeichengeber tot. Einzig vor Wahlen, wenn überhaupt, diskutiert die Partei in vordergründiger Absicht, ob etwa ihre Familienpolitik korrigiert werden muß. Keine Debatte gibt es darüber, wie sie auf gesellschaftliche Veränderungen reagieren soll: Wieviel Wohlstand braucht der Mensch? Gehört die Mutter an den Herd? Ist Homosexualität unmoralisch? Macht ein Tempolimit unfrei? Welche Umwelt vererben wir den Kindern? Wie geht das Land mit Ausländern um?

Und sollten einzelne Parteifreunde an der Basis darüber nachdenken, so würden derart vorwitzige Gedanken spätestens in der Koalitionsrunde enden, weil Kohl sie nicht zu seiner Sache machte.

Kohl projiziert seine persönlichen Erfahrungen aus der Zeit seiner Sozialisation in der Ära Adenauer auf die Ära Kohl. In dieser, wie Konservative immer glauben, guten alten Zeit wußte ein jeder, wohin er gehörte – die Frau ins Haus, der

Mann an den Arbeitsplatz, die Familie in die Kirche, der Gastarbeiter ans Fließband. Da blühte die Wirtschaft: Es ging bergauf ohne Mühen in Wohlstand und sozialer Sicherheit – hin zur »Gesellschaft im Überfluß«, wie sie John Kenneth Galbraith entdeckt hatte.

Eine Generation später funktioniert das Modell nicht mehr so, wie Kohl es in Erinnerung haben mag: weil am Wachstum des Wohlstands nicht mehr alle teilnehmen, weil die gewohnte soziale Sicherung zu teuer und weil absehbar wird, daß sich andere Prioritäten Geltung verschaffen. Aus dem Überfluß müßte Selbstbescheidung oder wenigstens Verantwortung werden. Eine rhetorische Entgleisung des Kanzlers, die Deutschen müßten ihren »kollektiven Freizeitpark« verlassen, kann ja nicht alles gewesen sein.

Kohl fehle der Mut, die Deutschen mit unpopulären Wahrheiten zu konfrontieren und »Zukunftsinteressen gegen organisierte Gegenwartsinteressen durchzusetzen«. Kohls Partei stehe, dies der Kernfehler, noch »ganz im Banne der Selbstverwirklichung«, anstatt einer fälligen »Begrenzung von Individualrechten durch das Gemeinschaftsinteresse« das Wort zu reden. Die Kritik stammt von Kurt Biedenkopf, und sie ist deswegen nicht falsch.

Kohls kritische Parteifreunde – wenige sind es nur noch – reden in Talk-Shows, schreiben Bücher, geben den Versuch von Mutproben als Kanzlersturz aus. Doch da, wo ihre Sorgen zuvörderst hingehören und zu diskutieren wären, finden Debatten nicht statt – in der von Kohl bis zur Querschnittslähmung beherrschten Partei.

Zu Zeiten des Franz Josef Strauß selig wäre in der Union wenigstens diskutiert worden, wenn auch wohl nicht über diese Fragen. Seitdem und erst recht seit der Einheit wird dem Kanzler nur noch gehuldigt, schweigend. Man huldigt, da es am Ende seiner Ära an Reputation und Führungskunst mangelt, seiner Autorität.

Man wartet auf den Nachfolger, der sich trotz seiner Verletzungen schon seit Anfang der neunziger Jahre auf das Amt vorbe-

reitet. Kohl wird ihn noch benennen können, aber nicht sicher sein, daß Wolfgang Schäuble dann wirklich gewählt wird – zu unsicher ist die dünne Mehrheit der Koalition.
Am Ende seiner Ära scheint nicht einmal klar, daß Kohl das Ende seiner Amtszeit selbst bestimmen kann: Die FDP zerstört sich selbst. Der SPD-Spitzenmann Gerhard Schröder macht der Union seit dem Wahlabend 1994 schöne Augen und bietet – nach dem Vorbild Herbert Wehners 1966 – eine große Koalition womöglich schon für 1995 feil: Das ist keine Offerte an Kohl, der derartige Bündnisse für Bonn kategorisch ausgeschlossen hat.
Geht es noch nach Helmut Kohl, dann übersteht er auch den 26. Oktober 1996 im Kanzleramt und ist Titelträger, Rekordhalter der deutschen Geschichte. Aber sein Nachfolger hat viel zu tun.

Zeittafel

1973	
16. Mai	Rainer Barzel verzichtet auf neue Kandidatur für den CDU-Bundesvorsitz.
12. Juni	Der rheinland-pfälzische Regierungschef Helmut Kohl wird zum neuen CDU-Vorsitzenden gewählt.
21. Juni	Der Grundvertrag zwischen beiden deutschen Staaten tritt in Kraft.
1. August	Der DDR-Staatsratsvorsitzende Walter Ulbricht stirbt 80jährig.
18. September	Die Bundesrepublik wird 134. UNO-Mitglied.
1974	
6. Mai	Bundeskanzler Willy Brandt tritt zurück.
16. Mai	Bundestag wählt Helmut Schmidt zum Nachfolger.
23. Mai	Walter Scheel zum Bundespräsidenten gewählt.
1. Oktober	Hans-Dietrich Genscher wird FDP-Vorsitzender.
18./19. November	Sonthofen: Klausur der CSU-Landesgruppe.

1975

16. Januar	Strauß als erster westdeutscher Spitzenpolitiker bei Mao Tse-tung in Peking.
19. Juni	Kohl wird von CDU und CSU zum Kanzlerkandidaten nominiert.
23.–25. Juni	CDU-Parteitag in Mannheim; Erklärung zur »Neuen Sozialen Frage«.
30. Juli– 1. August	KSZE-Gipfel in Helsinki; Unterzeichnung der Schlußakte.

1976

18.–22.Mai	IX. Parteitag der SED; Erich Honecker erhält den Titel »Generalsekretär«.
3. Oktober	Bundestagswahl: Union 48,6 %; SPD 42,2 %; FDP 7,9 %.
16. November	Ausbürgerung des Liedermachers Wolf Biermann aus der DDR.
19. November	CSU-Landesgruppe kündigt in Kreuth die Fraktionsgemeinschaft mit der CDU auf.
24. November	Strauß vor der Jungen Union.
26. November	Robert Havemann wird in Ostberlin unter Hausarrest gestellt.
12. Dezember	CDU und CSU stellen Fraktionsgemeinschaft wieder her.
15. Dezember	Schmidt wieder Bundeskanzler.

1977

7. April	Generalbundesanwalt Siegfried Buback von RAF-Terroristen ermordet.
30. Juli	Jürgen Ponto, Chef der Dresdner Bank, ermordet.
30. September	Der Arbeitgeberpräsident Hanns-Martin Schleyer entführt.
7. Oktober	Jugendkrawalle auf dem Ostberliner Alexanderplatz; drei Tote.

13. Oktober	»Lufthansa«-Maschine »Landshut« entführt.
18. Oktober	»Landshut« wird in Mogadischu von GSG 9 gestürmt; Selbstmord der Terroristen Andreas Baader, Gudrun Enßlin, Jan Raspe in Stammheim.
19. Oktober	Schleyer ermordet gefunden.

1978

15./16. Januar	Mehreren Bundestagsabgeordneten von CDU/ CSU, darunter Kohl, wird die Einreise nach Ostberlin verweigert.
4.–7. Mai	Leonid Breschnew in der Bundesrepublik.
7. August	Der Stuttgarter Regierungschef Hans Filbinger tritt nach Debatten über seine Rolle als NS-Marinerichter zurück.
11. August	Der Umweltexperte Herbert Gruhl tritt aus CDU und CDU/CSU-Fraktion aus.
23.–25. Oktober	CDU verabschiedet in Ludwigshafen ihr erstes Grundsatzprogramm.

1979

17./18. März	Gründung der »Grünen« in Frankfurt am Main.
23. Mai	Karl Carstens wird Nachfolger Walter Scheels als Bundespräsident.
28. Mai	CDU-Vorstand nominiert Ernst Albrecht auf Vorschlag Kohls als Kanzlerkandidat.
2. Juli	Die CDU/CSU-Bundestagsfraktion schlägt Strauß als Kanzlerkandidaten vor.

1980

22. August	Schmidt sagt wegen der Entwicklung in Polen ein Treffen mit Honecker ab.
5. Oktober	Bundestagswahl: Union 44,5 %; SPD 42,9 %; FDP 10,6 %.
13. Oktober	»Geraer Forderungen« Honeckers: Anerken-

nung der DDR-Staatsbürgerschaft; diplomatische Beziehungen; Abschaffung Salzgitter.

1981

11. Juni	Richard von Weizsäcker wird Nachfolger Hans-Jochen Vogels als Regierender Bürgermeister in Westberlin.
10. Oktober	»Friedensdemo« in Bonn: 300 000 gegen Nachrüstung.
11.–13. Dezember	Schmidt in der DDR; Kriegsrecht in Polen.
14. Dezember	Der All-Parteien-Plan einer Amnestie für Parteispendensünder scheitert im SPD-Fraktionsvorstand.

1982

24. Februar	Ermittlungen gegen Bonner Spitzenpolitiker in der Flick-Parteispendenaffäre.
6. Juni	Friedensdemo in Bonn; 500 000 Teilnehmer.
10. Juni	Nato-Gipfel in Bonn.
17. September	Die FDP-Minister Genscher, Otto Graf Lambsdorff, Gerhart Baum, Josef Ertl verlassen das Kabinett. Schmidt für vorgezogene Neuwahlen.
20. September	CDU/CSU und FDP beginnen Koalitionsgespräche.
1. Oktober	Konstruktives Mißtrauensvotum; Kohl zum Nachfolger von Schmidt gewählt.
14. November	Beerdigung Breschnews; Honecker und Carstens treffen sich in Moskau.
2. Dezember	Philipp Jenninger trifft DDR-Politiker Fischer und Mittag.
17. Dezember	Kohl stellt Vertrauensfrage; Ziel: Auflösung des Bundestages; Neuwahl am 6. März 1983.

1983

7. Januar	Auflösung des Bundestages.

3. März	Nachkriegshöchststand der Arbeitslosigkeit: 2,53 Mio.
6. März	Bundestagswahl: CDU/CSU 48,8%; SPD 38,2%; FDP 7,0%; Grüne (erstmals) 5,6%.
8. März	Hans-Jochen Vogel SPD-Fraktionschef.
29. März	Barzel Bundestagspräsident; Kohl als Kanzler bestätigt.
13. April	Bundesverfassungsgericht setzt die Volkszählung per Einstweiliger Anordnung aus.
16. April	Am Grenzübergang Drewitz stirbt ein Reisender an Herzversagen.
28. April	Honecker sagt seinen geplanten Besuch im Westen wegen Pressekommentaren ab.
19. Mai	Bundestag setzt Untersuchungsausschuß zur Flick-Affäre ein.
19. Juni	EG-Gipfel in Stuttgart.
29. Juni	Bundesregierung bürgt für DDR-Milliardenkredit.
4.–7. Juli	Kohl und Genscher in Moskau.
24.–27. Juli	Strauß in der DDR; Gespräch mit Honecker.
15. November	Post- und Fernmeldeabkommen zwischen beiden deutschen Staaten.
27. November	Die CSU-Bundestagsabgeordneten Franz Handlos und Ekkehard Voigt verlassen ihre Partei.
1. Dezember	Bundestag beschließt Neuregelung der Parteienfinanzierung.
31. Dezember	Verteidigungsminister Manfred Wörner entläßt General Kießling als »Sicherheitsrisiko«.

1984

9. Januar	Übernahme der Westberliner S-Bahn in westliche Regie.
17.–19. Januar	Konferenz über Vertrauensbildung und Abrüstung in Europa (KVAE) in Stockholm.

22. Januar	Sechs DDR-Bürger können aus der US-Botschaft nach Westberlin ausreisen.
13. Februar	Beerdigung Andropows; Treffen Kohl–Honecker in Moskau.
20. März	EG-Gipfel in Brüssel scheitert wegen der Beitragszahlungen Großbritanniens.
6. April	35 DDR-Bürger verlassen die Bonner Botschaft in Prag nach Ausreiseversprechen.
3. Mai	Koalition legt Amnestieplan für Parteispendensteuersünder vor.
23. Mai	Bundespräsident v. Weizsäcker wiedergewählt.
17. Juni	Europawahlen.
25. Juni	Die Ständige Vertretung der Bundesrepublik in Ostberlin wird geschlossen; 55 Flüchtlinge dürfen später ausreisen.
26. Juni	Wirtschaftsminister Lambsdorff tritt wegen Parteispendenverfahren zurück; Nachfolger Martin Bangemann.
25. Juli	Neuer 950-Millionen-Mark-Kredit an die DDR.
4. September	Honecker sagt Westreise wegen Äußerungen Alfred Dreggers ab.
18. September	Kabinett beschließt Katalysatorpflicht für Neuwagen.
22. September	François Mitterrand und Helmut Kohl zur Gedenkfeier in Verdun.
25. Oktober	Bundestagspräsident Barzel tritt wegen Flick-Affäre zurück; Nachfolger Jenninger.
30. November	DDR beginnt mit Abbau der Selbstschußanlagen an der innerdeutschen Grenze.

1985

1. Januar	Das Privatfernsehen (SAT.1) beginnt seine Sendungen.
15. Januar	Die letzten von 168 DDR-Bürgern verlassen die Bonner Botschaft in Prag.
4. Februar	Neuer Rekord der Arbeitslosigkeit: 2,61 Mio.

23. Februar	Bangemann Nachfolger Genschers als FDP-Chef.
12. März	Beerdigung Tschernenkos in Moskau; Treffen Kohl–Honecker.
29. März	Einigung über Beitritt Spaniens und Portugals zur EG.
1.–5. Mai	Ronald Reagan in der Bundesrepublik; Besuch in Bitburg.
2.–4. Mai	Weltwirtschaftsgipfel in Bonn.
4./5. Mai	Erich Honecker bei Michail Gorbatschow in Moskau.
8. Mai	v. Weizsäcker-Rede zum Ende des Zweiten Weltkriegs.
28. Juni	Verschärfung des Demonstrationsstrafrechts; Vermummungsverbot.
5. Juli	Der Swing im innerdeutschen Handel wird erhöht.
29. August	Parteispendenprozeß gegen Otto Graf Lambsdorff, Hans Friderichs und Eberhard v. Brauchitsch.
16. September	Die SPD nominiert Johannes Rau zum Kanzlerkandidaten.
16. Oktober	Rot-grüne Koalition in Hessen.

1986

19.–22. Februar	Volkskammerpräsident Horst Sindermann in Bonn.
1. März	Telefonselbstwahl in die DDR ausgeweitet.
17.–21. April	XI. SED-Parteitag.
26. April	Nach der Reaktorkatastrophe von Tschernobyl steigen auch in Deutschland die Strahlenwerte.
6. Mai	Deutsch-deutsches Kulturabkommen in Ostberlin unterzeichnet.
17.–19. Mai	Demonstrationen auf dem Gelände der geplanten Atomanlage Wackersdorf; 300 Verletzte.

3. Juni	Walter Wallmann erster Bundesumweltminister.
8. Juni	Wahlen zur DDR-Volkskammer: 99,94 % für die Einheitsliste.
14. Juli	Urteil des Bundesverfassungsgerichts zur Parteienfinanzierung.
18. September	DDR verschärft Transitbestimmungen für Asylbewerber.
11./12. Oktober	Gipfel Gorbatschow–Reagan in Reykjavik.
1. November	Fischsterben im Rhein nach Großbrand bei Sandoz in Basel.
13. November	Bundestag verschärft erstmals das Asylrecht.

1987

25. Januar	Bundestagswahl: CDU/CSU 44,3 %; SPD 37,0 %; FDP 9,1 %; Grüne 8,3 %.
9. Februar	Ende der (1.) rot-grünen Koalition in Hessen.
11. März	Kanzler Kohl wiedergewählt.
28. Mai	Sportpilot Matthias Rust landet auf dem Roten Platz in Moskau.
8. Juni	Krawalle am Brandenburger Tor (Ostseite) nach Rockkonzert auf der Westseite.
14. Juni	Hans-Jochen Vogel SPD-Chef; Brandt Ehrenvorsitzender.
27. August	Gemeinsames SPD-SED-Papier veröffentlicht.
7.–11. September	Honecker in Westdeutschland.
12. September	Der *Spiegel* erhebt schwere Vorwürfe gegen Uwe Barschel.
11. Oktober	Barschel tot in Genf gefunden.
25. November	Stasi durchsucht die »Umweltbibliothek«; Verhaftungen von Dissidenten.
12. Dezember	Abschluß einer Amnestie in der DDR. 24 621 (Straf-)Täter entlassen.

1988

11. Januar	Innerdeutscher Reiseverkehr 1987 auf dem Höhepunkt: 5 Millionen Besuche.
17. Januar	Liebknecht-Luxemburg-Demo in Ostberlin; 120 Festnahmen, 54 Ausweisungen.
3. März	Honecker trifft Kirchenführer J. Leich.
31. März	Gebietsaustausch zwischen DDR und West-Berlin.
1. Juli	Wörner Generalsekretär der Nato.
14. September	Neuregelung im Transitverkehr; Pauschale bis 1999.
3. Oktober	Strauß stirbt 73jährig.
8. Oktober	Lambsdorff neuer FDP-Chef.
11. November	Bundestagspräsident Jenninger tritt nach Kritik an seiner Rede zur Reichspogromnacht zurück.
14. Dezember	Verordnung über »Westreisen« aus der DDR.

1989

17. Januar	Der Grundwehrdienst wird ab 1. 6. von 15 auf 18 Monate verlängert.
29.Januar	Wahlen in Westberlin: CDU 37,8 % (46,4 %); FDP 3,9 % (8,5 %); SPD 37,3 % (32,4 %); Rep 7,5 % (0 %); AL 11,8 % (10,6 %); Walter Momper wird Regierender Bürgermeister (16. März).
15. Februar	Die letzten sowjetischen Truppen verlassen Afghanistan.
12. März	Kommunalwahl Hessen: CDU-Verluste; Gewinne NPD und Republikaner.
12. April	Stromkonzerne verzichten auf Wiederaufarbeitungsanlage Wackersdorf.
13. April	Kabinettsumbildung: Theo Waigel Finanzen statt Gerhard Stoltenberg; Stoltenberg Verteidigung statt Rupert Scholz; Gerda Hasselfeldt Wohnungsbau statt Oskar Schneider; Wolf-

	gang Schäuble Innen statt Friedrich Zimmermann (Verkehr).
21. April	Bundestag beschließt Kronzeugenregelung.
2. Mai	Ungarn beginnt Abbau der Grenzanlagen zu Österreich.
7. Mai	Kommunalwahl DDR: angeblich 98,85 % für Kandidaten der Nationalen Front.
1. Juni	Wehrdienstverlängerung wird ausgesetzt.
4. Juni	Massaker auf dem Platz des Himmlischen Friedens in Peking unter Bürgerrechtlern.
12.–15. Juni	Gorbatschow in Westdeutschland.
18. Juni	Europawahlen: Gewinne der Sozialisten; Kommunalwahlen in Rheinland-Pfalz und Saarland: SPD stärkste Partei (42,5 % und 45,7 %).
27. Juni	EG-Gipfel Madrid beschließt Währungsunion.
1. August	Die Zeitungen des Springer-Konzerns verzichten auf Anführungsstriche bei der »DDR«.
8. August	Ständige Vertretung in Ostberlin wird geschlossen, nachdem 130 DDR-Bürger Zuflucht gesucht haben.
13. August	Bonn schließt Botschaft in Budapest (180 DDR-Bürger).
19. August	Massenflucht von DDR-Bürgern über Ungarn (900).
22. August	Botschaft Prag wird geschlossen; Kohl läßt Geißler fallen: keine Wiederwahl.
11. September	CDU-Parteitag Bremen: Lothar Späth und Ulf Fink verlieren Präsidiumssitz; Rühe Generalsekretär; Kohl wiedergewählt (571 : 147).
24. September	In Leipzig konstituiert sich das »Neue Forum« als Dach der Reformbewegung.
30. September	Genscher in Prag: Ausreise für Botschaftsbesetzer.

1. Oktober	Kommunalwahl NRW: SPD 42,9 % (42,5 %); CDU 37,5 % (42,2 %).
7. Oktober	40-Jahr-Feiern der DDR: Proteste und Polizei.
18. Oktober	Erich Honecker tritt zurück; Nachfolger Egon Krenz.
4. November	400 000 Demonstranten auf dem Alexanderplatz.
7. November	DDR-Regierung Willi Stoph tritt zurück. Nachfolger Hans Modrow.
9. November	Die Mauer fällt.
21. November	Kanzleramtsminister Rudolf Seiters trifft Hans Modrow und Egon Krenz.
28. November	Kohls 10-Punkte-Plan: »Bundesstaatliche Ordnung« für beide deutsche Staaten.
3. Dezember	Krenz tritt zurück.
4. Dezember	Schalck-Golodkowski in Westberlin.
8. Dezember	SED wandelt sich zur PDS; Chef Gregor Gysi.
19. Dezember	Kohl bei Modrow in Dresden; »Vertragsgemeinschaft«.
22. Dezember	Brandenburger Tor wird geöffnet.

1990

13. Januar	Die SDP der DDR wird zur SPD.
15. Januar	Die Stasi-Zentrale wird gestürmt.
19. Januar	Herbert Wehner stirbt 83jährig.
28. Januar	Landtagswahl Saar: Wieder absolute SPD-Mehrheit; Modrow bildet Regierung des »Runden Tisches«.
30. Januar	Modrow bei Gorbatschow.
1. Februar	Modrow legt 4-Stufen-Plan zur Vereinigung vor.
5. Februar	Konservative DDR-Parteien bilden »Allianz für Deutschland« zur Volkskammerwahl am 18. 3.

7. Februar	Bonner Angebot für Währungsunion mit der DDR.
10. Februar	Kohl und Genscher in Moskau; Gorbatschow: Die Deutschen sollen über Einheit bestimmen.
22. Februar	Parteitag der DDR-SPD; Ibrahim Böhme Vorsitzender, Willy Brandt Ehrenvorsitzender.
1. März	»Allianz für Deutschland« plädiert für Beitritt zur Bundesrepublik.
14. März	DA-Chef Wolfgang Schnur tritt wegen Stasi-Mitarbeit zurück.
18. März	DDR-Volkskammerwahl: Allianz 48,15 % (CDU 40,9 %); SPD 21,8 %; PDS 16,3 %; FDP 5,2 %; Kommunalwahl Bayern: CSU −7,2 %.
19. März	SPD-Vorstand nominiert Oskar Lafontaine zum Kanzlerkandidaten.
26. März	Ibrahim Böhme läßt sich nach Stasi-Vorwürfen beurlauben.
12. April	Lothar de Maizière DDR-Ministerpräsident; Koalition Allianz, SPD, FDP.
23. April	Bonner Koalition setzt Eckdaten für Währungsunion: Umstellung 1 : 1.
25. April	Attentat auf Lafontaine.
5. Mai	Erste Zwei-plus-Vier-Konferenz.
6. Mai	Kommunalwahl DDR.
18. Mai	Unterzeichnung des Staatsvertrags Währungsunion.
5. Juni	Helmut Kohl bei George Bush; vereintes Deutschland soll Mitglied der Nato bleiben.
21. Juni	Bundestag und Volkskammer billigen Währungsunion und Anerkennung der Westgrenze Polens.
1. Juli	Deutsch-deutsche Währungsunion.
6. Juli	Beginn deutsch-deutscher Gespräche zum Einigungsvertrag.

15. Juli	Treffen von Kohl und Gorbatschow in Moskau und im Kaukasus; grünes Licht für die Einheit.
22. Juli	Volkskammer beschließt Neubildung der fünf ostdeutschen Länder.
1. August	Wahlgesetz für die gesamtdeutsche Wahl am 2. Dezember
5. August	»Bündnis 90« und »Grüne« beschließen Listenverbindung.
23. August	Volkskammer beschließt Beitritt der DDR zur Bundesrepublik zum 3. Oktober.
31. August	Schäuble und Krause unterzeichnen den Einigungsvertrag.
12. September	Zwei-plus-Vier-Gespräche in Moskau beendet.
20. September	Bundestag und Volkskammer billigen Einigungsvertrag.
1. Oktober	CDU-Einheitsparteitag.
3. Oktober	Tag der Einheit; Deutschland wird souverän.
4. Oktober	Erste gesamtdeutsche Bundestagssitzung.
9. Oktober	Deutsch-sowjetisches Regierungsabkommen: 13 Milliarden Mark für sowjetischen Truppenabzug.
12. Oktober	Attentat auf Schäuble.
14. Oktober	Ostdeutsche Landtagswahlen: CDU in vier Ländern, SPD in einem Land stärkste Partei; Landtagswahl Bayern: wieder absolute CSU-Mehrheit.
2. Dezember	Erste gesamtdeutsche Wahlen: Union 43,8 %; SPD 33,5 %; FDP 11,0 %; Bündnis 90/Grüne 1,2 %; PDS 2,4.
17. Dezember	CDU-Vize de Maizière tritt wegen Vorwürfen zur Stasi-Mitarbeit zurück.

1991

13. Januar	Späth tritt als Regierungschef Baden-Württembergs zurück; Nachfolger Erwin Teufel.
17. Januar	Kohl als Kanzler wiedergewählt.
20. Januar	Landtagswahl Hessen; rot-grüne Mehrheit.
24. Januar	Eberhard Diepgen (CDU) Regierender Bürgermeister von Berlin.
30. Januar	Kohl kündigt Steuererhöhungen zur Finanzierung des Golfkriegs an.
25. Februar	Der Warschauer Pakt beschließt die Auflösung.
28. Februar	Ende des Golfkriegs.
13. März	Honecker flieht nach Moskau.
21. April	Landtagswahl Rheinland-Pfalz: SPD stärkste Partei, Rudolf Scharping Ministerpräsident.
16. Mai	Bundesbankpräsident Karl Otto Pöhl kündigt seinen Rücktritt an.
29. Mai	SPD-Parteitag in Bremen; Björn Engholm Parteichef.
2. Juni	Bürgerschaftswahl Hamburg: SPD stärkste Partei.
17. Juni	Deutsch-polnischer Nachbarschaftsvertrag unterzeichnet.
20. Juni	Bundestag entscheidet mit 338 zu 320 Stimmen für Berlin als gesamtdeutsche Hauptstadt.
19. August	Putschversuch gegen Gorbatschow in Moskau.
24. August	Gorbatschow tritt als KPdSU-Generalsekretär zurück.
29. September	Bürgerschaftswahl Bremen: SPD verliert absolute Mehrheit.
28. Oktober	SPD-Fraktionschef Vogel erklärt Rücktritt; Nachfolger Hans-Ulrich Klose.
26. November	Kabinettsumbildung: Rudolf Seiters Innen, Friedrich Bohl Kanzleramt.

29. November	Ampelkoalition in Bremen.
9.–11. Dezember	EG-Gipfel in Maastricht.
12. Dezember	Honecker flieht in Chiles Botschaft in Moskau.
25. Dezember	Gorbatschow tritt als sowjetischer Staatspräsident zurück.

1992

5. Februar	Bernhard Vogel neuer Ministerpräsident Thüringens.
7. Februar	Maastricht: Unterzeichnung des Vertrages über die Gründung der Europäischen Union.
27. Februar	Deutsch-tschechoslowakischer Nachbarschaftsvertrag.
31. März	Verteidigungsminister Stoltenberg gibt sein Amt wegen Panzerexporte in die Türkei auf; Nachfolger Rühe.
5. April	Landtagswahl Schleswig-Holstein: SPD-Engholm behauptet absolute Mehrheit der Mandate; Landtagswahl Baden-Württemberg; Teufel verliert absolute Mehrheit (–9,5 %); Folge: Große Koalition.
27. April	Außenminister Genscher kündigt seinen Rücktritt für den 17. Mai an.
6. Mai	Horst Seehofer Nachfolger von Gerda Hasselfeldt als Gesundheitsminister.
18. Mai	Klaus Kinkel (FDP) neuer Außenminister; FDP-Fraktion gegen Irmgard Schwaetzer; Sabine Leutheusser-Schnarrenberger (FDP) neue Justizministerin.
3. Juni	Volksentscheid in Dänemark gegen EU.
26. Juni	Bundestag beschließt neues Abtreibungsrecht; Bayern und 247 Unionsabgeordnete klagen.
29. Juli	Rückkehr Honeckers nach Deutschland.
22. August	SPD legt auf dem Petersberg ihren Kurs neu

	fest; rechtsradikale Ausschreitungen in Rostock.
8. Oktober	Willy Brandt stirbt 78jährig.
3. November	Bill Clinton neuer US-Präsident.
23. November	Brandanschlag in Mölln; drei Türkinnen verbrannt.
2. Dezember	Bundestag billigt Vertrag von Maastricht.
14. Dezember	Postminister Schwarz-Schilling tritt aus Protest gegen Jugoslawien-Politik zurück.

1993

1. Januar	Europäischer Binnenmarkt tritt in Kraft.
3. Januar	FDP-Wirtschaftsminister Jürgen Möllemann tritt nach Briefbogenaffäre zurück.
13. Januar	Honecker darf nach Chile ausreisen.
8. April	Awacs-Flugzeuge der Nato über Bosnien.
3. Mai	SPD-Chef Engholm tritt nach Falschaussage vor dem Landtag zurück.
4. Mai	Hamburger Verfassungsgericht erklärt Bürgerschaftswahl 1991 wegen CDU-Liste für ungültig.
6. Mai	Verkehrsminister Günther Krause tritt zurück; Nachfolger Matthias Wissmann.
26. Mai	Bundestag ändert das Asylrecht.
27. Mai	Bayerns Ministerpräsident Max Streibl tritt zurück (»Amigoaffäre«); Nachfolger Edmund Stoiber.
11. Juni	Kinkel FDP-Chef.
25. Juni	Scharping SPD-Vorsitzender.
2. Juli	Bundestag billigt Einsatz deutscher Soldaten in Somalia.
4. Juli	Innenminister Seiters tritt nach Pannen beim Polizeieinsatz von Bad Kleinen zurück; Nachfolger Manfred Kanther.
19. September	Wahlen in Hamburg: Verluste für SPD und CDU; Koalition SPD/Statt-Partei.

3. Oktober — CDU-Vorstand nominiert Steffen Heitmann als Bundespräsidentenkandidat.

25. November — Heitmann verzichtet auf Kandidatur.

28. November — Regierung von Sachsen-Anhalt tritt wegen »Gehälter-Affäre« zurück.

1994

13. März — Landtagswahl in Niedersachsen: Absolute Mehrheit der Mandate für die SPD.

23. Mai — Roman Herzog im 3. Wahlgang zum Bundespräsidenten gewählt.

29. Mai — Erich Honecker stirbt 81jährig in Chile.

12. Juni — Europawahl: CDU/CSU 38,8 %; SPD 32,2 %; Grüne 10,1 %; FDP 4,1 %.

26. Juni — Landtagswahl in Sachsen-Anhalt: CDU 34,4 %; SPD 34,0 %; PDS 19,9 %; Grüne 5,1 %; Höppner (SPD) bildet Minderheitsregierung bei PDS-Tolerierung.

31. August — Die letzten russischen Soldaten verlassen Ostdeutschland.

8. September — Die letzten Westalliierten verlassen Westberlin.

11. September — Landtagswahl in Brandenburg: CDU 16,7 %; SPD 54,1 %; PDS 16,7 %; FDP 2,2 %; Grüne 2,9 %; Landtagswahl in Sachsen: CDU 58,1 %; SPD 16,6 %; PDS 16,5 %; FDP 1,8 %; Grüne 4,1 %.

25. September — Landtagswahl in Bayern: CDU 52,8 %; SPD 30,0 %; Grüne 6,1 %; FDP 2,8 %.

16. Oktober — Bundestagswahl: CDU/CSU 41,5 %; SPD 36,4 %; Grüne 7,3 %; PDS 4,4 %; FDP 6,9 %.

15. November — Mit 338 gegen 333 Stimmen wird Kohl als Kanzler wiedergewählt.

Die Reden Helmut Kohls als Parteivorsitzender wie als Kanzler sind breit dokumentiert in Veröffentlichungen des Presse- und Informationsamtes der Bundesregierung oder der CDU-Zentrale in Bonn. Deswegen hier jene Beiträge, die dort verständlicher- oder seltsamerweise keine Aufnahme fanden, sowie Auszüge aus Kohls Regierungserklärung vom 13. November 1994.

Referat des Landesvorsitzenden Dr. h. c. Franz Josef Strauß auf der Tagung der CSU-Landesgruppe in Sonthofen am 18. und 19. November 1974

Vielleicht darf ich mit einem kurzen Bericht über das gestrige Gespräch beginnen, das unter Vorsitz von Kollege Carstens stattgefunden hat, ein Gespräch über die wirtschafts- und finanzpolitische Situation, die Konjunkturpolitik usw. Dieses Gespräch ist unterteilt worden in zwei Komponenten: das eine ist, was ist das taktisch richtige Verhalten und das andere ist, was ist von der Sache her gesehen notwendig. Das letzte unterteilt sich allerdings dann wieder – um nicht zu sagen ›zerfällt in‹ wie das Gewehr 98 K. Es lagen vor an Papieren ein Papier des Planungsstabes, ein Kurzpapier von Müller-Hermann, ein Papier von Biedenkopf mit einem ordnungspolitischen Programm mittelfristiger Art, und dann noch zwei Papiere von Prof. Dr. Vogel – ich möchte ohne den eigenen Laden zu beunruhigen sagen, daß diejenigen, die am wenigsten zersprungen waren, die am wenigsten sich in ordnungspolitische Grundsatzbegriffe geflüchtet haben, mit denen man ja alles vertreten kann, die beiden Papiere von Professor Vogel gewesen sind. Die anderen haben die Argumente so vertreten, wie sich manche die Füße vertreten.

Zur taktischen Situation gleich das Wesentlichste: Es ist gestern auch auf mein Betreiben hin keine Verlautbarung erfolgt. Der gleiche Kreis trifft sich Anfang Januar noch einmal, dann wird man versuchen, für das neue Jahr zu einer kurzen Verlautbarung zu kommen. Ich habe das u.a. damit begründet, daß es jetzt keinen Sinn hat, von uns aus irgendein konjunkturpolitisches Rezept zu erarbeiten und zu empfehlen. Erstens ist der Patient in einem Zustand, wo er unter zwei großen Beschwerden leidet, nämlich Zerrüttung der Staatsfinanzen und Inflation mit steigender Arbeitslosigkeit, d.h. es gibt kein Rezept, das der Bekämpfung beider Krankheiten dient. Man kann immer nur einer Krankheit zu Leibe rücken, und jedes Rezept, das der einen Krankheit zu Leibe rückt, vermehrt das Übel auf der anderen Seite, so daß man also hier auch eines Tages zu einem dosierten Einsatz von Mitteln über längere Zeit hinweg kommen muß. Mein zweites Argument gestern war, noch ist das Bewußtsein der Öffentlichkeit nicht auf die wirkliche große Krise so vorbereitet, daß es aus politischen Gründen richtig wäre, mit eigenen Rezepten zu kommen und dabei dann natürlich über Allgemeinplätze hinweg auch zu konkreten Empfehlungen zu kommen. Ich persönlich habe die Auffassung gestern vertreten, der sich dann die Mehrheit angeschlossen hat, daß wir erst am Anfang der großen Krise stehen; ich denke, daß die Zerrüttung der Staatsfinanzen unaufhaltsam weitergeht mit unübersehbaren Folgen, und daß auch nicht allein unter Einfluß der weltwirtschaftlichen Krisenverhältnissen, die natürlich zurückschlagen auch auf uns, aber auch aufgrund der fünf Jahre begangenen Fehler und Versäumnisse, Mißachtung auch unserer Vorschläge und Warnungen, die Zerrüttung der einheimischen Wirtschaft ebenfalls schrittweise weitergeht, wenn auch regional und sektoral und dimensional unterschiedlich, wobei am stärksten die kleinen und mittleren Bereiche betroffen sind, weniger stark die großen Bereiche, obwohl es da natürlich auch einige gibt, die Not leiden werden. Also auch in diesen Größenordnungen ist man vor Überraschungen nicht sicher, wobei es hier allerdings auch Fehler des Managements sind – aber hier möchte ich mich jetzt nicht in Einzelheiten verlieren. Aber der Grundgedanke, den ich hier vertreten habe, war der: Erstens kann man jetzt überhaupt kein Rezept empfehlen, ohne sich in große politische Schwierigkeiten zu begeben, und zweitens ist

das Bewußtsein der Öffentlichkeit noch nicht so weit bzw. ist die Öffentlichkeit noch nicht so stark schockiert, daß sie bereit wäre, die Rezepte, die wir zur langsamen Heilung der Krise für notwendig halten, in Kauf zu nehmen. Auch Helmut Schmidt schiebt sie das ganze Jahr vor sich her. Wir würden Gefahr laufen, wenn wir vorschlagen, es muß jetzt konkret geschehen a, b, c, d usw., daß die es nicht tun. Lieber eine weitere Inflationierung, weitere Steigerung der Arbeitslosigkeit, weitere Zerrüttung der Staatsfinanzen in Kauf nehmen, als das anzuwenden, was wir als Rezept für notwendig halten mit der Maßgabe, daß sie sagen: »Seht, solange wir da sind, ist unser Leiden ja nicht gar so schlimm. Wenn die aber hinkommen, die muten euch eine Roßkur zu. Soweit sind wir noch nicht.« Es muß wesentlich tiefer sinken, bis wir Aussicht haben, politisch mit unseren Vorstellungen, Warnungen, Vorschlägen gehört zu werden. Es muß also eine Art Offenbarungseid und ein Schock im öffentlichen Bewußtsein erfolgen. Wir können uns gar nicht wünschen, daß dies jetzt aufgefangen wird, sonst ist es ja nur eine Pause, und nach der Pause geht es ja doch in der falschen Richtung dann wieder weiter. Die Auflösung der jetzigen Bundesregierung ist das vorrangige Ziel und hier besteht durchaus die Möglichkeit, daß noch vor dem Jahr 1976 es zu einer Änderung kommt.
Ich sage nur, daß die Möglichkeit besteht. Der entscheidende Tag wird die Landtagswahl in Nordrhein-Westfalen sein. Es besteht ein gerütteltes Maß an Aussicht, daß wir die rheinland-pfälzischen und die schleswig-holsteinischen Wahlen gewinnen. Aber all das ist nicht entscheidend. Es sei denn, Kohl oder Stoltenberg, je nachdem welche Prozente sie kriegen, setzten sich in neue Rivalität zueinander. Aber die Landtagswahlen in Nordrhein-Westfalen sind das entscheidende. Denn sie sind ja schon eine Art Barometerwahl oder auch eine Testwahl für die künftige Bundestagswahl. Ich möchte mich mit dem dämlichen Geschwätz von Leisler-Kiep, dem ich also gestern 'mal meine Meinung gesagt habe, nicht näher befassen.

Es gibt ja wirklich in der CDU die Krankheit, die kenne ich schon seit acht Jahren, die äußert sich also immer wieder in selbstmörderischen Äußerungen nur aus Gründen interner Feindseligkeit und interner Rivalität oder neidhammelhafter Haltung. Es geht also gar nicht darum, wem kann man einen Wahlerfolg zuschreiben. Da wird niemand sagen, der Wahlerfolg ist trotz der Bayerischen Staatsregierung erkämpft worden. Im Gegenteil: Bei meinen sämtlichen Reden und bei sämtlichen Analysen wurde hernach gesagt, der einwandfreie Hintergrund der bayerischen Landespolitik hat ja die Voraussetzung geliefert, daß wir überhaupt dann mit unseren Argumenten zum Zug gekommen sind. Aber aus der Landespolitik kommt – mit Ausnahme, bitte nicht falsch zu verstehen, das ist gar keine falsche Zuteilung von positiven oder negativen Überlegungen, – aus der Landespolitik kommt nur eine Emotionalisierung der Wähler, die betrifft die Schulpolitik. Alles was damit zusammenhängt, Schulpolitik, Berufsschulpolitik oder Berufsausbildung, Universitätspolitik usw. dann noch Fragen der inneren Sicherheit, soweit sie Landesfragen sind. Aber die vielen nüchternen harten Fragen der Landespolitik, also der Strukturpolitik, der Regionalpolitik usw. wo man viel Sachkunde braucht, viel Detailkunde braucht, unendliches Maß an Fleiß aufwenden muß und trotzdem keine rauschenden Feste damit feiern kann, all das macht nicht die Wahlergebnisse für morgen aus, sondern die Emotionalisierung der Bevölkerung, und zwar die Furcht, die Angst und das düstere Zukunftsbild sowohl innenpolitischer wie außenpolitischer Art.
Es ist geradezu Wahnsinn, wenn Leisler-Kiep sagt: Die bundespolitischen Themen usw., die Franz Josef Strauß vertreten hat, die haben bei dem Wahlerfolg keine Rolle gespielt, sondern es war die Person Goppel und es war die bayerische Landespolitik, irgendwie auf Hessen bezogen. Es ist einfach Wahnsinn! Denn mit der bayerischen Landespolitik oder der hessischen Landespolitik können wir im Jahr 1976 nicht die Wende herbeiführen. Da geht es uns darum, daß wir alle Land-

tagswahlen gewinnen und in der Bundestagswahl dann auf einmal wieder abends erschüttert vor einem Ergebnis stehen, das eine Fortsetzung der sozialistisch-pseudo-liberalen Koalition für weitere vier Jahre ermöglicht.
Wir müssen die Auseinandersetzung hier im Grundsätzlichen führen. Da können wir nicht genug an allgemeiner Konfrontierung schaffen. Ich kenne ja diese Stichworte: Wir kämpfen für die Freiheit, gegen den Sozialismus, für die Person und das Individuum, gegen das Kollektiv, für ein geeinigtes Westeuropa, gegen eine sowjetische Hegemonie über ganz Europa. Da muß man die anderen immer identifizieren damit, daß sie den Sozialismus und die Unfreiheit repräsentieren, daß sie das Kollektiv und die Funktionärsherrschaft repräsentieren und daß ihre Politik auf die Hegemonie der Sowjetunion über Westeuropa hinausläuft. Daß es bei den anderen eine ganze Menge von Leuten gibt, die das nicht wollen, soll uns nicht daran hindern, unter einem Übermaß an Objektivität zu leiden und das hier zu sagen. Aber allmählich haben sie es begriffen. So wie man jetzt sagt, daß nach der Radikalendebatte im Bundestag, nach diesen scheußlichen Vorgängen in Berlin jetzt ein Mann bei der SPD/FDP sagt: Das stimmt gar nicht, bei denen dämmert es gar nicht. Nur wenn sie merken, daß sie Wähler verlieren, dann tun sie vorübergehend so als ob, und wenn der Wähler wieder beruhigt ist, dann auf der alten Bahn wieder weiterzufahren, dann möchte ich wissen, wie viele Sympathisanten der Baader-Meinhof-Verbrecher in der SPD- und FDP-Fraktion in Bonn drinsitzen. Es ist ein ganzer Haufen.
Hier komme ich zu den drei überragenden Themen, das eine Thema, das heute vielleicht an der Spitze steht und in den nächsten Tagen noch mehr an der Spitze stehen wird, das ist die innere Sicherheit. Ich sage das trotz meiner sonstigen Priorität für wirtschaftliche Dinge. Eine vertrauliche Mitteilung: Beim ZDF ist also ein Brief eingelaufen, der angeblich von dieser Roten-Armee-Fraktion, Fallgruppe sowieso, ist. Sie verlangen je eine Stunde Sendung beim ZDF für Ulrike Meinhof,

für Andreas Baader und für die Ensslin, ansonsten bis Ablauf des Ultimatums 22. November zwei führende Politiker erschossen werden. Es kann also sein, daß es a) Spinner sind, sog. Infektionstäter, die also infiziert sind, es kann sein, daß es eine Erpressung der wirklichen Verbrecher ist, aber trotzdem ohne die ernsthafte Absicht, es zu tun, es kann aber auch etwas Ernstes dahinterstecken. Wer also in Zukunft sagt, diese SPD und FDP sind nicht mehr fähig, unseren Staat und unsere Gesellschaft vor Verbrechern zu schützen, trifft den Kern. Es geht quer durch alle Bereiche, die Verherrlichung der Verbrechen schon in der Schulpolitik angefangen, wo sie dann politisch verbrämt werden, dann geht's in die Medienpolitik hinein – was neulich schon passiert ist, war schon unerhört – die Sendung über Holger Meins. Im Zusammenhang damit dann z.B. haben sie diesen Verbrecheranwälten – anders kann man das ja nicht nennen –, das sind ja doch die, die die Gefangenen steuern und nicht betreuen, das sind doch die, die sie mit Preludin versorgen, damit sie ihre Hungerstreiks durchführen können und dann Hunger plus Preludin plus Alkohol plus Hunger ergibt den sicheren Tod. Das kommt ja bei U-Haft-Gefangenen vor.

Das sind die Anwälte hier, die das schon steuern, mit vielleicht schon willenlos gewordenen Gefangenen. Das sind reine Verbrecher, diese Anwälte. Die tanzen doch dem Rechtsstaat auf der Nase herum. Da wird eine Pressekonferenz dieser Anwälte im Fernsehen gezeigt, und da darf einer sagen ›dieser Mörderstaat‹ im Zusammenhang mit Holger Meins. Am Grab dürfen sie Rache schwören. In Berlin dürfen 5000 Demonstranten im Kampf gegen 1000 Polizisten; die Polizei kann die Personenschäden nicht mehr verhindern, Sachschäden überhaupt nicht mehr verhindern. Hier sammelt sich ein solcher Zorn in unserem Volke an. Und jetzt hier in demokratischer Gemeinsamkeit zu sagen, wir Demokraten in SPD/FDP und CDU/CSU, wir halten also jetzt nun zusammen in dieser Situation, hier müssen wir den Rechtsstaat retten – das ist alles blödes Zeug! Wir müssen sagen, die SPD und FDP über-

lassen diesen Staat kriminellen und politischen Gangstern. Und zwischen kriminellen und politischen Gangstern ist nicht der geringste Unterschied, sie sind alle miteinander Verbrecher. Und wenn wir hinkommen und räumen so auf, daß bis zum Rest dieses Jahrhunderts von diesen Banditen keiner es mehr wagt, in Deutschland das Maul aufzumachen. Selbst wenn wir es nicht ganz halten können. Aber den Eindruck müssen wir verkörpern.
Der zweite Komplex, der die Öffentlichkeit natürlich stark in Anspruch nimmt, ist nicht einmal sosehr die Inflation als die Angst vor der Arbeitslosigkeit, vor einer allgemeinen Wirtschaftskrise, dann, wenn man dahinter die Inflation sieht – natürlich, die beiden sind ja irgendwie kausal miteinander verbunden –, und dann spielt wahrscheinlich auch eine wachsende Rolle, die dem einzelnen noch nicht genug ins Bewußtsein gedrungen ist, die unaufhaltsame Zerrüttung der Staatsfinanzen. Die Zahl 60 Milliarden stimmt schon nicht mehr. Gestern sprach man in Bonn schon von 70 Milliarden im Zusammenhang mit der Sanierung der Rentenversicherungsträger, mit der Sanierung der öffentlich-rechtlichen Krankenkassen, mit der Sanierung der Nürnberger Bundesanstalt, die ja natürlich ihre Mittel dafür ausgegeben hat, daß eine Lehrerin Computerrechnerin werden kann, um dann später wieder Mittelschullehrer zu werden, um vielleicht auf Fußballtorwart umsteigen zu können. Das ist natürlich jetzt übertrieben dargestellt. Wir haben also hier – auch wir selber – die Dinge überzogen. Wir müssen jetzt demgegenüber als die Partei der Solidität, der Seriosität und der Wirklichkeitsnähe dastehen. Das kommt viel mehr an, als wenn wir jetzt nur sagen: Vermögensbildung und da diese Reform und dort jene Reform usw. Da sitzen wir im falschen Dampfer, der Dampfer ist weg. Wir haben uns ja weitgehend also wieder aus dem Dampfer herausbegeben, aber wie ich gestern festgestellt habe, noch nicht ganz.
Zur Taktik jetzt: nur anklagen und warnen, aber keine konkreten Rezepte etwa nennen. Da bleibt uns auch der Blödsinn

erspart, wie wir ihn mit den 3 Milliarden erlebt haben. Der Kohl hat recht. 3 Milliarden sind zuwenig. Der Stoltenberg hat auch recht, 3 Milliarden sind zuviel. Nicht einmal, ob wir es an einem Punkt ansetzen, sondern es ist überhaupt jetzt alles falsch, was man tut. Wir haben eine Situation herbeigeführt, wo jedes Rezept, je nachdem, auf welche Wirkung hin man es untersucht, einfach falsch ist. Da haben doch wir uns gar nicht hineinbegeben.
Aber ich komme noch einmal darauf zurück, was ich Herrn Barzel schon gesagt habe und Herrn Carstens gesagt habe, das wagt ja keiner zu lösen. Ohne eine aus hauptamtlich Bediensteten unserer Fraktion bestehende – und zwar nicht neue, die sind ja alle da – Clearingstelle ist dieses Problem widersprüchlicher Meinungen und widersprüchlicher Aussagen nicht zu lösen. Und das scheitert bisher an der mangelnden Entscheidungsfähigkeit

1. der Fraktionsführung, des Vorsitzenden,
2. an der Rivalität der angeblich führenden oder prominenten Wirtschafts- und Finanzpolitiker, wo jeder auf seine Souveränität und Autonomie Wert legt und
3. an dem Konkurrenzneid der hauptamtlich Bediensteten, vor allen Dingen auch des Herrn Frank, der also auf keinen Fall den Professor Vogel irgendwie mitverantwortlich in seinem Planungsstab einbauen will.

In einer Versammlung, bei einer Diskussion kann man natürlich nicht sagen, ich frage vorher in Bonn an. Aber bevor man eine Stellungnahme abgibt, sollte der Inhalt dieser Stellungnahme bei einem Büro, das von morgens bis abends besetzt ist – kein neues Büro, ich denke, hier bauen die Leute wie Vogel, Frank, Zavelberg und drumherum – einlaufen, damit der sagen kann: Hallo, gestern abend hat Herr Kohl eine Stellungnahme abgegeben, da steht das Gegenteil von dem drin, was hier vorgeschlagen wird. Denn es ist ja auch unmöglich, jeweils einen Kreis so wie gestern zusammenzurufen, bevor

man eine Stellungnahme abgibt. Das ist eine rein technische Angelegenheit. Ich setze die konjunkturpolitische Lage einmal als bekannt voraus. Habe über Zerrüttung der Staatsfinanzen ja eine neue Zahl genannt. Die 60-Milliarden-Grenze ist bereits überschritten, was den Kreditbedarf den Neukreditbedarf, der öffentlichen Hand anbetrifft für das Jahr 1975. Der Teufelskreislauf wird also immer enger.
In der Situation haben wir natürlich gar keinen Grund, etwa uns nun an der Verantwortung zu beteiligen oder uns um irgendeine Koalition zu reißen, sei es um die große, sei es um die kleine. Natürlich, die große Koalition, ich habe es einmal gesagt, mit einem Teil der SPD, das ist natürlich ein Gruselvexierspiel. So etwas darf man nicht ernst nehmen. Das kann auch nicht ein jeder nachmachen, sondern das beherrschen nur ein paar, wenn ich das so sagen darf, der Kanzler z. B. Das dient aber dann der Erzeugung von Vexierreaktionen. Das Spiel muß man können, muß man beherrschen. Der Brandt hat ja prompt gesagt, nein, das dient nur den machtpolitischen Plänen von Franz Josef Strauß. Der Wehner hat gleich prompt positiv reagiert, aus drei Gründen.

a) um dem Brandt eins auszuwischen, weil die zwei nicht mehr miteinander reden,
b) um das Thema »Große Koalition« für sich selbst zu besetzen und
c) in dem Wissen oder in der angstvollen Ahnung, wenn die SPD scheitert, wegen Regierungsunfähigkeit im Jahr 1976 vom Wähler, trotz der miserablen inneren Struktur der Unionsparteien, davongejagt wird, könnte das für die SPD bedeuten, daß sie bis zum Jahr 2000 unter dem Experiment der sieben Jahre bei den Wählern in Verschiß geraten, nicht mehr an die Regierung kommen kann.

Das sind also nach Meinung eines Experten, der der FDP-Fraktion angehört und der mit allen Beteiligten gesprochen hat, die Gründe, warum der Wehner sich denn dazu gemeldet hat.

Täuschen wir uns nicht, das 0,000 von Schmidt ist nicht ernst gemeint. Er würde schon ganz gerne, er würde gerne einen Teil Ballast bei sich abwerfen, und mit einem Teil bei uns ankommen. Es gibt auch einen maßgebenden Politiker oder besser exmaßgebenden Politiker der CDU, der neulich Helmut Schmidt aufgesucht hat und ihm gesagt hat, ob man denn nicht wiederum oder sogar auf eine vierte Partei hinarbeiten sollte und zwar in der Richtung etwa, daß die CDU dann etwa eine Art Zentrum wieder wird und das Zentrum dann als Dauerkoalitionspartner für die SPD sich empfehlen würde, dann wären wir die FDP und die CSU los. Das war ja Rainer Barzel, der hier mit Helmut Schmidt gesprochen hat. Kohl hat nur sondiert, aber nicht in diesem plumpen Sinne mit ihm gesprochen. Es ist auch nicht damit zu rechnen, daß die FDP etwa jetzt vom Karren springt, weil sie das infolge ihrer inneren Verhältnisse nicht tun kann. Bei der FDP kann man sich auf eines verlassen, nämlich eine berechenbare Komponente, ihre Charakterlosigkeit. Wenn sie in der Dummheit noch treu wäre, wäre es für uns schlimmer als so, wo sie in der Dummheit unzuverlässig ist. Denn wenn es ihr an den Kragen geht, kann man sich darauf verlassen, daß sie noch mit zum Schwur erhobener Hand der SPD Treue gelobt und mit uns den Koalitionsvertrag zu unterschreiben bereit wäre. Die Charakterlosigkeit der FDP verbunden mit ihrem Selbsterhaltungstrieb ist eine der zuverlässig berechenbaren Komponenten. Aber wir haben jetzt überhaupt keinen Grund für das nächste halbe Jahr ungefähr, aus der Deckung herauszugehen. Nur zu beobachten, zu schimpfen, zu mahnen, zu warnen, genügt nicht überall. Wir müssen schon konkret werden. Aber in der politischen Großwetterlage, in der wirtschaftlichen Großwetterlage, dürfen wir jetzt nicht aus der Deckung herausgehen. Wer herausgeht, wird angeschossen oder erschossen. Er kann überhaupt nichts Gescheites vorschlagen.

Was im einzelnen gestern genannt worden ist, ist

a) auf keinen Fall sollten wir – da wird auch in der Fraktion darauf eingeschworen werden, da noch negative Beispiele

von früher vorliegen –, der Regierung irgendwelche Hilfe bei Steuererhöhungen zusagen. Also eine politische Mitverantwortung bei Steuererhöhungen zusagen, das auf keinen Fall. Ich sage das deshalb, weil ja auch Kohl, aber auch andere im Laufe der letzten Wochen mehrmals ihre Bereitschaft erklärt haben, mit der Bundesregierung konstruktiv zur Überwindung der Krise zusammenzuarbeiten. All dieses Gerede hat keinen Sinn. Da gab es auch beim Bundespresseball einige interessante Szenen: im Hintergrund der Bar sitzend, Kohl mit Scheel in einem lauschigen Gespräch, anschließend Kohl mit Genscher, anschließend Helmut Schmidt auf dem Gang mit Kohl, so diese Gardinendiplomatie – die Hintergardinendiplomatie. Ich habe also den Eindruck der irdischen Geschäftigkeit mit taktisch großgesteckten Zielen. Das hat jetzt alles gar keinen Sinn. Wir müssen hier sehr distanzieren, sehr kühl uns denen gegenüber verhalten, nicht mit diesem Spiel einer etwas doch zu plumpen Anbiederung. Also keine Steuererhöhung. Wir dürfen uns auf keinen Fall aus falschem sachpolitischem Verantwortungsbewußtsein als die ewige Ersatzregierung, die wir darstellen, einspannen lassen.
Dann wurde auch vorgeschlagen, wir sollten eine differenzierte Tarifpolitik verlangen. Ich sagte, wir sollten überhaupt nichts verlangen auf dem Gebiet der Tarifpolitik außer konjunkturgerechte Tarifabschlüsse. Wir haben jetzt a) weder Grund, die Forderungen der Gewerkschaften anzuheizen, um damit die Schwierigkeiten der Regierung zu erhöhen. Wir machen uns bloß alle unglaubwürdig. Wir haben aber auch b) keinen Grund, uns mit den Gewerkschaften anzulegen, denn die Situation, die ja die Gewerkschaften mit den Lohnforderungen veranlaßt, ist ja von unseren Nachfolgern nach 1969 herbeigeführt worden.
Es ist verlangt worden: Abbau der Hochzinspolitik. Das ist natürlich nur möglich, wenn gleichzeitig die öffentlichen Haushalte einer ganz radikalen Abmagerungskur unterworfen werden. Außerdem können wir mit unserem Zinsniveau uns nicht vom internationalen Zinsniveau völlig abhängen. Das

ist in Italien, Frankreich, England sehr hoch, USA baut etwas ab, in Österreich ist es bedeutend niedriger, aber Österreich hat ja für uns in dem Zusammenhang keine Bedeutung. Grundsätzlich ist die Forderung auf Abbau der Hochzinspolitik richtig. Aber wir können sie jetzt auch noch nicht von uns aus etwa auf unsere Fahne schreiben. Das ist etwa, weil die Voraussetzungen dafür fehlen. Dann natürlich die Forderungen der Umstrukturierung der öffentlichen Haushalte, d.h. mehr öffentliche Investitionen und ein Anwachsen der Investitionsrate und ein Rückgang der Konsumrate im Anteil der öffentlichen Haushalte. Furchtbar leicht gesagt, unendlich schwer durchzuführen.

Wir müssen sie soweit treiben, daß sie ein Haushaltssicherungsgesetz vorlegen müssen oder den Staatsbankrott erklären müssen oder drastische Steuererhöhungen mit abermals einschneidenden negativen Folgen für die Wirtschaft. Vorher haben wir gar keinen Grund, mehr öffentliche Investitionen und Anreize für private Investitionen zu verlangen. Ich habe gesagt, ich stimme diesen Grundsätzen zu, bloß soll man sie jetzt nicht verkünden. Wir haben durch zuwarten gar nichts verloren. Das blöde Gerede, ihr habt ja keine Alternativen, mit denen dann wir uns immer hineintreiben lassen, also in eine Mitverantwortung, interessiert ja doch die 95 Prozent der Wähler nicht. Ich will überhaupt nicht im kleinen sagen, was wir uns vorstellen mit der Krankenhausfinanzierung, mit der Berufsausbildung, mit der Sanierung der öffentlich-rechtlichen Krankenkassen usw. Wir müssen sagen: »Ihr seid doch an der Regierung. Ihr habt doch in diesem Staat seit fünf Jahren diese Wirtschaft ruiniert.« Außerdem, wenn ich jetzt die Grundsätze genannt habe, dann kommt mir sofort die Frage, wie wollt ihr denn das verwirklichen. Wie soll man private Investitionsanreize geben?

Konkret, man sollte vom 26a, Stabilitäts- und Wachstumsgesetz, Gebrauch machen, also eine Investitionsprämie aussetzen. 5 Prozent bis 7,5 Prozent. Nun, dies ist genauso wie auch bei der Abschreibung, wer allerdings verdient, kann dann nicht mehr abschreiben. Aber wer die restlichen 95 oder 92,5 Prozent nicht zusammenbringt, der macht dann von den 5 oder 7,5 Prozent keinen Gebrauch. Was passierte gestern? Angelockt von Pieroth haben auch andere, darunter auch der Narjes, diesen Punkt als besonders wichtig gefunden, nämlich die Investitionsprämie, also wenn einer 100 000 DM investiert und kriegt dann 7500 DM Investitionsprämie, diese Investitionsprämie als Arbeitnehmereigentum im Betrieb einzubringen. Ich kenne ja nicht die Urheber. Ich habe dem Carstens ins Gesicht gesagt: »Ja, sind denn die wahnsinnig geworden.« »Ja«, sagt er, »ich habe selber so ein beklemmendes Gefühl dabei gehabt.« Denn, wenn einer schon 95 500 DM investiert, meist geht es ja um größere Beträge, er braucht eine Investitionssumme von 1 Million. Dann würde er kriegen 75 000 DM. Und die 75 000 DM muß er dann als Beteiligung – die zahlt zwar der Staat –, aber die kriegt nicht er, sondern die kommt dann als Beteiligungskapital in sein Unternehmen hinein. Dann müßte ich doch blöde sein, dann überhaupt noch zu investieren. Wir müssen doch jetzt endlich mal Schluß machen, das Risiko zu privatisieren, die Gewinne zu sozialisieren und die Entscheidungen zu kollektivisieren. Das sind die drei Schlagworte. Damit ist diese allmählich immer kränker gewordene Wirtschaft nicht mehr zu retten. Damit komme ich zu einem Punkt, d. h. Anreiz zu privater Investition.

Wir haben gestern über lauter materielle Dinge gesprochen. Wir haben gesprochen über Haushalte, über Hochzinspolitik, über Tarifpolitik, keine Steuererhöhungen usw. Aber all das sind nur materielle Faktoren. Ich habe gesagt, wir müssen bei unserer Auseinandersetzung aber auch in der Analyse der Lage die psychologischen Faktoren vor die materiellen Faktoren setzen. Die materiellen Faktoren waren ja 1966 auf 1967 auch einmal nicht gerade angenehm, aber bei weitem nicht so bedrückend wie heute. Aber die psychologische Situation, die Vertrauenssituation, war damals am Anfang der großen Koalition mit einem relativ vernünftigen, wenn auch sehr schwierigen Schiller ja ganz anders. Heute ist das Vertrauen weg. Der

Selbständige sagt, es hat ja doch keinen Sinn mehr! Dies zeigen die Betriebsaufgaben, die jetzt immer zunehmenden Verkäufe an die Ausländer, die schwindende Risikobereitschaft, und das betrifft einfach die ständig wachsende Quote der öffentlichen Handelslast, sowohl bei der Steuerlastquote, die ja die 24 Prozent überschritten hat, bei 24,5 ist, wie auch die Soziallastquote. Hier müssen wir auch in unseren eigenen Reihen einmal aufhören, in den Kategorien zu denken, das zahlt ja der Arbeitgeber. Dies ist häufig alles, was ihnen einfällt auf diesem Gebiet. An Ausschmückungen des eigenen Hauses heißt es, ja das kostet ja nichts, das zahlt ja der Arbeitgeber.
Wenn man einmal sieht, daß heute noch in Italien, Frankreich, England, Holland und Belgien die Erträge je Umsatz wesentlich höher sind als bei uns. Von USA und Kanada in diesem Zusammenhang erst gar nicht zu reden. Wenn man sieht, wie die Erträge bei uns im Laufe der Jahre trotz steigender Umsätze geschrumpft sind. Ich habe eine Zahl schon einmal in diesem Kreise genannt, in zehn Jahren ist der Ertrag der Lohnsteuer gestiegen von der Marke 100 auf die Marke 460. In den gleichen zehn Jahren ist der Ertrag der Körperschaftsteuer gestiegen von der Marke 100 auf die Marke 130. Trotz Verdoppelung der Umsätze haben die Kapitalgesellschaften nur ein Plus von 30 Prozent Körperschaftsteuer. Dabei ist die Körperschaftsteuer ja eher mehr geworden in den zehn Jahren mit der Ergänzungsabgabe, als weniger geworden dem Steuersatz nach. Und auch bei der veranlagten Einkommensteuer, je nachdem welche zehn Jahre man rechnet, liegt der Zuwachs zwischen 60 und 80 Prozent und nicht bei 350 Prozent wie bei der Lohnsteuer. Das sage ich auch im Hinblick, z. B. wenn man auf die Idee kommen sollte, den Unternehmen das Erziehungsgeld aufzulasten, für das sowieso jede finanzielle Verwirklichungsmöglichkeit auf unabsehbare Zeit überhaupt fehlt.
Wenn man anfangen würde, eine Berufsausbildungsabgabe, ein Ausbildungssteuergesetz etwa zu erlassen – dies ist alles recht und schön – wären wir immer in der undankbaren Lage »Nein« dazu sagen zu müssen, und dann prompt als Reaktio-

näre, als Arbeitnehmerfeinde, als Unternehmerinteressenvertreter zu gelten. Aus dem Grunde können wir unsere Warnungen und unser Nein nur pauschal aussprechen, denn die Krise muß so groß werden, daß das, was wir für die Sanierung notwendig halten, dann auf einem psychologisch besseren Boden beginnen kann als noch heute. Noch heute leben die meisten über ihre Verhältnisse. Noch heute haben sie nicht begriffen, wie ernst die Situation ist. Noch heute besteht nicht ernsthaft die Bereitschaft dazu, den Gürtel enger zu schnallen und an die Sanierung von Wirtschaft, Gesellschaft und Staat heranzugehen. Ich sagte dann, die psychologischen Faktoren sind m.E. das Entscheidende, und hier müssen wir einfach davon ausgehen, daß ohne eine Rückkehr der CDU/CSU eine Änderung der psychologischen Lage nicht erfolgen kann. Wir haben auch gar keine Angebote. Wir müssen schlechthin von dem Axiom ausgehen, die können Wirtschaft, Gesellschaft und Staat nicht mehr in Ordnung bringen. Sie haben fünf Jahre alles getan, um eine im Kern gesunde Wirtschaft systematisch, aber absolut sicher, zu ruinieren und damit den Boden für eine modernere Zukunftsgesellschaft verdorben.
Im übrigen ist es ja gar nicht so ohne, wenn man sieht, daß z.B. die Neue Heimat an öffentlichen Aufträgen allein in Bayern von öffentlichen Auftraggebern in diesem Jahr 118 Millionen bekommen hat. Nur in Bayern! Und davon sind auch unsere Landräte und Oberbürgermeister erheblich beteiligt. Ich hatte mit dem Herrn Hanauer einen heftigen Zusammenstoß, weil er als Vorsitzender des Verwaltungsrates mir nachweisen wollte, daß der Neubau auf dem rundfunkeigenen Grundstück des Bayerischen Rundfunks – Bauwert 40 bis 50 Millionen DM – nicht durch eine private Bauträgerschaft, sondern nur durch die Neue Heimat durchgeführt werden konnte. Im Ingolstädter Raum ist das ähnlich. Im Augsburger Raum ebenso. Die freuen sich darüber. Denn die haben eine solch ungeheure Substanz und haben in der Vergangenheit soviel auch an Substanz ansammeln können, daß die endlos aushalten, bis einer nach dem anderen kaputtgeht. Die größten Bauträger

Bayerns sind heute alle klinisch tot und sind aktuell tot, wenn die Banken von ihren Rechten Gebrauch machen. Und daran schließen sich dann Tausende von Handwerkern, die ihre Rechnungen nicht mehr zahlen können, Baufirmen usw. an. Die drei größten Münchner sind tot, sind klinisch tot. Nur da die Banken in der Hoffnung auf eine Wiederbelebung der Baukonjunktur immer noch stunden, die Zinsen wieder der Kreditsumme zuschreiben und immer wieder Moratorien gewähren, kommen sie noch über die Runden. Aber sie sind tot, wenn die Banken heute zugreifen. Die Banken können auch diese Politik nicht ewig fortsetzen. Einmal müssen sie von ihren Rechten Gebrauch machen, schon weil sie aufgrund der Aktiengesetze usw., der Einlagensicherung dazu verpflichtet sind. Dann beginnt ja erst die zweite Welle des großen Sterbens.
Nun sagte Katzer gestern, das war ganz interessant, also bei Mitbestimmung sei er dafür, jetzt keinen Entwurf einzureichen. Er sei immer dafür gewesen, um die Regierungskoalition nicht aus ihren Schwierigkeiten zu vertreiben. Ich habe mir dann erlaubt, ihm zu sagen, das stimmt nicht ganz. Denn die Sozialausschüsse haben ja ihren Widerspruch gegen die Hamburger Beschlüsse erklärt und haben mit der Fraktion doch den Burgfrieden damit erkauft, daß die Fraktion verzichtet hat, ihren Entwurf einzubringen, und dafür haben sie darauf verzichtet, einen Entwurf der Sozialausschüsse einzubringen. Nachträglich gibt man die Not als eine Tugend aus. Gut, macht nichts. Aber wir müssen wissen, wo die eigene Kausalität, wo Ursache und Wirkung hier liegen. Dies ist auch ein Thema, das zur Unsicherheit in der Wirtschaft beiträgt, ohne daß es bei der Arbeitnehmerschaft wesentliche Pluspunkte bringt. Es ist nun natürlich völlig falsch, wenn wir sagen, wir sind gegen Mitbestimmung. Aber ich warne hier vor einem falschen Zungenschlag. Der Herr Barzel sagte ja, wenn Sie es gelesen haben – vor ein paar Tagen sind ein paar norddeutsche Zeitungen erschienen –, er sei gegen den Regierungsentwurf, weil der zuwenig Mitbestimmung bringe. Die

CDU und CSU seien für mehr Mitbestimmung. Natürlich, man kann hier mehr Winter sein, oder nachts ist es kälter als draußen, oder die Beine der Ente sind gleich lang, besonders das linke. Das hat alles keine Aussagekraft. Wir müssen für die richtige Mitbestimmung sein. Für eine funktionsgerechte Mitbestimmung, die die Interessengemeinschaft Unternehmen im Interesse der beiden Partner zu den höchsten Leistungen und zu den größten Erträgen befähigen. Dann sprach Barzel weiter, er sprach, das Unternehmen müsse ein Sozialverband werden. Was ist das für eine geistige Epidemie. Ein Unternehmen kann doch nie ein Sozialverband werden. Da muß ein Krankenhaus ein Diskussionsforum über Vietnam oder über die gerechte Lösung der Nahostfrage werden.
Das sind alles zweckfremde Vorstellungen. Betriebe sind Institutionen der Gesellschaft, der Produktion, der Dienstleistungen. Sie haben eine ganz bestimmte Aufgabe. Und sie haben diese Aufgabe bei einer Pluralität der Interessen optimal zu erfüllen. Die kann man gar nicht auf einen einzigen Nenner bringen. Aber Sozialverband Unternehmen, da sind wir ja bei jugoslawischen Kooperativen angelangt.
Auch das, was hier der Brandt gesagt hat, mehr Mitbestimmung, da muß ich sagen – ich komme ja weder von industrieller noch von Großgrundbesitzerseite her –, wenn das stimmen würde, dann muß man 100 Prozent Mitbestimmung einführen, und wenn es ginge 150 Prozent. Denn wenn der Fortschritt von 33 auf 50 Prozent erstens einmal ungeheuer ist und zweitens nur eine Übergangsstufe darstellt, weil ja in den Betrieben der Kampf um die gesellschaftliche Macht ausgefochten werden muß. Dann soll man sich doch gleich die Zwischenstation 50 ersparen, dann gehen wir gleich auf 100 Prozent Mitbestimmung, wie es der DGB ja doch in seinem Referentenmaterial als Fernziel zwischen den Zeilen angekündigt hat. Das hat aber dann mit Arbeitnehmer nichts mehr zu tun. Wir sind für die Mitbestimmung des Arbeitnehmers im Betrieb. Für die richtige Mitbestimmung, für die funktionsgerechte Mitbestimmung. Ich gehe soweit zu sagen, daß der Unternehmer heute nicht ein-

fach das Recht hat, über seinen Betrieb so zu verfügen, daß auch damit gegen die Sozialpflichtigkeit verstoßen werden kann.

Vermögensbildung, da kann ich nur sagen: zur Zeit nichts. Zur Zeit fehlen sämtliche Voraussetzungen für eine Vermögensbildungspolitik. Man soll ja nicht sagen, da ist nichts geschaffen worden. Die einzige Voraussetzung, die ich sehe und die man verwirklichen kann, ist auf dem Gebiet des Wohnungseigentums. Auf dem Gebiet des Wohnungseigentums ist die Sache auch am griffigsten und am konkretesten. Und jetzt müssen wir uns auch lösen von dieser von mir immer für dämlich gehaltenen – aber ich habe von dem Urteil nur einen relativ sparsamen Gebrauch gemacht, aber wer es in kleinem Kreis erlebt hat, weiß, was ich dazu gesagt habe – Beteiligung am Produktivkapitalvermögen. Eine der dümmsten Vorstellungen, die man haben kann, den Arbeitnehmer am Produktivkapital unbedingt beteiligen zu müssen. Solange man in der Wachstumsphase lebte, jedes Jahr 10 Prozent mehr, ich lege 10 000 DM ein, dann habe ich im nächsten Jahr 11 000 DM oder 12 000 DM! Das ist doch die IOS-Verkaufsstrategie gewesen. Aber ich habe gestern auch darauf hingewiesen, das klassische Eigentumspapier ist doch die Aktie. Was sagen wir denn den armen Volksaktionären, die seinerzeit die VW-Aktie gekauft haben, die VEBA-Aktie gekauft haben, die Preußag-Aktie gekauft haben, die heute auf dem Kurs von 60 und 65 draufsitzen, und das in einem Fall, nachdem sie zweimal 120 oder 130 dafür bezahlt haben. Das hindert aber die Vermögenspolitiker à la Pieroth nicht daran, Beteiligung am Produktivkapital zu verlangen. Das beste, was einer tun konnte in der Zeit war, ganz kurzfristige hochverzinsliche Wertpapiere zu kaufen, sie sofort wieder umzuschichten, damit er den nächst hohen Zinssatz bekommen kann. Diese Idioten von Aktienkäufern, ich schließe mich hier ein, wenn auch nur in kleinem Umfange.

Da hat man Kurse bezahlt mit 200/250 und hat nun 90 und 100. Zum Schenken ist es noch zuviel und zum Halten ist es fast nicht mehr interessant. Wir müssen eine Politik betreiben,

daß das Produktivkapitel sich wieder rentiert. Und dann hat eine Beteiligung der Arbeitnehmer am Produktivkapitel einen Sinn und nicht vorher.
Sehr interessant war gestern dann die Bemerkung von Katzer, nunmehr hat die Wirtschaft versagt, ganz gleich, wer schuldig ist. Aber in Köln allein bekommen 8000 Jugendliche keinen Lehrlingsplatz, da die Wirtschaft jetzt offensichtlich nicht mehr in der Lage ist, die Berufsausbildung zur Verfügung zu stellen. Ich habe dann allerdings zwar schon in einer Randgruppe gesagt, man bedrohe eine Wirtschaft, man beschimpfe eine Wirtschaft, man beute eine Wirtschaft aus, treibe ihr die Lehrlingsausbildung als Jugendschinderei, als Ausbeutung usw. aus, man erlasse ein Jugendarbeitsschutzgesetz, wo es also vier Wochen Urlaub gibt, und dann darf er bloß noch mit Herr angeredet werden, und mittags muß er zwei Stunden geregelte Ruhezeit haben und dann eine Stunde Hobbyjob betreiben dürfen! Ja, wer soll denn da noch einen Lehrling einstellen, der steht doch immer schon mit einem Fuß im Gefängnis.
Wenn der Gewerbeinspektor von der Gewerbeüberwachung, vom Gewerbeaufsichtsamt dann daherkommt und nachdem er es soweit gebracht hat, sagt man, ganz gleich, wer schuld ist. Unsere Kinder können doch nicht ohne Berufsausbildung in das Leben treten. Erziehungsgeld sei von Grund auf richtig, könne nicht verwirklicht werden. Es wissen die Kinderpsychologen am besten, daß vom 1. bis zum 3. Lebensjahr das Kind für das Leben endgültig geformt würde, und in den Jahren müsse eben dann das Erziehungsgeld gezahlt werden. Das hätte die Fraktion beschlossen und dabei müsse man auch bleiben. Kinderpsychologie! Aber die müssen dann wissen, wie viele Frauen verlassen den Arbeitsplatz, wer kann sie ersetzen. Sind die Männer bereit, eine Stunde mehr zu arbeiten in Zukunft, um das an Sozialprodukt zu ersetzen, was auf diese Weise dann durch Verringerung der Arbeitskräfte eben eingespart wird. Da heißt es nur, das muß geschehen, jenes muß geschehen, ein drittes muß geschehen. Ja, wer soll denn

das Geld verdienen, um die 4 oder 5 Milliarden zu bezahlen, wo der Staat im offenen Bankrott ist, die Rentenversicherungsträger in Milliardendefiziten dahinschleichen. Wer soll denn das bezahlen. Das hat doch so keinen Sinn.

Dann kam er mit einer Vorstellung von der Rentenreform daher. Er hat nicht die 13. Rente gestern gebracht, sondern man sollte jetzt eine Einheitsrente bringen – oder wenn der Mann stirbt oder die Frau stirbt, soll der restliche Ehegatte etwa die gleiche Rente bekommen, wie sie vorher beide zusammen gehabt haben. Das würde natürlich dann bedeuten, daß sie zuerst dann weniger bekommen, damit der Überbleibende dann mehr bekommt.

Ich möchte zur Außenpolitik nur eine Bemerkung machen: Wir müssen sicherlich die europäische Idee am Leben halten, aber wir sind heute von jeder Möglichkeit einer Europäischen Union, auch einer echten Europäischen Wirtschaftsgemeinschaft weiter weg, als wir im Jahr 1950 gewesen sind. Im Jahre 1955, 1960, 1965 oder wann auch immer, ist man in einem fast hoffnungslosen Zustand angelangt, wobei der moralische Zustand Europas schlimmer ist als der materielle oder der politische oder der militärische. Die Europäer sind total degeneriert. Sie sind ausgetreten aus der Geschichte, erwarten, daß die Amerikaner wenigstens für sie noch Wache halten, verschließen die Augen vor der sowjetischen Gefahr, begreifen nicht, daß das Kooperationsangebot der Sowjetunion einen Hegemonieanspruch bedeutet. Deutsche Kraftwerke an der Wolga oder in Ostpreußen, die den Strom von Arabern zu uns hineinbringen. Ich kann nur sagen, man weiß schon bald nicht mehr, welches Land auf der Welt man zur Emigration empfehlen soll. Zwischenzeitlich kann man Neuseeland, Australien oder Kanada vielleicht noch nennen, auch Palästina, das sind aber auch nur Übergangsstationen. Nur summa sumarum: Für uns heißt die Summe, dieses Europa kann nicht gesund werden, wenn die Bundesrepublik nicht wieder wirtschaftlich, gesellschaftlich, politisch, militärisch ein Stabilitätsfaktor erster Ordnung wird. Wenn das von der Bundesrepublik wieder ausgeht. Das kann aber nur ausgehen, da bin ich jetzt wirklich am Ende, wenn die Krise so stark wird, daß aus der Krise ein heilsamer Schock erwächst und damit die Bereitschaft, die Konsequenzen aus dieser Zeit auch tatsächlich auf sich zu nehmen. Sonst läuft sich jeder Kanzlerkandidat tot. Und darum hat es auch gar keinen Sinn, wenn wir jetzt in den nächsten Monaten uns überlegen, wer ist am telegensten, wer wirkt am besten, wer hat nach der Umfrage von Wikkert, Infas oder wie die da alle heißen, die meisten Chancen. Es ist alles belanglos oder cura posterior, zuerst müssen wir wissen, was machen wir, wenn wir hinkommen mit diesem Staat. Und das nächste ist dann, wer ist geeignet, diese Maßnahme glaubhaft an der Spitze einer aktionsfähigen Regierungs- und Parlamentsgruppe dann auch tatsächlich durchzuführen. Und damit wird dann das Karussell der Eitelkeit für eine Zeitlang gestoppt sein.

»Scheidebrief« Hans-Dietrich Genschers von 1981

»Liebe Parteifreunde, die Konsolidierung des Bundeshaushalts, die Förderung von Investitionen und die Schaffung von Arbeitsplätzen werden die öffentliche Diskussion auch in den kommenden Wochen beherrschen. Auf dem Kölner Bundesparteitag im Mai dieses Jahres haben wir unsere Entschlossenheit zum Ausdruck gebracht, konsequent und ohne Vorbehalte die Probleme anzugehen. Die Entscheidungen, die Regierung und Koalition abverlangt werden, fallen in jeder Beziehung aus dem Rahmen üblicher, auch als schwierig empfundener Probleme. Die jetzt gestellten Aufgaben haben großes gesellschaftspolitisches, innenpolitisches und außenpolitisches Gewicht.

Unser Land steht an einem Scheideweg. Gesellschaftspolitisch stehen wir in einer Bewährungsprobe der Marktwirtschaft. Unsere Marktwirtschaft muß gerade in einer sich strukturell verändernden Weltwirtschaft – Ölpreisentwicklung und Prozeß weltweiter Arbeitsteilung sind nur zwei Aspekte – die erforderliche Flexibilität und Anpassungsfähigkeit unter Beweis stellen. Die Bewährungsprobe kann nur mit marktwirtschaftlichen Mitteln bestanden werden. Die Anerkennung und Förderung von Leistung, Innovation, Investition und Wettbewerb sind dabei unverzichtbar. Vor allem aber muß durch die Folgerichtigkeit und durch die auf die staatliche Ausgabenpolitik sich strukturell auswirkenden Entscheidungen das Vertrauen der Investoren gefestigt werden. Eine solche Vertrauensstärkung wird auch ihre Auswirkung auf den DM-Kurs haben. Nicht nur die Diskussion über die Ergänzungsabgabe, sondern ganz allgemein die Diskussion über unsere Auffassung, daß Ausgabenverminderungen der bessere Weg sind als Einnahmenerhöhungen, zeigt, daß unter veränderten Bedingungen und mit deshalb auch veränderten Fragestellungen und Antworten eine ähnliche grundsätzliche Auseinandersetzung zu führen ist wie beim Wiederaufbau nach dem Zweiten Weltkrieg.

Damals wie heute lag die Entscheidung, welcher Weg eingeschlagen werden soll, weitgehend in unserer Hand.

Innenpolitisch stehen wir vor einer Bewährungsprobe unserer freiheitlichen Ordnung, weil soziale Stabilität die unverzichtbare Voraussetzung politischer Stabilität ist. Die Lösung der Arbeitsmarktprobleme und positive Perspektiven für die heranwachsende Generation sind untrennbar mit der Stabilität und der Fortentwicklung unserer freiheitlichen Ordnung verbunden. Menschen, die Arbeit suchen und sie nicht finden können, junge Menschen, die keine beruflichen Zukunftsperspektiven für sich sehen – ihnen allen müssen wir Hoffnung und Vertrauen zurückgeben.

Außenpolitisch hängt die Wahrnehmung unserer nationalen Interessen – und das erfordert in einem geteilten Land an der Schnittlinie der Systeme größere Anstrengungen als irgendwo sonst – wesentlich von unserer wirtschaftlichen Leistungsfähigkeit ab. Das gilt für die Entwicklung der Europäischen Gemeinschaft und für unseren Beitrag zum Bündnis ebenso wie für unsere Beziehungen zur DDR und allgemein für unser Verhältnis zu unseren östlichen Nachbarn, und es gilt nicht weniger für die Erfüllung unserer Verantwortung gegenüber den Staaten der Dritten Welt. In keinem dieser Bereiche darf eine aktiv gestaltete, auch mit finanziellen Leistungen verbundene Politik der Bundesrepublik Deutschland als Geschenk an andere verstanden oder gar mißdeutet werden, wie das leider auch hierzulande geschieht.

Um es noch deutlicher zu sagen: Die Europäische Gemeinschaft ist der Zusammenschluß der europäischen Demokratien, in dem wir unsere Zukunft gestalten. Sie ist nicht die Gemeinschaft der anderen, sondern wir sind Teil dieser Gemeinschaft. Unser Verhältnis zur DDR und unsere Möglichkeiten, dieses Verhältnis auch wirtschaftlich zu gestalten, ist eine europäische Friedensaufgabe und ist die Wahrnehmung der nationalen Interessen unseres Volkes angesichts der staatlichen Teilung. Unsere wirtschaftlichen Beziehungen mit den Nachbarn im Osten ganz allgemein sind Teil unseres Beitrags zur Stabilisierung des Ost-West-Verhältnisses und damit europäische Friedenspolitik. Unser Beitrag zum westlichen Bündnis ist Voraussetzung unserer äußeren Sicherheit.
Als Liberale wissen wir, daß die Entwicklungshilfe nicht ein Almosen für andere ist, sondern Investition in die eigene friedliche Zukunft. Sie ist Weltfriedenspolitik mit dem großen Ziel, die soziale Sprengkraft zu überwinden, die im Nord-Süd-Verhältnis für die Welt mindestens in gleichem Maße liegt, wie das in den Industriegesellschaften des Nordens am Ende des letzten und Anfang dieses Jahrhunderts der Fall war.
Wenn wir die jetzt zu treffenden Entscheidungen bewerten, so geht es also um weit mehr als nur um die Deckung von Haushaltslücken. Wir müssen den finanziellen Handlungs- und Gestaltungsraum zurückgewinnen, damit wir unserem Volk auch in Zukunft soziale Gerechtigkeit, Fortschritt und Frieden sichern können. Das ist die Zukunftsperspektive. Sie bestimmt die Bedeutung, die wir dem Entscheidungsprozeß zumessen, in dem Regierung und Koalition jetzt stehen. Das darf nicht die Stunde schwächlichen Taktierens und halbherziger Schritte sein. Wir als Freie Demokraten sind entschlossen, unsere Verantwortung wahrzunehmen.
Ich weiß aus zahlreichen Gesprächen und aus den Beratungen im Juli, daß die verantwortlichen Persönlichkeiten der SPD sich mit dem gleichen Ernst der gestellten Aufgabe widmen. Es sollte deshalb möglich sein, trotz grundsätzlicher unter-

schiedlicher Positionen der beiden Regierungsparteien in wichtigen wirtschaftlichen und gesellschaftspolitischen Fragen, die gestellte Aufgabe zu lösen.
Die in der letzten Juliwoche getroffenen Entscheidungen zur Konsolidierung des Bundeshaushaltes und zur Belebung der Wirtschaft stellen eine wichtige Etappe auf dem Weg zu dem gesetzten Ziel dar. Für Regierung und Koalition gibt es keinen Anlaß, sich das im ersten Durchgang im Juli Erreichte von irgend jemandem wegreden zu lassen. Auch die Opposition wäre mit einer sachlichen Würdigung gut beraten. Sie muß nämlich ihre Leistung in Bund und Ländern erst noch erbringen. Das beachtliche Juliergebnis der Koalition ist leider vernebelt und verdunkelt worden durch die Diskussion über die Ergänzungsabgabe. Wir hoffen, daß diese Diskussion durch einen endgültigen Verzicht der SPD auf die Ergänzungsabgabe möglichst schnell beendet wird, damit die Investitionsbereitschaft der Wirtschaft nicht länger durch die Ungewißheit über weitere zukünftige Belastungen beeinträchtigt wird.
Die Anstrengungen von Regierung und Koalition müssen jetzt konzentriert werden auf die Vollendung des Prozesses der Haushaltskonsolidierung und auf die Verbesserung der Rahmenbedingungen für eine Belebung der wirtschaftlichen Entwicklung.
Frei von aller Ideologie ist es dabei notwendig, den wirtschaftlichen Sachverstand überall zu nutzen, eigene Erfahrungen aus der Vergangenheit und die Erfahrungen anderer Länder zu beachten und das Vertrauen in die wirtschaftliche Entwicklung zu festigen. Die unabhängige Bundesbank hat eine entscheidende Aufgabe. Wir haben als Liberale diese Unabhängigkeit der Bundesbank immer für einen Garanten einer soliden Wirtschafts- und Währungspolitik in unserem Land gehalten. Hätte sie diese Position nicht, die Gefahr, sich vom süßen Gift bequemer Scheinlösungen einschläfern zu lassen, wäre groß. Die Angriffe auf die Politik der Bundesbank, wie wir sie aus den Reihen unseres Koalitionspartners vernehmen, erscheinen uns deshalb nicht geeignet, das für die wirt-

schaftliche Entwicklung notwendige Vertrauen zu festigen – eher das Gegenteil.

Weitere Eingriffe in Leistungsgesetze erscheinen uns unvermeidbar. Wir werden auch bei den bevorstehenden Beratungen mit konstruktiven Vorschlägen zur Konsolidierung des Bundeshaushaltes beitragen, und dabei auch Vorschläge unterbreiten, die die Gesamtbelastung von Arbeitern, Angestellten und Wirtschaft eher einschränken oder mindestens begrenzen, aber sie nicht ausweiten sollen.

Nach unserer Überzeugung darf im Bereich der Bundesanstalt für Arbeit noch nicht das letzte Wort gesprochen sein. Die Höhe des Arbeitslosengeldes sollte noch einmal diskutiert werden. Wir glauben auch, daß das Problem von Karenztagen bei der Lohnfortzahlung – und zwar für alle Gruppen – noch einmal angepackt werden sollte. Um es ganz klar zu sagen, wir wollen den großen gesellschaftlichen Fortschritt, der in der Einführung der Lohnfortzahlung für alle Arbeitnehmer lag, ungeachtet unserer Kritik an der sogenannten arbeitsrechtlichen Lösung, nicht rückgängig machen. Aber wir meinen, daß Karenztage geeignet sind, manchen Mißbrauch zu reduzieren. Die voraussehbare Entlastung der Unternehmen könnte zu Einsparungen an anderer Stelle verwendet werden, wie es bekanntlich auch vom Finanzminister erwogen wird.

Die Stärkung der Selbstverantwortung ist in einer freien Gesellschaft mündiger Bürger nicht nur ein möglicher, sondern aus unserer Sicht der einzig richtige Weg, um einer Erstickung des Leistungswillens durch immer höhere Steuern, Abgaben und Beiträge entgegenzuwirken. Die Kostenexplosion in der gesetzlichen Krankenversicherung fordert geradezu die Stärkung der Selbstverantwortung.

Der Bundesarbeitsminister hat nach den Beratungen in der Koalition eine Reihe von Vorschlägen erarbeitet, die den Grundsatz der Selbstverantwortung begrüßenswert fördern. Er kann bei dieser Zielsetzung auf unsere volle Unterstützung rechnen. Ich bin zuversichtlich, daß wir uns auch in den anderen Fragen verständigen werden, so etwa darüber, daß die

gegliederte Krankenversicherung auch in Zukunft erhalten bleibt und daß Kostendämpfung nicht verwechselt werden darf mit gesellschaftspolitischen Veränderungsversuchen.
Ganz allgemein ist es erforderlich, die Einsicht zu stärken, daß keine Leistung von Staat und Gesellschaft gewährt werden kann, die nicht vorher oder hinterher von der Allgemeinheit, also von jedem einzelnen von uns, aufgebracht werden müßte. Es gilt, eine Anspruchsmentalität zu brechen, die nicht deshalb entstand, weil die heute lebende und arbeitende Generation weniger leistungsbereit wäre als ihre Vorgänger, sondern weil manches Gesetz geradezu zur ›Inanspruchnahme‹ auffordert, um nicht zu sagen ›verleitet‹. Eine Wende ist notwendig.
Das alles ist nicht ein Eingriff in unser System sozialer Leistungen, sondern im Gegenteil, es sind unverzichtbare Schritte zur Festigung der Grundelemente dieses Systems. Ganz gewiß werden wir – nicht jetzt, aber in den vor uns liegenden Jahren – im Zusammenhang mit der Reform 1984 auch im Rahmen der gesetzlichen Rentenversicherung Entscheidungen zu treffen haben, die nicht ungedeckte Wechsel auf die Zukunft ziehen, sondern die langfristig die Renten sichern, die Rentensteigerungen in dem gleichen Maße möglich machen wie sich die verfügbaren Einkommen der im Arbeitsprozeß Stehenden entwickeln und die damit ohne einen Generationenkonflikt der arbeitenden Generation von heute das Vertrauen in eine gesicherte Zukunft geben können.
Bei allem, was wir anpacken, müssen wir von dem Grundgedanken ausgehen, daß wir die Lasten der Gegenwart nicht unseren Kindern und Enkeln aufbürden dürfen. Unser Ziel muß sein: Wettbewerbsfähigkeit und nochmals Wettbewerbsfähigkeit, Investitionen und nochmals Investitionen, Arbeitsplätze und nochmals Arbeitsplätze. Das geht aber nur, wenn die Leistungsimpulse unserer Gesellschafts- und Wirtschaftsordnung freigesetzt werden. Verbesserte Rahmenbedingungen für Investitionen – und dazu gehört auch Vertrauensbildung – schaffen Arbeitsplätze wirksamer und dauerhafter als noch so gutgemeinte Konjunkturprogramme, oder wie immer man sie

nennt. Vor der Entscheidung über solche Programme müssen sehr genau Ziel, Aufwand und zu erwartende Auswirkungen geprüft werden. Es bleibt abzuwarten, welche Vorschläge die damit beauftragten Minister vorlegen.
Die Frage unserer Wohnungspolitik sollte noch einmal neu gestellt werden. Es fehlen Wohnungen, aber wir haben Beschäftigungsprobleme in der Bauindustrie, und es steht ein gewaltiges privates Investitionskapital für den Mietwohnungsbau zur Verfügung. Es wird aber nur dann wirklich eingesetzt werden, wenn die Investitionen sich auch lohnen.
Ein Mietrecht, das sich letztlich dahin auswirkt, daß Mangel an Wohnraum entsteht, kann kaum als sozial empfunden werden, denn die Besserverdienenden finden ihren Wohnraum immer.
Die Unionsparteien erklären, daß es nicht nur beim Wohnungsbau, sondern auch beim Kraftwerksbau und bei der Kommunikationstechnologie Investitionshindernisse gebe, die man beseitigen müsse. In diesen beiden Bereichen ist schon eine Menge geschehen. Nach meiner Überzeugung überschätzt die Union das hier noch Mögliche. Aber wir werden vorbehaltlos konkrete Vorschläge prüfen.
Bei den Entscheidungen, die wir Ende Juli getroffen haben, ist eine in ihrer Tragweite offensichtlich übersehen worden. Wir haben vor, daß im öffentlichen Dienst bei den Beamten, dort, wo wir es durch Gesetz können, eine Verschiebung der Gehaltsanpassung stattfinden soll. Das hat mancher fäustchenmachend offensichtlich als ein Sonderopfer für Beamte mißverstanden. Wir wollen damit in Wahrheit ein Signal geben für lohnpolitische Zurückhaltung der Tarifpartner im kommenden Jahr auch in der gewerblichen Wirtschaft. Die Verbesserung der Wettbewerbsfähigkeit unserer Wirtschaft, auch durch das Verhalten der Tarifpartner, ist in einer schwieriger gewordenen weltwirtschaftlichen Lage ein besonderer Ausdruck der Solidarität zwischen denen, die Arbeit haben, die sie sicher haben, und denen, die um ihre Arbeitsplätze bangen, und vor allem denen, die solche Arbeitsplätze suchen.

Liebe Parteifreunde, höhnisch hat mancher davon gesprochen, die Zeit der Reformen sei vorbei. Wenn man Reformpolitik mit immer neuen Wohltaten ohne Rücksicht auf ihre Finanzierbarkeit verwechselt, ist das sicher richtig. Wer aber wie wir Reformpolitik unter dem großen Ziel sieht, den Freiheits- und Gestaltungsraum des einzelnen zu erweitern, der wird erkennen, daß Reformen wichtiger denn je sind. Wer unsere freiheitliche Staats- und Gesellschaftsordnung ausbauen und nicht einschränken will, weiß, daß das nicht bedeuten darf: mehr Wohltaten zu Lasten der Zukunftschancen. Es darf auch nicht heißen, den Verfügungsraum des einzelnen Arbeiters und Angestellten, des einzelnen Beamten und Unternehmers noch weiter einzuschränken durch Erhöhung der Belastung mit Steuem, Abgaben und Beiträgen.
Nein, jetzt geht es darum, die Weichen deutlich auf mehr Selbstverantwortung, auf Leistung und Selbstbestimmung zu stellen, das heißt eben auf mehr Freiheit. Niemand soll sich täuschen, die Grundtendenz in unserer Gesellschaft ist nicht auf mehr Staat gerichtet, ganz im Gegenteil. Der Grundsatz der Subsidiarität wird immer populärer, wie sich auch in vielen Aktivitäten junger Menschen zeigt. Sollte das enttäuscht werden, so werden Verdrossenheit und möglicherweise sogar eine Haltung gegen unseren Staat und unsere Gesellschaft die Folge sein.
Liebe Parteifreunde, um es noch einmal zu sagen, die Koalition muß nicht verstecken, sondern sie kann mit Selbstbewußtsein zeigen, was bei der Entscheidung im Juli erreicht wurde. Aber das Sparziel ist nach unserer Auffassung noch nicht erreicht, und Impulse für Investitionen und damit für mehr Arbeitsplätze müssen auch noch gegeben werden. Zukunftsinvestitionen sind für unsere langfristige Behauptung am Weltmarkt unverzichtbar. Vor allem aber ist Vertrauensbildung notwendig als Grundlage einer soliden zukunftsorientierten, von Optimismus getragenen wirtschaftlichen Entwicklung. Auch die Entscheidungen, die wir noch zu treffen haben, werden an vielen Stellen Einschnitte bedeuten.

Aber sie sind notwendig, denn wir entscheiden heute nicht nur für die nächsten Monate und Jahre, sondern über unsere Zukunftschancen schlechthin. Das macht das ganze Maß der Verantwortung deutlich.
Die Opposition hat bisher wenig Konkretes zur Lösung der anstehenden Probleme verlauten lassen, obwohl sie in den Ländern und Gemeinden und vor allem im Bundesrat nicht nur staatspolitische, sondern auch legislative Verantwortung trägt. Aber – und ich will das nicht gering einschätzen – sie hat sich zu einer konstruktiven Mitwirkung bereit erklärt. Wir sollten das nicht zurückweisen, sondern im Gegenteil die Opposition beim Wort nehmen. Ja, wir sollen die Chance nutzen, die darin für unser Land, für unsere Demokratie und unsere Gesellschaft liegt, daß die Opposition bereit ist, durchaus auch Entscheidungen mitzutragen, die von vielen Verbänden je nach Betroffenheit eher mit Kritik als mit Zustimmung aufgenommen werden.
Ich bin überzeugt, die Bürger unseres Landes sind bereit, an einer großen Gemeinschaftsleistung der aktiven Zukunftssicherung mitzuwirken. Sie werden das um so überzeugter tun, je deutlicher unser Wille zu einer Wende wird. Einer Wende, die die Rahmenbedingungen schaffen soll für eine Zukunft in sozialer Sicherheit, in Fortschritt und in Frieden nach innen und außen.
Es besteht kein Anlaß zum Pessimismus. Im Gegenteil: Fleiß und Tüchtigkeit der Bürger unseres Landes sind eine solide Grundlage für eine gesunde wirtschaftliche Entwicklung. Die Rahmenbedingungen müssen Staat und gesellschaftliche Gruppen schaffen. Den Tarifpartnern und den Verbänden kommt dabei neben dem Staat eine besondere Verantwortung zu. Wir sind als Liberale bereit, unsere Verantwortung zu tragen und dabei auf jeden zuzugehen, der konstruktiv mitwirken will. Wir wollen alles tun, damit Regierung und Koalition nach dem ermutigenden Anfang im Juli nun das gesteckte Ziel erreichen.
Ihr Hans-Dietrich Genscher.«

Zehn-Punkte-Programm zur Überwindung der Teilung Deutschlands und Europas Helmut Kohl am 28. November 1989 vor dem Bundestag

Der Weg zur deutschen Einheit, das wissen wir alle, ist nicht vom »grünen Tisch« oder mit einem Terminkalender in der Hand zu planen. Abstrakte Modelle kann man vielleicht polemisch verwenden, aber sie helfen nicht weiter. Aber wir können, wenn wir nur wollen, schon heute jene Etappen vorbereiten, die zu diesem Ziel hinführen. Ich möchte diese Ziele an Hand eines Zehn-Punkte-Programms erläutern:

Erstens: Zunächst sind Sofortmaßnahmen erforderlich, die sich aus den Ereignissen der letzten Wochen ergeben, insbesondere durch die Fluchtbewegung und die neue Dimension des Reiseverkehrs.

Die Bundesregierung ist zu sofortiger konkreter Hilfe dort bereit, wo diese Hilfe jetzt benötigt wird. Wir werden im humanitären Bereich und auch bei der medizinischen Versorgung helfen, soweit dies gewünscht wird und auch nützlich ist.

Wir wissen auch, daß das Begrüßungsgeld, das wir für jeden Besucher aus der DDR einmal jährlich zahlen, keine Lösung für die Finanzierung von Reisen sein kann. Letztlich muß die DDR selbst ihre Reisenden mit den nötigen Devisen ausstatten.

Wir sind aber bereit, für eine Übergangszeit einen Beitrag zu einem Devisenfonds zu leisten. Voraussetzung dafür ist allerdings, daß der Mindestumtausch bei Reisen in die DDR ent-

fällt, Einreisen dorthin erheblich erleichtert werden und die DDR einen eigenen substantiellen Beitrag zu einem solchen Fonds leistet.
Unser Ziel ist und bleibt ein möglichst ungehinderter Reiseverkehr in beide Richtungen.
Zweitens: Die Bundesregierung wird wie bisher die Zusammenarbeit mit der DDR in allen Bereichen fortsetzen, die den Menschen auf beiden Seiten unmittelbar zugute kommt. Das gilt insbesondere für die wirtschaftliche, wissenschaftlich-technologische und kulturelle Zusammenarbeit. Besonders wichtig ist eine Intensivierung der Zusammenarbeit im Bereich des Umweltschutzes. Hier kann schon in aller Kürze, wie immer sonst die Entwicklung sein mag, über neue Projekte entschieden werden.
Das gleiche gilt – der Bundespostminister hat die entsprechenden Gespräche eingeleitet – für einen möglichst baldigen umfassenden Ausbau der Fernsprechverbindungen mit der DDR und des Telefonnetzes der DDR.
Über den Ausbau der Eisenbahnstrecke Hannover–Berlin wird weiter verhandelt. Ich bin allerdings der Auffassung, daß dies zu wenig ist und daß wir angesichts der jetzt eingetretenen Entwicklung uns einmal sehr grundsätzlich über die Verkehrs- und Eisenbahnlinien in der DDR und in der Bundesrepublik Deutschland unterhalten müssen.
Vierzig Jahre Trennung bedeuten ja auch, daß sich die Verkehrswege zum Teil erheblich auseinanderentwickelt haben. Das gilt nicht nur für die Grenzübergänge, sondern beispielsweise auch für die traditionelle Linienführung der Verkehrswege in Mitteleuropa, für die Ost-West-Verbindungen.
Es ist nicht einzusehen, weshalb die klassische Route Moskau–Warschau–Berlin–Paris, die ja immer über Köln führte und zu allen Zeiten große Bedeutung hatte, im Zeitalter schneller Züge und am Vorabend des Ausbaus eines entsprechenden europäischen Verkehrswesens nicht mit eingebracht werden sollte.
Drittens: Ich habe angeboten, unsere Hilfe und unsere Zusam-

menarbeit umfassend auszuweiten, wenn ein grundlegender Wandel des politischen und wirtschaftlichen Systems in der DDR verbindlich beschlossen und unumkehrbar in Gang gesetzt wird. »Unumkehrbar« heißt für uns und vor allem für mich, daß sich die DDR-Staatsführung mit den Oppositionsgruppen auf eine Verfassungsänderung und auf ein neues Wahlgesetz verständigt.

Wir unterstützen die Forderung nach freien, gleichen und geheimen Wahlen in der DDR unter Beteiligung unabhängiger, das heißt selbstverständlich auch nichtsozialistischer, Parteien. Das Machtmonopol der SED muß aufgehoben werden.

Die geforderte Einführung rechtsstaatlicher Verhältnisse bedeutet vor allem die Abschaffung des politischen Strafrechts und als Konsequenz die sofortige Freilassung aller politischen Gefangenen.

Herr Präsident, meine Damen und Herren, wirtschaftliche Hilfe kann nur dann wirksam werden, wenn grundlegende Reformen des Wirtschaftssystems erfolgen. Dies zeigen die Erfahrungen mit allen RGW-Staaten – mit Belehrungen von unserer Seite hat das nichts zu tun. Die bürokratische Planwirtschaft muß abgebaut werden.

Wir wollen nicht unhaltbar gewordene Zustände stabilisieren.

Wir wissen: Wirtschaftlichen Aufschwung kann es nur geben, wenn sich die DDR für westliche Investitionen öffnet, wenn sie marktwirtschaftliche Bedingungen schafft und privatwirtschaftliche Betätigungen ermöglicht. Wer in diesem Zusammenhang den Vorwurf der Bevormundung erhebt, den verstehe ich nicht.

In Ungarn und in Polen gibt es jeden Tag Beispiele dafür, an denen sich doch die DDR – ebenfalls Mitgliedstaat der RGW – ohne weiteres orientieren kann.

Unser und mein dringender Wunsch ist es, daß es möglichst rasch zu einer solchen Gesetzgebung kommt. Denn es wäre für uns ein wenig erfreulicher Zustand, wenn – was ich ebenfalls wünsche – Privatkapital aus der Bundesrepublik Deutschland in Polen und noch mehr – die Dinge entwickeln sich sehr erfreulich – in Ungarn investiert würde und mitten in Deutschland diese Investitionen ausbleiben. Wir wollen, daß möglichst viele derartige Investitionen von möglichst zahlreichen Unternehmen getätigt werden.

Ich will es noch einmal klar unterstreichen: Dies sind keine Vorbedingungen, sondern das ist schlicht und einfach die sachliche Voraussetzung, damit Hilfe überhaupt greifen kann. Im übrigen kann kein Zweifel daran bestehen, daß dies auch die Menschen in der DDR wollen. Sie wollen wirtschaftliche Freiheit, und sie wollen damit die Früchte ihrer Arbeit endlich ernten und mehr Wohlstand gewinnen.

Wenn ich heute die Diskussion zu diesem Thema – der künftigen Wirtschaftsordnung in der DDR – innerhalb der SED selbst verfolge – wir werden es in ein paar Tagen auf dem Parteitag der SED vor aller Öffentlichkeit erleben können –, dann kann ich beim besten Willen nicht erkennen, daß derjenige, der das hier ausspricht, sich in die inneren Angelegenheiten der DDR einmischt. Ich finde das ziemlich absurd.

Viertens: Ministerspräsident Modrow hat in seiner Regierungserklärung von einer Vertragsgemeinschaft gesprochen. Wir sind bereit, diesen Gedanken aufzugreifen. Denn die Nähe und der besondere Charakter der Beziehungen zwischen den beiden Staaten in Deutschland erfordern ein immer dichteres Netz von Vereinbarungen in allen Bereichen und auf allen Ebenen.

Diese Zusammenarbeit wird zunehmend auch gemeinsame Institutionen erfordern. Bereits bestehende Kommissionen könnten neue Aufgaben erhalten, weitere könnten gebildet werden. Ich denke dabei insbesondere an die Bereiche Wirtschaft, Verkehr, Umweltschutz, Wissenschaft und Technik, Gesundheit und Kultur.

Ich brauche nicht zu betonen, daß bei all dem, was jetzt zu geschehen hat, für uns Berlin voll einbezogen bleiben muß. Das war, ist und bleibt unsere Politik.

Fünftens: Wir sind aber auch bereit, noch einen entscheidenden Schritt weiterzugehen, nämlich konföderative Strukturen

zwischen beiden Staaten in Deutschland zu entwickeln mit dem Ziel, eine Föderation, das heißt eine bundesstaatliche Ordnung, in Deutschland zu schaffen. Das setzt aber eine demokratisch legitimierte Regierung in der DDR zwingend voraus.
Dabei könnten wir uns nach schon bald freien Wahlen folgende Institutionen vorstellen:

- einen gemeinsamen Regierungsausschuß zur ständigen Konsultation und politischen Abstimmung,
- gemeinsame Fachausschüsse,
- ein gemeinsames parlamentarisches Gremium
- und manches andere mehr angesichts einer völlig neuen Entwicklung.

Die bisherige Politik gegenüber der DDR mußte sich angesichts der Verhältnisse im wesentlichen auf kleine Schritte beschränken, mit denen wir vor allem versuchten, die Folgen der Teilung für die Menschen zu mildern und das Bewußtsein für die Einheit der Nation wachzuhalten und zu schärfen. Wenn uns künftig eine demokratisch legitimierte, das heißt frei gewählte, Regierung als Partner gegenübersteht, eröffnen sich völlig neue Perspektiven.
Stufenweise können neue Formen institutioneller Zusammenarbeit entstehen und ausgeweitet werden. Herr Präsident, meine Damen und Herren, ein solches Zusammenwachsen liegt in der Kontinuität der deutschen Geschichte. Staatliche Organisation in Deutschland hieß in unserer Geschichte fast immer auch Konföderation und Föderation. Wir können doch auf diese historischen Erfahrungen zurückgreifen.
Wie ein wiedervereinigtes Deutschland schließlich aussehen wird, das weiß heute niemand. Daß aber die Einheit kommen wird, wenn die Menschen in Deutschland sie wollen, dessen bin ich sicher.
Sechstens: Die Entwicklung der innerdeutschen Beziehungen bleibt eingebettet in den gesamteuropäischen Prozeß, das heißt immer auch in die West-Ost-Beziehungen. Die künftige Architektur Deutschlands muß sich einfügen in die künftige

Architektur Gesamteuropas. Hierfür hat der Westen mit seinem Konzept der dauerhaften und gerechten europäischen Friedensordnung Schrittmacherdienste geleistet.
Generalsekretär Gorbatschow und ich sprechen in der Gemeinsamen Erklärung vom Juni dieses Jahres, die ich bereits zitiert habe, von den Bauelementen eines »gemeinsamen europäischen Hauses«. Ich nenne beispielhaft dafür:

- Die uneingeschränkte Achtung der Integrität und der Sicherheit jedes Staates. Jeder Staat hat das Recht, das eigene politische und soziale System frei zu wählen.
- Die uneingeschränkte Achtung der Grundsätze und Normen des Völkerrechts, insbesondere Achtung des Selbstbestimmungsrechts der Völker.
- Die Verwirklichung der Menschenrechte.
- Die Achtung und Pflege der geschichtlich gewachsenen Kulturen der Völker Europas.

Mit alledem wollen wir – so haben es Generalsekretär Gorbatschow und ich festgeschrieben – an die geschichtlich gewachsenen europäischen Traditionen anknüpfen und zur Überwindung der Trennung Europas beitragen.
Siebtens: Die Anziehungs- und Ausstrahlungskraft der Europäischen Gemeinschaft ist und bleibt eine entscheidende Konstante der gesamteuropäischen Entwicklung. Wir wollen und müssen sie weiter stärken.
Die Europäische Gemeinschaft ist jetzt gefordert, mit Offenheit und Flexibilität auf die reformorientierten Staaten Mittel-, Ost- und Südosteuropas zuzugehen. Dies haben die Staats- und Regierungschefs der EG-Mitgliedstaaten kürzlich bei ihrem Treffen in Paris ja auch so festgestellt. Hierbei ist die DDR selbstverständlich eingeschlossen.
Die Bundesregierung befürwortet deshalb den baldigen Abschluß eines Handels- und Kooperationsabkommens mit der DDR, das den Zugang der DDR zum Gemeinsamen Markt erweitert, auch was die Perspektive 1992 betrifft.
Wir können uns für die Zukunft sehr wohl bestimmte Formen der Assoziierung vorstellen, die die Volkswirtschaften der

reformorientierten Staaten Mittel- und Südosteuropas an die EG heranführen und damit das wirtschaftliche und soziale Gefälle auf unserem Kontinent abbauen helfen. Das ist eine der ganz wichtigen Fragen, wenn das Europa von morgen ein gemeinsames Europa sein soll.

Herr Präsident, meine Damen und Herren, den Prozeß der Wiedergewinnung der deutschen Einheit verstehen wir immer auch als europäisches Anliegen. Er muß deshalb auch im Zusammenhang mit der europäischen Integration gesehen werden. Ich will es ganz einfach so formulieren: Die EG darf nicht an der Elbe enden, sondern muß die Offenheit auch nach Osten wahren.

Nur in diesem Sinne – wir haben das Europa der Zwölf immer nur als einen Teil und nicht als das Ganze verstanden – kann die Europäische Gemeinschaft Grundlage einer wirklich umfassenden europäischen Einigung werden. Nur in diesem Sinne wahrt, behauptet und entwickelt sie die Identität aller Europäer. Diese Identität, meine Damen und Herren, ist nicht nur in der kulturellen Vielfalt Europas, sondern auch und vor allem in den Grundwerten von Freiheit, Demokratie, Menschenrechten und Selbstbestimmung begründet.

Soweit die Staaten Mittel- und Südosteuropas die erforderlichen Voraussetzungen erfüllen, würden wir es auch begrüßen, wenn sie dem Europarat und insbesondere auch der Konvention zum Schutze der Menschenrechte und Grundfreiheiten beiträten.

Achtens: Der KSZE-Prozeß ist ein Herzstück dieser gesamteuropäischen Architektur. Wir wollen ihn vorantreiben und die bevorstehenden Foren nutzen:

- die Menschenrechtskonferenzen in Kopenhagen 1990 und in Moskau 1991,
- die Konferenz über wirtschaftliche Zusammenarbeit in Bonn 1990,
- das Symposion über das kulturelle Erbe in Krakau 1991 und
- nicht zuletzt das nächste Folgetreffen in Helsinki.

Dort sollten wir auch über neue institutionelle Formen der gesamteuropäischen Zusammenarbeit nachdenken. Wir könnten uns eine gemeinsame Institution zur Koordinierung der West-Ost-Wirtschaftszusammenarbeit sowie die Einrichtung eines gesamteuropäischen Umweltrates sehr gut vorstellen.

Neuntens: Die Überwindung der Trennung Europas und der Teilung Deutschlands erfordern weitreichende und zügige Schritte in der Abrüstung und Rüstungskontrolle. Abrüstung und Rüstungskontrolle müssen mit der politischen Entwicklung Schritt halten und, wenn notwendig, beschleunigt werden.

Dies gilt im besonderen für die Wiener Verhandlungen über den Abbau konventioneller Streitkräfte in Europa und für die Vereinbarung vertrauensbildender Maßnahmen ebenso wie für das weltweite Verbot chemischer Waffen, das, wie ich hoffe, 1990 kommen wird. Dies erfordert auch, daß auch die Nuklearpotentiale der Großmächte auf das strategisch erforderliche Minimum reduziert werden können.

Das bevorstehende Treffen zwischen Präsident Bush und Generalsekretär Gorbatschow bietet eine gute Gelegenheit, den jetzt laufenden Verhandlungsrunden neue Schubkraft zu geben.

Wir bemühen uns – auch in zweiseitigen Gesprächen mit den Staaten des Warschauer Paktes einschließlich der DDR –, diesen Prozeß zu unterstützen.

Zehntens: Mit dieser umfassenden Politik wirken wir auf einen Zustand des Friedens in Europa hin, in dem das deutsche Volk in freier Selbstbestimmung seine Einheit wiedererlangen kann. Die Wiedervereinigung, das heißt die Wiedergewinnung der staatlichen Einheit Deutschlands, bleibt das politische Ziel der Bundesregierung.

Wir sind dankbar, daß wir in der Erklärung des Brüsseler Nato-Gipfels vom Mai dieses Jahres dafür erneut die Unterstützung unserer Freunde und Partner gefunden haben.

Meine Damen und Herren, wir sind uns bewußt, daß sich auf

dem Weg zur deutschen Einheit viele schwierige Fragen stellen, auf die korrekterweise heute niemand eine abschließende Antwort geben kann. Dazu gehört vor allem auch – ich betone das – die ebenso schwierige wie entscheidende Frage übergreifender Sicherheitsstrukturen in Europa.

Die Verknüpfung der deutschen Frage mit der gesamteuropäischen Entwicklung und den West-Ost-Beziehungen – wie ich sie eben in zehn Punkten erläuterte – ermöglicht eine organische Entwicklung, die den Interessen aller Beteiligten Rechnung trägt und – dies ist unser Ziel – einer friedlichen und freiheitlichen Entwicklung in Europa den Weg bahnt.

Nur miteinander und in einem Klima des wechselseitigen Vertrauens können wir die Teilung Europas, die immer auch die Teilung Deutschlands ist, friedlich überwinden.

Das heißt, wir brauchen auf allen Seiten Besonnenheit, Vernunft und Augenmaß, damit die jetzt begonnene – so hoffnungsvolle – Entwicklung stetig und friedlich weiterverläuft.

Was diesen Prozeß stören könnte, sind nicht Reformen, sondern deren Verweigerung. Nicht Freiheit schafft Instabilität, sondern deren Unterdrückung. Jeder gelungene Reformschritt bedeutet für ganz Europa ein Mehr an Stabilität und einen Zugewinn an Freiheit und Sicherheit.

Herr Präsident, meine Damen und Herren, in wenigen Wochen beginnt das letzte Jahrzehnt dieses Jahrhunderts, ein Jahrhundert, das soviel Elend, Blut und Leid sah.

Es gibt heute viele hoffnungsvolle Zeichen dafür, daß die neunziger Jahre die Chancen für mehr Frieden und mehr Freiheit in Europa und in Deutschland in sich tragen. Es kommt dabei – jeder spürt dies – entscheidend auch auf unseren, den deutschen Beitrag an. Wir alle sollten uns dieser Herausforderung der Geschichte stellen.

Rede des Bundeskanzlers am 19. Dezember 1989 vor der Frauenkirche in Dresden

Meine sehr verehrten Damen und Herren,
meine lieben jungen Freunde, liebe Landsleute!
Zunächst darf ich mich bei Ihnen allen sehr herzlich bedanken für dieses freundliche und freundschaftliche Willkommen.
Meine lieben Freunde, es sind viele Hunderte Journalisten aus ganz Europa zu uns gekommen, und ich finde, wir sollten ihnen gemeinsam demonstrieren, wie wir mitten in Deutschland eine friedliche Kundgebung durchführen können.
Deshalb meine ganz herzliche Bitte, daß wir – bei aller Begeisterung – uns jetzt gemeinsam auf diese wenigen Minuten unserer Begegnung konzentrieren.
Das erste, was ich Ihnen allen zurufen will, ist ein herzlicher Gruß all Ihrer Mitbürgerinnen und Mitbürger aus der Bundesrepublik Deutschland.
Das zweite, was ich sagen möchte, ist ein Wort der Anerkennung und der Bewunderung für diese friedliche Revolution in der DDR. Wir erleben, daß eine solche Umwälzung sich zum erstenmal in der deutschen Geschichte so gewaltlos, mit so großem Ernst und im Geist der Solidarität vollzieht. Dafür danke ich Ihnen allen sehr herzlich.
Es ist eine Demonstration für Demokratie, für Frieden, für Freiheit und für die Selbstbestimmung unseres Volkes. Und, liebe Freunde, Selbstbestimmung heißt für uns – auch in der

Bundesrepublik –, daß wir Ihre Meinung respektieren. Wir wollen und wir werden niemanden bevormunden. Wir respektieren das, was Sie entscheiden für die Zukunft des Landes.

Liebe Freunde, ich bin heute hierhergekommen zu den Gesprächen mit Ihrem Ministerpräsidenten, Hans Modrow, um in dieser schwierigen Lage der DDR zu helfen. Wir lassen unsere Landsleute in der DDR nicht im Stich.

Und wir wissen – und lassen Sie mich das auch hier, angesichts dieser Begeisterung, die mich so erfreut, sagen –, wie schwierig dieser Weg in die Zukunft ist. Aber ich rufe Ihnen auch zu: Gemeinsam werden wir diesen Weg in die deutsche Zukunft schaffen!

Es war dies heute meine erste Begegnung mit Ministerpräsident Hans Modrow. Wir beide sind uns bewußt, daß wir in einer geschichtlichen Stunde – ungeachtet unserer unterschiedlichen politischen Herkunft – versuchen müssen, für unser Volk unsere Pflicht zu tun.

Es war ein erstes Gespräch, es war auch ein ernstes Gespräch, und es hatte gute Ergebnisse. Wir haben verabredet, daß in den nächsten Wochen intensiv daran gearbeitet wird, daß wir noch im Frühjahr einen Vertrag über die Vertragsgemeinschaft zwischen der Bundesrepublik Deutschland und der DDR abschließen können.

Liebe Freunde, wir wollen eine enge Zusammenarbeit auf allen Gebieten: auf dem Felde der Wirtschaft, des Verkehrs, zum Schutze der Umwelt, auf dem Gebiet der Sozialpolitik und der Kultur. Wir wollen vor allem auf dem Felde der Wirtschaft eine möglichst enge Zusammenarbeit mit dem klaren Ziel, daß die Lebensverhältnisse hier in der DDR so schnell wie möglich verbessert werden. Wir wollen, daß die Menschen sich hier wohl fühlen. Wir wollen, daß sie in ihrer Heimat bleiben und hier ihr Glück finden können.

Entscheidend für die Zukunft ist, daß die Menschen in Deutschland zueinanderkommen können, daß der freie Reiseverkehr in beiden Richtungen dauerhaft garantiert ist.

Wir wollen, daß sich die Menschen in Deutschland überall, wo sie dies wollen, treffen können. Liebe Freunde, Sie werden im kommenden Jahr freie Wahlen haben. Sie werden frei entscheiden, wer mit Ihrem Vertrauen versehen im Parlament sitzt. Sie werden eine frei gewählte Regierung haben. Und dann ist der Zeitpunkt gekommen für das, was ich »konföderative Strukturen« genannt habe – das heißt: gemeinsame Regierungsausschüsse, gemeinsame Parlamentsausschüsse –, damit wir mit möglichst viel Gemeinsamkeit in Deutschland leben können.
Und auch das lassen Sie mich hier auf diesem traditionsreichen Platz sagen: Mein Ziel bleibt – wenn die geschichtliche Stunde es zuläßt – die Einheit unserer Nation.
Liebe Freunde, ich weiß, daß wir dieses Ziel erreichen können und daß diese Stunde kommt, wenn wir gemeinsam dafür arbeiten – und wenn wir es mit Vernunft und mit Augenmaß tun, mit Sinn für das Mögliche. Es ist ein schwieriger Weg, aber es ist ein guter Weg; es geht um unsere gemeinsame Zukunft.
Ich weiß auch, daß dies nicht von heute auf morgen zu erreichen ist. Wir, die Deutschen, leben nun einmal nicht allein in Europa und in der Welt. Ein Blick auf die Landkarte zeigt, daß alles, was sich hier bei uns verändert, Auswirkungen auf unsere Nachbarn haben muß, auf die Nachbarn im Osten und auf die Nachbarn im Westen. Es hat keinen Sinn, nicht zur Kenntnis zu nehmen, daß uns auf unserem Weg viele mit Sorge und manche auch mit Ängsten beobachten.
Aus Ängsten aber kann nichts Gutes erwachsen. Wir müssen als Deutsche unseren Nachbarn sagen: Angesichts der Geschichte dieses Jahrhunderts haben wir Verständnis für manche dieser Ängste. Wir werden sie ernst nehmen. Natürlich wollen wir unsere Interessen als Deutsche vertreten. Wir sagen »ja« zum Selbstbestimmungsrecht, das allen Völkern dieser Erde zusteht – auch den Deutschen.
Aber, liebe Freunde, wenn wir dieses Selbstbestimmungsrecht für die Deutschen verwirklichen wollen, dann dürfen wir

auch die Sicherheitsbedürfnisse der anderen nicht außer acht lassen. Wir wollen eine Welt, in der es mehr Frieden und mehr Freiheit gibt, die mehr Miteinander und nicht mehr Gegeneinander kennt.
Das »Haus Deutschland« – unser gemeinsames Haus – muß unter einem europäischen Dach gebaut werden. Das muß das Ziel unserer Politik sein.
Liebe Freunde, in wenigen Tagen, am 1. Januar 1990, beginnen die neunziger Jahre, beginnt das letzte Jahrzehnt dieses Jahrhunderts. Es ist ein Jahrhundert, das vor allem in Europa und auch bei uns in Deutschland viel Not, viel Elend, viele Tote, viel Leid gesehen hat – ein Jahrhundert, das auch uns Deutschen eine besondere Verantwortung auferlegt hat – angesichts des Schlimmen, das geschah.
Hier vor der Ruine der Frauenkirche in Dresden, am Mahnmal für die Toten von Dresden, habe ich gerade ein Blumengebinde niedergelegt – auch in der Erinnerung an das Leid und an die Toten dieser wunderschönen alten deutschen Stadt.
Ich war 1945 – und das sage ich zu den jungen Menschen hier auf dem Platz – 15 Jahre alt, ein Schüler, ein Kind. Ich hatte dann die Chance, »drüben«, in meiner pfälzischen Heimat, groß zu werden, und ich gehöre zu jener jungen Generation, die nach dem Krieg geschworen hat – wie hier auch –: »Nie wieder Krieg, nie wieder Gewalt!«
Ich möchte hier vor Ihnen diesen Schwur erweitern, indem ich Ihnen zurufe: Von deutschem Boden muß in Zukunft immer Frieden ausgehen – das ist das Ziel unserer Gemeinsamkeit!
Aber, liebe Freunde, wahrer Friede ist ohne Freiheit nicht möglich. Deswegen kämpfen Sie, demonstrieren Sie für die Freiheit in der DDR, deswegen unterstützen wir Sie, und deswegen gehört Ihnen unsere Solidarität.
Liebe Freunde, es sind noch wenige Tage, die uns vom Weihnachtsfest – dem Fest des Friedens – trennen. Weihnachten, das ist das Fest der Familie, der Freunde. Gerade in diesen Tagen empfinden wir uns in Deutschland wieder als eine

deutsche Familie. Wir alle haben das empfunden in diesen Wochen und Tagen.
Ich erinnere uns alle an die bewegenden Bilder mitten in Deutschland im September, im Oktober, im November – an jene Bilder vor allem, die zeigten, wie sich Freunde und Verwandte wiedergetroffen haben, über vierzig Jahre haben wir darauf gewartet. Wir sind dankbar, daß wir das jetzt erleben dürfen.
Liebe Freunde, das alles ist nicht von allein gekommen. Viele haben dabei mitgeholfen, nicht zuletzt die Bürger auf den Straßen und Plätzen der DDR. Aber auch draußen in der Welt haben viele geholfen. Und so nenne ich hier aus gutem Grund die Politik der Perestroika von Michail Gorbatschow, die diese Möglichkeiten mitgeschaffen hat, die Freiheitsbewegung der Solidarność in Polen, die Reformer in Ungarn.
Liebe Freunde, wir sind dafür dankbar. Jetzt kommt es darauf an, daß wir diesen Weg in der Zeit, die vor uns liegt, friedlich, mit Geduld, mit Augenmaß und gemeinsam mit unseren Nachbarn weitergehen. Für dieses Ziel lassen sie uns gemeinsam arbeiten, lassen sie uns einander in solidarischer Gesinnung helfen.
Ich grüße hier von Dresden aus alle unsere Landsleute in der DDR und in der Bundesrepublik Deutschland. Ich wünsche Ihnen und uns allen ein friedvolles Weihnachtsfest, ein glückliches Jahr 1990.
Gott segne unser deutsches Vaterland!

Auszüge aus der Regierungserklärung Helmut Kohls vom 23. November 1994

Wir haben gute Grundlagen für den gemeinsamen Aufbruch in die Zukunft gelegt. Jetzt gilt es, alle Kräfte anzuspannen, um ganz Deutschland fit zu machen für das nächste, das 21. Jahrhundert. Wir haben das Wohl künftiger Generationen stets im Blick zu halten, und deshalb planen wir nicht nur für vier Jahre ... Deutschland wird seine schöpferischen Energien für Werke des Friedens, der Freiheit und der Gerechtigkeit einsetzen ... Wir, die Koalition der Mitte, wollen diese Republik, die Republik des Grundgesetzes – und keine andere. Wer im Zusammenspiel mit Extremisten von links oder rechts, mit Kommunisten oder Neonazis, die Achse unserer Republik verschieben oder verbiegen will, dem werden wir entschieden entgegentreten ...

Wir wollen den schlanken Staat. Dieser läßt dem einzelnen mehr Freiräume. Aber er weist ihm auch mehr Verantwortung zu ... Die Zahl der Bundesbehörden wird durch Streichung oder Zusammenfassung von Aufgaben verkleinert. Der Personalbestand in den Bundesbehörden wird in den nächsten vier Jahren um ein Prozent jährlich gesenkt ...

Schlanker Staat bedeutet für uns auch die Rückführung des Anteils der Staatsausgaben am Sozialprodukt. Wir wollen diesen Anteil auf 46 Prozent senken ... Die beabsichtigte Senkung ... ist auch notwendig, um die Steuer- und Abgabenlast für Bürger und Wirtschaft schrittweise senken zu können ...

Die Koalition aus CDU, CSU und FDP ist sich darüber einig, den Solidaritätszuschlag baldmöglichst abzubauen und entsprechende Rückführungsmöglichkeiten jährlich festzustellen...
Im Vordergrund müssen heute solche steuerpolitischen Maßnahmen stehen, die das Schaffen von Arbeitsplätzen in Deutschland erleichtern. Deshalb wollen wir unsere Unternehmen vor allem dort entlasten, wo sie im internationalen Vergleich wettbewerbsverzerrende Sonderlasten tragen – also insbesondere bei den substanzverzehrenden Steuern wie Gewerbekapitalsteuer und betriebliche Vermögensteuer sowie bei der Gewerbeertragsteuer. Selbstverständlich werden wir über die konkrete Ausgestaltung der Steuerreform und der damit im Zusammenhang stehenden umfassenden Gemeindefinanzreform mit Ländern, Gemeinden und der Wirtschaft sprechen und diskutieren...
Die Schaffung zusätzlicher zukunftsfähiger Arbeitsplätze bleibt die zentrale Aufgabe aller, die für die Beschäftigung Verantwortung tragen... Ich habe deshalb den Spitzenvertretern von Wirtschaft und Gewerkschaften gemeinsame Gespräche zu wichtigen Zukunftsfragen wie zum Beispiel Beschäftigung und Arbeitsplätze vorgeschlagen. Ich freue mich darüber, daß die Sozialpartner dies ebenfalls als notwendig ansehen. Ich werde bald zu diesen Gesprächen einladen...
Ohne positive Einstellung der Gesellschaft zum wissenschaftlich-technischen Fortschritt kann unser Wohlstand nicht dauerhaft gesichert werden. Wer zum Beispiel Chemie, Gentechnologie oder Kernenergie verteufelt, verkennt die großen Chancen einer ethisch verantworteten Nutzung dieser Möglichkeiten.
Trotz zunehmender Bedeutung des Dienstleistungsbereichs ist für unser Land eine starke industrielle Basis unverzichtbar... Dabei wollen wir eine breite Welle unternehmerischer Initiativen auslösen... Seit der Einheit sind in den neuen Bundesländern über 400 000 Selbständige beziehungsweise mittelständische Unternehmen tätig geworden. Hierin liegt

ein wesentlicher Grund für die großen Fortschritte beim Wirtschaftsaufbau Ost …
Zukunftsorientierung zeigt sich vor allem in unserer Einstellung zu Kindern … Wir wollen, daß unsere Gesellschaft familien- und kinderfreundlicher wird … Wir wollen zum einen die Leistung der Familie auch finanziell stärker anerkennen und zum anderen – dies ist mir besonders wichtig – die Wohnungssituation für Familien mit Kindern nachhaltig verbessern … Im Sozialhilferecht bleibt es bei dem Grundsatz: Jeder, der die Solidarität unserer Gesellschaft braucht, muß die erforderliche Hilfe auch erhalten. Es geht nicht um lineare Kürzungen.

Literaturverzeichnis

Ackermann, Eduard: *Mit feinem Gehör. Vierzig Jahre in der Bonner Politik.* Bergisch Gladbach: Lübbe. 1994
Andert, Reinhold; Herzberg, Wolfgang: *Der Sturz. Erich Honecker im Kreuzverhör.* Berlin/Weimar: Aufbau. 1990
Appel, Reinhard (Hrsg.): *Helmut Kohl im Spiegel seiner Macht.* Bonn: Bouvier. 1990
Augstein, Rudolf (Hrsg.): *Überlebensgroß Herr Strauß. Ein Spiegelbild.* Reinbek: Rowohlt. 1980
Auswärtiges Amt (Hrsg.): *Deutsche Außenpolitik nach der Einheit 1990–93.* Eine Dokumentation. Meckenheim: DCM. 1993
Baring, Arnulf: *Deutschland, was nun?* Berlin: Siedler. (1992)
Barzel, Rainer: *Geschichten aus der Politik.* Frankfurt/Berlin: Ullstein. 1987
Barzel Rainer: *Im Streit und umstritten.* Frankfurt/Berlin: Ullstein. 1986
Barzel Rainer: *Plädoyer für Deutschland.* Berlin/Frankfurt: Ullstein. 1988/89
Barzel, Rainer (Hrsg.): *Sternstunden des Parlaments.* Heidelberg: Decker und Müller. 1989
Biedenkopf, Kurt: *Die neue Sicht der Dinge. Plädoyer für eine freiheitliche Wirtschafts- und Sozialordnung.* München, Zürich: Piper. 1985
Biedenkopf, Kurt: *Zeitsignale. Parteienlandschaft im Umbruch.* München: Bertelsmann. (1989)
Bölling, Klaus: *Die letzten 30 Tage des Kanzlers Helmut Schmidt. Ein Tagebuch.* Reinbek: Rowohlt. 1982
Bölsche, Jochen (Hrsg.): *Waterkantgate. Die Kieler Affäre.* Göttingen: Steidl. 1987
Borchert, Jürgen: *Renten vor dem Absturz. Ist der Sozialstaat am Ende?* Frankfurt: S. Fischer. 1993
Bresser, Klaus (Hrsg.): *Was nun, liebe Wähler? Die deutschen Parteien, ihre Kandidaten und ihre Ziele 1994.* Stuttgart: DVA. 1994

Bücker, Josef; Schlimbach, Helmut: *Die Wende in Bonn. Deutsche Politik auf dem Prüfstand.* Heidelberg: C. F. Müller. 1983
Carstens, Karl: *Vom Geist der Freiheit. Betrachtungen über Deutschland.* Stuttgart: DVA. 1989
Carstens, Karl; Goppel, Alfons, u. a. (Hrsg): *Franz Josef Strauß. Erkenntnisse. Standpunkte. Ausblicke.* München: Bruckmann. 1985
Dettling, Warnfried: *Das Erbe Kohls. Bilanz einer Ära.* Frankfurt: Eichborn. 1994
Deupmann, Ulrich: *Wolfgang Schäuble.* München: Heyne. 1992
v. Ditfurth, Christian: *Blockflöten. Wie die CDU ihre realsozialistische Vergangenheit verdrängt.* Köln: Kiepenheuer & Witsch. 1991
Dregger, Alfred: *Der Preis der Freiheit.* München: Universitas. 1985
Dregger, Alfred: *Der Vernunft eine Gasse. Reden und Aufsätze.* München: Universitas. 1986
Dregger, Alfred: *Streiter für Deutschland.* Berlin/Frankfurt: Ullstein. 1991
Falkner, Thomas: *Absturz in die Marktwirtschaft. Der schwere Weg durch die ostdeutsche Wirtschaftskrise.* München: Knaur. 1994
Filmer, Werner; Schwan, Heribert: *Hans-Dietrich Genscher.* Düsseldorf, Wien, New York: ECON. 1988
Filmer, Werner; Schwan, Heribert: *Helmut Kohl.* Düsseldorf, Wien: ECON. 1985
Filmer, Werner; Schwan, Heribert: *Wolfgang Schäuble, Politik als Lebensaufgabe.* München: Bertelsmann. 1992
Filmer, Werner; Schwan, Heribert: *Lothar Späth.* Düsseldorf, Wien, New York: ECON. ^{2}1987
Fink, Ulf: *Die neue Kultur des Helfens. Nicht Abbau, sondern Umbau des Sozialstaats.* München, Zürich: Piper. 1990
Gaddum, Eckart: *Die deutsche Europapolitik in den 80er Jahren. Interessen, Konflikte und Entscheidungen der Regierung Kohl.* Paderborn: Schöningh. 1993
Garton Ash, Timothy: *Ein Jahrhundert wird abgewählt.* München, Wien: Hanser. 1990
Gauland, Alexander: *Helmut Kohl. Ein Prinzip.* Berlin: Rowohlt. 1994
Geißler, Heiner: *Die neue soziale Frage. Armut im Wohlfahrtsstaat.* Freiburg: Herder. 1976
Geißler, Heiner: *Zugluft. Politik in stürmischer Zeit.* München: Bertelsmann. 1990
Göhner, Reinhard (Hrsg.): *Freiheit und Verantwortung. Das CDU-Grundsatzprogramm kontrovers diskutiert.* München: Olzog. 1993
Gorbatschow, Michail S.: *Gipfelgespräche. Geheime Protokolle aus meiner Amtszeit.* Berlin: Rowohlt. 1993
Greve, Uwe: *Parteienkrise. CDU am Scheideweg.* Frankfurt/Berlin: Ullstein. 1993
Haftendorn, Helga: *Sicherheit und Entspannung. Zur Außenpolitik der Bundesrepublik 1955–1982.* Baden-Baden. 1983

Hamilton, Daniel: *Jenseits von Bonn. Amerika und die »Berliner Republik«.* Frankfurt/Berlin: Ullstein. 1994
Hansmeyer, Karl-Heinrich (Hrsg.): *Finanzierungsprobleme der deutschen Einheit.* 2 Bände. Schriften des Vereins für Socialpolitik. Berlin: Duncker & Humblot. 1993
Henscheid, Eckhard: *Helmut Kohl. Biographie einer Jugend.* Zürich: Haffmanns. 1985
Hickel, Rudolf; Priewe, Jan: *Nach dem Fehlstart. Ökonomische Perspektiven der deutschen Einigung.* Frankfurt: S. Fischer. 1994
Hofmann, Gunter; Perger, Werner A.: *Heiner Geißler im Gespräch.* Frankfurt: Eichborn. 1993
Huber, Joseph: *Unternehmen Umwelt. Weichenstellungen für eine ökologische Marktwirtschaft.* Frankfurt: S. Fischer. 1991
Jesse, Eckhard; Mitter, Armin: *Die Gestaltung der deutschen Einheit.* Bonn: Bouvier. 1992
Kaiser, Karl: *Deutschlands Vereinigung. Die internationalen Aspekte.* Bergisch Gladbach: Lübbe 1991
Kiessler, Richard; Elbe, Frank: *Ein runder Tisch mit scharfen Ecken. Der diplomatische Weg zur deutschen Einheit.* Baden-Baden: Nomos. 1993
Klein, Hans: *Es begann im Kaukasus. Der entscheidende Schritt in die Einheit Deutschlands.* Berlin/Frankfurt: Ullstein. 1993
Kleinmann, Hans-Otto: *Geschichte der CDU 1945–1982.* Stuttgart: DVA. 1993
Kohl, Helmut: *Die politische Entwicklung in der Pfalz und das Wiedererstehen der Parteien nach 1945.* Inaugural-Dissertation. Heidelberg. 1958
Kohl, Helmut: *Der Kurs der CDU. Reden und Beiträge 1973–1993.* Hrsg. von Peter Hintze und Gerd Langguth. Stuttgart: DVA. 1993
Kohl, Helmut: *Die deutsche Einheit. Reden und Gespräche.* Bergisch Gladbach: Lübbe. 1992
Korte, Karl-Rudolf: *Die Chance genutzt? Die Politik zur Einheit Deutschlands.* Frankfurt/New York: Campus. 1994
Leyendecker, Hans (Hrsg.): *Das Lambsdorff-Urteil.* Göttingen: Steidl. 1988
Lietsch, Fritz; Michalowski, Bernhard (Hrsg.): *Die Bananenrepublik. Skandale und Affären in der Bundesrepublik.* München: Wilhelm Heyne. 1989
Luhmann, Niklas: *Macht.* Stuttgart: Ferdinand Enke. 1975
Marsh, David: *Deutschland im Aufbruch.* Wien/Darmstadt: Zsolnay. 1990
Maser, Werner: *Helmut Kohl. Der deutsche Kanzler. Eine Biographie.* Berlin/Frankfurt: Ullstein. 1990
Mathiopoulos, Margarita: *Das Ende der Bonner Republik. Betrachtungen einer Europäerin.* Stuttgart: DVA. 1994
Müller, Konrad; Scholl-Latour, Peter: *Helmut Kohl.* Bergisch Gladbach: Lübbe. 1990
Pötzl, Norbert F.: *Der Fall Barschel. Anatomie einer deutschen Karriere.* Reinbek: Rowohlt. 1988

Priewe, Jan; Hickel, Rudolf: *Der Preis der Einheit. Bilanz und Perspektiven der deutschen Vereinigung*. Frankfurt: S. Fischer. 1991
Prokop, Siegfried (Hrsg.): *Die kurze Zeit der Utopie. Die »zweite DDR« im vergessenen Jahr 1989/90*. Berlin: Elefanten Press. 1994
Rühe, Volker (Hrsg): *Herausforderung Außenpolitik*. Herford: Busse Seewald. 1988
Rüttgers, Jürgen: *Dinosaurier der Demokratie. Wege aus der Parteienkrise*. Hamburg: Hoffmann & Campe. 1993
Seiffert, Wolfgang; Treutwein, Norbert: *Die Schalckpapiere. DDR-Mafia zwischen Ost und West*. Wien: Zsolnay. 1991
Späth, Lothar: *1992. Der Traum von Europa*. Stuttgart: DVA. 1989
Schäuble, Wolfgang: *Der Vertrag. Wie ich über die deutsche Einheit verhandelte*. Hrsg. von Dirk Koch und Klaus Wirtgen. Stuttgart: DVA. 1991
Schäuble, Wolfgang: *Und der Zukunft zugewandt*. Berlin: Siedler. 1994
Schell,Manfred: *Die Kanzlermacher*. Mainz: von Hase & Köhler. 1986
Schily, Otto: *Politik in bar. Flick und die Verfassung unserer Republik*. München: C. H. Beck. 1986
Schmid, Josef: *Die CDU. Organisationsstrukturen, Politiken und Funktionsweisen einer Partei im Föderalismus*. Opladen: Leske und Budrich. 1990
Schmidt, Helmut: *Das Jahr der Entscheidung*. Berlin: Rowohlt. 1994
Staeck, Klaus (Hrsg.): *Goldene Worte von Kanzler Kohl*. Göttingen: Steidl. 1994
Stolpe, Manfred: *Schwieriger Aufbruch*. München: Siedler. 1992
Strasser, Johano: *Die Wende ist machbar. Realpolitik an den Grenzen des Wachstums*. München/Zürich: Piper. 1994
Strauß, Franz Josef: *Die Erinnerungen*. Berlin: Siedler. 1989
Teltschik, Horst: *329 Tage. Innenansichten der Einigung*. Berlin: Siedler. 1991
Vogel, Bernhard (Hrsg.): *Das Phänomen. Helmut Kohl im Urteil der Presse*. Stuttgart: DVA. 1990
Waigel, Theo; Schell, Manfred: *Tage, die Deutschland und die Welt veränderten. Vom Mauerfall zum Kaukasus*. München: Bruckmann. 1994
Walters, Vernon A.: *Die Vereinigung war voraussehbar. Die Aufzeichnungen des amerikanischen Botschafters*. Berlin: Siedler. 1994
Weidenfeld, Werner (Hrsg.): *Was ändert die Einheit?* Gütersloh: Bertelsmann-Stiftung. 1993
Weidenfeld, Werner; Korte, Karl-Rudolf (Hrsg.): *Handbuch zur deutschen Einheit*. Frankfurt/New York: Campus. 1993
Wessels, Herbert: *Ein politischer Fall. Uwe Barschel – Die Hintergründe der Affäre*. Weinheim: Deutscher Studien Verlag. 1988
Wicke, Lutz; Huckestein, Burkhard: *Umwelt Europa – der Ausbau zur ökologischen Marktwirtschaft*. Gütersloh: Bertelsmann-Stiftung. 1991
Winkler, Heinrich A. (Hrsg.): *Wendepunkte deutscher Geschichte 1848–1990*. Frankfurt: S. Fischer. 1994
Zimmermann, Friedrich: *Kabinettstücke. Politik mit Strauß und Kohl 1976–1991*. München/Berlin: Herbig. 1991

Personenregister